教师资格考试“十三五”规划教材

JISUANJI FUZHU
PUTONGHUA SHUIPING CESHI XUNLIAN YU YINGSHI ZHIDAO

计算机辅助
普通话水平测试训练与应试指导

主编　李　莉

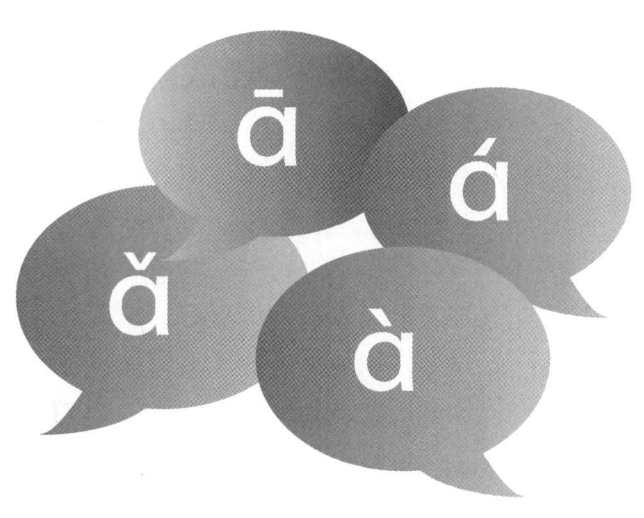

郑州大学出版社

图书在版编目(CIP)数据

计算机辅助普通话水平测试训练与应试指导/李莉主编.—郑州:郑州大学出版社,2018.8(2023.7 重印)
ISBN 978-7-5645-5721-8

Ⅰ.①计… Ⅱ.①李… Ⅲ.①普通话-水平考试-计算机辅助训练-自学参考资料 Ⅳ.①H102-39

中国版本图书馆 CIP 数据核字(2018)第 179362 号

郑州大学出版社出版发行
郑州市大学路 40 号　　邮政编码:450052
出版人:孙保营　　发行部电话:0371-66966070
全国新华书店经销
河南龙华印务有限公司印制
开本:787mm×1 092mm　1/16
印张:11.5
字数:192 千字
版次:2018 年 8 月第 1 版　　印次:2023 年 7 月第 5 次印刷

书号:ISBN 978-7-5645-5721-8　　定价:32.00 元

编审委员会名单

前言

普通话是汉民族的共同语，是规范化的现代汉语，是全国通用的语言。普通话是以汉语文授课的各级各类学校的教学用语，是以汉语传送的各级广播电台、电视台和汉语电影、电视剧、话剧必须使用的规范用语，是我国党政机关、团体、企事业单位干部在工作中必须使用的公务用语，是不同方言区以及国内不同民族之间人们的交际用语。掌握和使用一定水平的普通话，是进行现代化建设的各行各业人员，特别是播音员、节目主持人、教师、影视话剧演员以及国家机关工作人员必备的职业素质。

《中华人民共和国国家通用语言文字法》第 19 条规定："凡以普通话作为工作语言的岗位，其工作人员应当具备说普通话的能力。以普通话作为工作语言的播音员、节目主持人和影视话剧演员、教师、国家机关工作人员的普通话水平，应当分别达到国家规定的等级标准；对尚未达到国家规定的普通话等级标准的，分别情况进行培训。"普通话水平测试是我国现阶段普及普通话工作的一项重大举措。普通话水平测试工作的健康开展对社会的语言生活产生深远的影响。

本书为适应计算机辅助普通话水平测试的新形势，依据教育部、国家语言文字工作委员会颁布的《普通话水平测试大纲》（新大纲）的精神和要求，以提高应试者普通话水平为宗旨，提高测试过关率为目的而编著的实用性很强的测试指导用书，旨在让读者全面了解普通话测试的相关规定、要求，掌握普通话水平测试的基础知识、疑点、难点，并进行相应的专项训练，对普通话水平测试起到切实有效的指导作用。

本书的编著完全从应试者计算机水平测试考级的实际需要出发，直接从普通话测试的四大内容（读单音节词、读多音节词、朗读短文和命题说话）入手，从训练内容的选择到应试难点的讲解，以及编排系统和编排方式都具有很强的针对性、指导性、实用性和可操作性，能有效地指导和帮助应试者快速提高普通话水平，提升备考效率，帮助其顺利完成测试，并取得理想成绩。其特点如下：

一、把语音理论知识与普通话训练有机结合，形成一个融知识和训练为一体的教材体系，为应试者在训练中提供理论指导。

二、从应试者计算机水平测试考级的实际需要出发，书中所选的字、词、文、话题都在《普通话水平测试大纲》和普通话水平测试的范围之内；同时，直接从普通话测试的四大内容（读单音节词、读多音节词、朗读短文和命题说话）入手，讲清评分标准和要求，讲解应试重点和难点，传授各测试项应试要领和准备技巧，设计大量专项训练，具有很强的针对性和实用性，能有效地帮助应试者快速提升备考效率，使之成为广大应试者的实用型考试工具书。

三、为了适应不同层次的阅读、使用对象，降低训练难度，掌握正确读音，提高训练效率，把测试中难读易错词语挑出来专项训练，对多音多义字和朗读短文都加注拼音，使其具有很强的实用性和可操作性，为应试者快速提高普通话水平和顺利通过普通话测试奠定了基础。

四、为适应计算机辅助普通话水平测试的新形势，特整理出应试者亟待熟悉的新的测试组织流程、具体操作步骤及相关注意事项，并配以图片，以帮助其提高机测普通话应试能力，为顺利完成测试打下坚实的基础。

本书具有很强的实用性和推广性，既可作为高等师范院校和开设普通话水平测试课程的各类性质大中专院校的普通话水平测试通用教材，同时也为各行各业参加普通话水平测试人员和学习普通话的人群提供很好的指导和帮助。

需要特别提出的是，在河南师范大学新联学院提出的“加强大学生语言文字素质培养”的精神指导下，由教育学院牵头，国家级普通话水平测试员负责，省级测试员参与，开展了校本教材《普通话训练与机测培训》的研究与开发。本书作为校本教材的研究成果呈现给大家。虽然我们主观上有良好的愿望，但因时间仓促，水平有限，书中不足之处在所难免，恳请专家学者、教师、读者予以指正，以便我们修订完善。

本书由李莉、贾卓提出总体构想，确定章节纲目，李莉统稿，卢新予审定，王卫、郭艳玲参与编写。具体编写分工为：李莉撰写前言、第四章；王卫撰写第一章、第二章、第三章、第六章；郭艳玲撰写第五章、强化训练七。

在编著本书的过程中，我们参阅了相关研究成果，在此谨向相关作者致以诚挚的谢意。

编　者

2018 年 6 月 6 日

目录

第一章 普通话水平测试介绍

第一节 普通话概说

一、语音的性质和基本概念

（一）语音的性质

语音是语言的物质外壳，是人的发音器官发出的具有一定意义的声音。具有物理性质、生理性质和社会性质。

1.语音的物理性质

语音是声音的一种。它和声音一样具有音高、音强、音长和音色四个要素，音高指的是声音的高低，它决定于发音体振动的快慢，是汉语形成声调的基础。音强指的是声音的强弱，它决定于发音体振动幅度的大小，是汉语形成轻声的基础。音长指的是声音的长短，它决定于发音体振动时间的长短。音色指的是声音的特色，语音中不同音素的差异或不同人的声音差异，就是音色上的区别。

2.语音的生理性质

语音的生理性质主要指人类发音器官的基本构造和发音机理，发音器官的活动部位和活动方式的不同，发出的语音就不同。

3.语音的社会性质

语音的社会性质是语言的本质属性。用什么样的语音形式去表达什么样的意义，不是由个人决定的，而是由社会约定俗成的。如[fei]这个音节，汉语可以表示“飞”“非”“妃”等意义，而英语则可以表示“小妖精、仙女”(fay)和“接合、恰好吻合”(fay)等意思。

（二）语音的基本概念

1.音素和音节

音素，是最小的语音单位。语音分析到音素，不能再分了，所以它是最小的。例如，“红”可以分析出 h、o、ng 来。

音节，是语音的基本单位，是听觉上能自然分辨的语音片段。人们说话，总是一个音节一个音节发出来的。在汉语中，一个音节写下来就是一个汉字，但儿化词例外，如“一下儿”这三个字念出来实际上是两个音节，“下儿”(xiàr)是一个音节。

2.元音和辅音

音素按发音特点分成两大类：元音和辅音。

元音，发音时，颤动声带，声音响亮，气流在口腔畅通无阻。如 a、o、i、u 等。

辅音，发音时，不一定颤动声带，声音不响亮，气流在口腔要受到不同部位、不同方式的阻碍。如：b、d、g、c、ch、q、f 等。辅音一般不单用，要跟元音拼合，才能构成音节。

3.声母、韵母、声调

声母、韵母、声调是我国传统分析汉语音节的结构单位。

声母，是音节开头的辅音。例如："买 mǎi""明 míng"开头的"m"就是声母。"二 èr""矮 ǎi"这样的音节没有辅音声母，叫作"零声母"音节。

韵母，是音节中声母后面的部分。它主要是由元音构成的（鼻韵母有鼻辅音 n 或 ng 作韵尾）。比如："发达 fadá"的 a，"电线 dianxiàn"的 ian 就是韵母。

声调，是音节的高低升降变化形式，它是由音高决定的。比如："辉 huī""回 huí""毁 huǐ""惠 huì"四个音节的声母都是 h，韵母都是 ui，但是它们的声调不同，就成了不同的音节，代表不同的意义。

《汉语拼音方案》是一套用以记录普通话语音的记音符号。1958 年 2 月 11 日全国人民代表大会批准公布，1982 年国际标准化组织承认为拼写汉语的国际标准。《汉语拼音方案》采用 26 个拉丁字母记音，共包括五个部分的内容：字母表、声母表、韵母表、声调符号、隔音符号。

二、普通话和方言

（一）普通话

"普通话"这个词早在清末就出现了。1902 年，学者吴汝纶去日本考察，日本人曾向他建议中国应该推行国语教育来统一语言。在谈话中就曾提到"普通话"这一名称。"普通话"的定义，在新中国成立以前的几十年中一直是不明确的，也存在不同看法。1955 年 10 月，全国文字改革会议和现代汉语规范问题学术会议召开期间，汉民族共同语的名称正式定为"普通话"，并同时确定了它的定义：普通话是以北京语音为标准音，以北方话为基础方言，以典范的现代白话文著作为语法规范的现代汉民族共同语。

在语音方面，普通话以北京语音为标准，语音标准是就整体而言的，并非北京话中的每一个音都是规范的、标准的。在词汇方面，普通话是以北方话（词汇）为基础，以北京话为基础，也不是以北京话为标准。因为词汇的流动性大，相互渗透力强，系统性不如语音那么严整，所以它不能用一个地点的方言为标准或基础，若那样就太狭窄。在语法方面，普通话是以典范的现代白话文著作为语法规范，典范的现代白话文著作是指现代优秀作家、理论家的优秀作品（如鲁迅、郭沫若、茅盾等人的代表作，毛泽东、周恩来等人的论著）和国家发布的各种书面文件（如法律文本、通告、政令等）。

我国《宪法》第 19 条明文规定：国家推广全国通用的普通话。因此，普通话是全国各民族通用的语言。

（二）方言

方言是现代汉民族共同语（即普通话）的地域分支。它不是同普通话并列的独立语言，而是从属于民族共同语的语言低级形式。根据各方言的特点，按地域可分为七大方言区。

(“七大方言区”是国内较普遍的一种分法,从20世纪50年代中期开始流行,现在也有“十大方言区”的说法。)

1.北方方言区

北方方言以北京话为代表,使用人口约占汉族人口的百分之七十以上。主要分布在长江以北汉民族居住的地区,长江以南镇江以上九江以下的沿江地带,湖北(东南一带除外)、四川、云南、贵州四省,湖南省西北一带。

2.吴方言区

吴方言以上海话为代表,使用人口约占汉族总人口的百分之八点四。分布地域包括江苏省长江以南镇江以东部分(不包括镇江),浙江省大部分。

3.湘方言区

湘方言以长沙话为代表,使用人口约占汉族总人口的百分之四。分布在湖南省除西北角以外的大部分地区。

4.赣方言区

赣方言以南昌话为代表,使用人口约占汉族总人口的百分之二点四。分布在江西省除东北沿长江地带和南部以外的大部分地区。

5.客家方言区

客家方言以广东梅县话为代表,使用人口约占汉族总人口的百分之四。主要分布在广东、广西、福建、江西等省。湖南、四川两省也有少数地区说客家方言。

6.闽方言区

闽方言区分布在福建省,广东的东部潮州、汕头一带,海南省和台湾省的大部分地区。分为闽南、闽北两大区域。闽方言使用人口占汉族总人口的百分之四点二。

7.粤方言

粤方言以广州话为代表,使用人口占汉族总人口的百分之五左右,分布在广东、广西两省。

根据我国国情,汉语方言会在一个相当长的时期内与民族共同语并存。推广普通话并不是要消灭方言。实践证明,推广普通话对于国家的统一,民族的团结,社会的进步和文化的繁荣有很大的影响力,所以,我国人民应积极大力推广普通话。

三、学习普通话的方法与要求

说一口标准流利的普通话绝非易事,对那些方言土语较重的人来说更是如此。学习普通话不仅要有坚定的信念,更要掌握科学的方法。

(一)打基础

普通话的学习包括语音、词汇和语法三部分。词汇、语法的学习可以通过大量的课外阅读来实现,系统地学习和掌握语音理论知识是学好普通话的基础,没有这个基础就难以对自己的语音问题进行科学的分析。掌握了牢固的语音理论知识,就可以用理论指导实践,确定正确的学习方法,高质高效的学习普通话。

(二)找差距

我国地域广阔,方言众多,不同方言区与普通话的差别也不尽相同,比如有些地区平翘

舌的问题严重，有些地区前后鼻音的问题严重，有些地区尖团不分，也有些地区可能存在两种或两种以上的语音问题，找到了差距，才能确定方法、对症下药。

（三）正语音

普通话的学习过程就是一个不断正音的过程。音节和词语的训练是普通话语音训练的基本内容和方式。音节训练可以对声、韵、调进行分解集训，再进行音节的整体集训。音节训练的关键是把握发音的方法和要领，发音务必准确。在一个音节尚未发准时，勿需多练，否则反复练习错误的发音，反而强化了错误、浪费了时间、增加了纠正的难度，越练离正确发音越远。

音节训练是对声、韵、调的练习，词语训练不仅是对声韵调的训练，还要把握一个个词语的正确读音（如读错别字的情况）和音变练习。学习一段时间后，要把音节训练和词语训练同句、段、篇的训练结合起来，与生活、工作实践结合起来进行综合实训，方能使语音的运用不仅准确规范，而且自然流畅。

（四）多训练

普通话语音训练必须进行强化实训。它的学习过程必须多管齐下，即做到四多：多听、多想、多读、多说。

多听，是进行音节、词语训练的初级阶段，因为正确的发音还没有完全掌握，多练是在重复错误，而这时多听标准语音，可以在听觉上得到锻炼。如要多听中央人民广播电台、中央电视台播音员的正确发音，多听播音、配音及话剧名家的经典朗读、朗诵资料，多向周围普通话基础好的人学习，标准语音听多了，习惯成自然，错误的发音就会逐渐减少。

多想，就是勤于分析思考，尤其在语音训练过程中，要分析正误，并确定误在何处，及时找出正确的方法纠正错误的发音。

多读，是指多用普通话朗读优秀的文学作品、书报等，因为朗读是培养良好的普通话语感的重要途径。在语流中，声韵调不到位的现象或方言语音、语调以及说话中的方言词汇、语法问题，都可以通过朗读的强化训练得到解决。朗读还能使词在语流中的正确发音形成语音规范定势，自觉地避免方言语音、词汇、语调的出现，形成自然流畅、近乎标准的语音、语调，从而使说话的整体语音面貌有所改观。同时多读还要做到大量、反复、科学，这样才能使普通话的标准读音逐渐转化为自身的口语能力。

多说，是指多进行普通话的口语交际，因为学习普通话的目的是为了实际工作中的灵活运用。许多人能读不能说，这主要是心理作用，其实万事开头难，可以从朋友之间的约定开始，与陌生人的交谈开始，熟能生巧，习惯成自然，也就不再有心理的负担了。还可以特意找普通话好的人交流，从中得到帮助、指导。刚开始说普通话会感到别扭、吃力，这是正常的，只要坚持不懈，持之以恒就一定能说一口标准、流利的普通话。

第二节　普通话水平测试介绍

一、什么是普通话水平测试

普通话水平测试是国家为了加快普通话普及进程、提高全社会普通话水平而设置的一

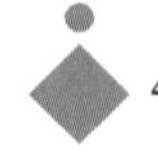

种口语测试。普通话水平测试不是普通话系统知识的考试,不是文化水平的考核,也不是口才的评估,是对应试人运用普通话所达到的标准程度的检测和评定,是对应试人的汉语标准语测试。应试人在运用普通话口语进行表达过程中所表现的语音、词汇、语法规范程度,是评定其所达到的水平等级的重要依据。普通话水平测试一律采用口试方式进行。

现阶段,普通话水平测试的主要测试对象是师范院校毕业生、教师、播音员、节目主持人和电影、电视剧演员及相关专业的院校毕业生。这是从职业的素质要求和工作影响考虑的,是十分正确和必要的。随着工作的进展,以后将逐步扩大到公务员及其他服务行业的有关人员。

二、为什么要进行普通话水平测试

普通话水平测试是推广普通话工作的重要组成部分,是使推广普通话工作逐步走向科学化、规范化、制度化的重要举措。

为了加快推广普通话工作的进程,1992 年国家语委将新时期推广普通话工作的方针调整为“大力推行,积极普及,逐步提高”。贯彻这个方针,就是要把全国推广普通话工作的重点放在普及方面。当然,在普及的过程中必然会逐步出现提高的趋势,否则普及的工作不可能巩固,普及的水准也达不到满足现代社会交往的需要。普及只有在提高的指导下才能事半功倍,并激发起学习者的热情和信心。也就是说,要尽快使广大群众普遍能听、会说普通话,能够基本上满足一般社会交往的需要。为了实现这个要求,必须有一批会说标准或比较标准的普通话、能够带动和指导群众学习普通话的骨干。

掌握并使用一定水平的普通话,是社会各行各业人员,特别是教师、播音员、节目主持人、演员等专业人员必备的职业素质。因此,有必要在一定范围内对某些岗位的人员进行普通话水平测试。普通话水平测试,就是依据全国统一的标准,对相关人员使用普通话所达到的标准程度进行检测和评定。

1994 年 10 月 30 日,国家语言文字工作委员会、国家教育委员会和广播电影电视部联合发出《关于开展普通话水平测试工作的决定》,包括三个附件:《普通话水平测试实施办法(试行)》《普通话水平测试等级标准(试行)》《普通话等级证书》(样本)。文件规定,普通话水平测试工作,要按照国家语委组织审定的《普通话水平测试大纲》统一测试内容和要求。三部委的文件还明确规定,从 1995 年起,对播音员、节目主持人、教师等岗位的人员,要逐步实行持普通话等级证书上岗制度。

三、普通话水平测试等级标准

国家语言文字工作委员会发布的《普通话水平测试等级标准》是确定应试人普通话水平等级的依据。普通话水平等级分为三个级别,每个级别内划分两个等次。应试人的普通话水平根据在测试中所获得的分值确定。普通话水平测试等级标准如下:

一级甲等:朗读和自由交谈时,语音标准,词汇、语法正确无误,语调自然,表达流畅。测试总失分率在 3%以内,得分在 97 分或 97 分以上。

一级乙等:朗读和自由交谈时,语音标准,词汇、语法正确无误,语调自然,表达流畅。偶然有字音、字调失误。测试总失分率在 8%以内,得分为 92 分至 96.9 分。

二级甲等：朗读和自由交谈时，声韵调发音基本标准，语调自然，表达流畅。少数难点音（平翘舌音、前后鼻尾音、边鼻音等）有时出现失误。词汇、语法极少有误。测试总失分率在13%以内，得分为87分至91.9分。

二级乙等：朗读和自由交谈时，个别调值不准，声韵母发音有不到位现象。难点音（平翘舌音、前后鼻尾音、边鼻音、fu-hu，z-zh-j，送气不送气，i-ü不分，保留浊塞音和浊塞擦音、丢介音、复韵母单音化等）失误较多。方言语调不明显。有使用方言词、方言语法的情况。测试总失分率在20%以内，得分为80分至86.9分。

三级甲等：朗读和交谈时，声韵母发音失误较多，难点音超出常见范围，声调调值多不准。方言语调较明显。词汇、语法有失误。测试总失分率在30%以内，得分为70分至79.9分。

三级乙等：朗读和自由交谈时，声韵调发音失误较多，方音特征突出。方言语调明显。词汇、语法失误较多。外地人听其谈话有听不懂情况。测试总失分率在40%以内，得分为60分至69.9分。

四、各类人员应达到的水平等级

《中华人民共和国国家通用语言文字法》规定：

（一）国家机关工作人员应达到三级甲等以上水平；

（二）教师应达到二级以上水平，其中语文教师和对外汉语教学教师应达到二级甲等以上水平，普通话教师和语音教师应达到一级水平，学校其他人员应达到三级甲等以上水平；

（三）播音员、节目主持人和影视话剧演员应达到一级水平，其中省级广播电台、电视台播音员和节目主持人应当达到一级甲等水平；

（四）公共服务行业人员应达到三级以上水平，其中广播员、解说员、话务员、导游等特定岗位人员应达到二级以上水平；

（五）高等院校和中等职业技术学校的毕业生应达到二级以上水平。

部分省市要求幼儿教师必须达到二级甲等以上水平。

五、普通话水平等级的测定和等级证书的颁发

普通话水平测试工作必须按统一的测试标准和要求独立进行。等级测试必须有2~3名测试员协同工作（分别测试，综合评议）方可有效。普通话水平测试员分国家级和省级两类。评定普通话一级（甲、乙等）水平，必须由国家级测试员主持或复核方为有效。

普通话等级证书由省培训测试中心颁发。

未进入等级或要求晋升等级的人员，需在前次测试3个月之后方能提出受试申请。

六、普通话水平测试的项目和评分细则

普通话水平测试包括四项，满分为100分。

（一）读单音节字词（100个音节，不含轻声、儿化音节）限时3.5分钟，共10分。

该题测查应试人声母、韵母、声调读音的标准程度。评分标准：

1. 语音错误，每个音节扣0.1分。

2. 语音缺陷,每个音节扣 0.05 分。

3. 超时 1 分钟以内,扣 0.5 分;超时 1 分钟以上(含 1 分钟),扣 1 分。

(二)读多音节词语(100 个音节)限时 2.5 分钟,共 20 分。

该题测查应试人声母、韵母、声调和变调、轻声、儿化读音的标准程度。评分标准:

1. 语音错误,每个音节扣 0.2 分。

2. 语音缺陷,每个音节扣 0.1 分。

3. 超时 1 分钟内,扣 0.5 分;超时 1 分钟以上(含 1 分钟),扣 1 分。

(三)朗读短文(1 篇,400 个音节)限时 4 分钟,共 30 分。

该题测查应试人使用普通话朗读书面作品的水平。在测查声母、韵母、声调读音标准程度的同时,重点测查连读音变、停连、语调以及流畅程度。短文从《普通话水平测试用朗读作品》中选取。评分标准:

1. 每错读、漏读、增读 1 个音节,扣 0.1 分。

2. 声母或韵母的系统性语音缺陷,视程度扣 0.5 分、1 分。

3. 语调偏误,视程度扣 0.5 分、1 分、2 分。

4. 停连不当,视程度扣 0.5 分、1 分、2 分;

5. 朗读不流畅(包括回读),视程度扣 0.5 分、1 分、2 分。

6. 超时扣 1 分。

(四)命题说话(限时 3 分钟,共 40 分)

该题测查应试人在无文字凭借的情况下说普通话的水平,重点测查语音标准程度、词汇语法规范程度和自然流畅程度。说话话题从《普通话水平测试用话题》中选取,由应试人从给定的两个话题中选定一个,连续说一段话。评分标准:

1.语音标准程度(共 25 分,分六档)

一档:语音标准,或极少有失误。扣 0 分、1 分、2 分。

二档:语音错误在 10 次以内,有方音但不明显。扣 3 分、4 分。

三档:语音错误在 10 次以内,但方音比较明显;或语音错误在 10 次—15 次之间,有方音但不明显,扣 5 分、6 分。

四档:语音错误在 10 次—15 次之间,方音比较明显。扣 7 分、8 分。

五档:语音错误超过 15 次,方音明显。扣 9 分、10 分、11 分。

六档:语音错误很多,方音重。扣 12 分、13 分、14 分。

2.词汇语法规范程度(共 10 分,分三档)

一档:词汇、语法规范。扣 0 分。

二档:词汇、语法偶有不规范的情况,扣 1 分、2 分。

三档:词汇、语法屡有不规范的情况,扣 3 分、4 分。

3.自然流畅程度(共 5 分,分三档)

一档:语言自然流畅。扣 0 分。

二档:语言基本流畅,口语化较差,有背稿子的表现。扣 0.5 分、1 分。

三档:语言不连贯,语调生硬。扣 2 分、3 分。

说话不足 3 分钟,酌情扣分:缺时 1 分钟以内(含 1 分钟),扣 1 分、2 分、3 分;缺时 1 分钟以上,扣 4 分、5 分、6 分;说话不满 30 秒(含 30 秒),本测试项成绩为 0 分。

七、计算机辅助普通话水平测试

计算机辅助普通话水平测试(以下简称“机测”)是国家语言文字应用“十五”重点课题项目,2006 年 1 月该项目通过了国家语委科研规划领导小组的鉴定,2006 年国家语用司批准 13 各省市开展计算机辅助测试普通话试点工作,2009 年国家语委开始在全国开展计算机辅助测试的全面铺开工作,2010 年国家语言文字测试中心出台了《计算机辅助测试普通话评分试行办法》,对普通话水平测试试题中计算机无法进行比较辨识、需要通过人工进行评测的第四题出现的问题进行了规范。

普通话水平测试工作一直以来都是靠人工评测应试人的语音标准程度来完成测试任务的,一般一组测试都有 2~3 名普通话测试员同时评测一名应试人员。一天下来,这一组测试员的评测工作量约为 30~40 名应试人员。测试过程中要通过现场录音、现场打分、综合评测分值、计算平均分值、填写表格、登分,以及测试完成后的封存应试人试卷和录音磁带,报送上级测试中心组织抽查复审等程序,费时、费事、费力。测试员劳动强度高、神经高度紧张、一天 8 小时时刻保持注意力的高度紧张。如果应试人读得太快,稍不留神就会出现个别读音漏听、误判的现象。为了提高普通话测试的公平、公正、科学的评测,国家语言文字培训测试中心与安徽科大讯飞公司合作,授权安徽科大学讯飞公司开发了用于全国普通话测试的汉语通用语语音标准程度辨识软件。

第二章 声韵调与单音节字词测试项指要

第一节 声 母

一、声母的分类

声母是汉语音节开头的辅音。普通话有21个辅音声母，不同的声母是由不同的发音部位和发音方法决定的。发音部位指气流受到阻碍的位置。发音方法指阻碍气流和解除阻碍的方式、气流的强弱及声带是否颤动等(表2-1)。按发音部位给声母分类可分为七类(表2-1)：双唇音、唇齿音、舌尖前音、舌尖中音、舌尖后音、舌面音、舌根音。按发音方法分类，声母可分为五类：塞音、擦音、塞擦音、鼻音、边音。需要注意的是，在五种发音方法当中，还有“清音”(不颤动声带，气流较强)“浊音”(颤动声带，气流较弱)的区别和“送气音”(气流较强，要送出一口气)“不送气音”(气流较弱，自然流出)的区别(普通话中只有塞音和塞擦音区别送气与否)。

表2-1 普通话声母发音要领表

发音方法 / 发音部位	塞音		塞擦音		擦音		鼻音	边音
	清音		清音					
	不送气	送气	不送气	送气	清音	浊音	浊音	浊音
双唇音	b	p					m	
唇齿音					f			
舌尖前音			z	c	s			
舌尖中音	d	t					n	l
舌尖后音			zh	ch	sh	r		
舌面音			j	q	x			
舌根音	g	k			h			

二、声母的发音

b　双唇、不送气、清、塞音

发音时上唇、下唇闭紧，形成阻碍、软腭上升，关闭鼻腔通道，声带不振动，气流较弱，一下冲破双唇阻碍，爆发成声。如：

奔波　摆布　宝贝　包办　标兵　白布　辨别　卑鄙

p　双唇、送气、清、塞音

发音时上唇、下唇闭紧，形成阻碍、软腭上升，关闭鼻腔通道，声带不振动，气流较强，一下冲破双唇阻碍，爆发成声。如：

偏旁　偏僻　批评　匹配　拼盘　澎湃　乒乓　铺平

m　双唇、浊、鼻音

发音时上唇、下唇闭紧，软腭下降，关闭口腔通道，打开鼻腔通道，气流振动声带，并从鼻腔冲出成声。如：

面貌　埋没　麦苗　眉目　牧民　麻木　明媚　美妙

f　唇齿、清、擦音

发音时下唇略内收，靠近上齿，形成一条窄缝，软腭上升，关闭鼻腔通道，声带不振动，气流从唇齿之间的窄缝中挤出，摩擦成声。如：

方法　肺腑　丰富　非凡　奋发　芬芳　反复　仿佛

d　舌尖中、不送气、清、塞音

发音时舌尖抵住上齿龈，形成阻碍、软腭上升，关闭鼻腔通道，声带不振动，气流较弱，一下冲破阻碍，爆发成声。如：

电灯　当代　导弹　大地　单调　道德　等待　奠定

t　舌尖中、送气、清、塞音

发音时舌尖抵住上齿龈，形成阻碍、软腭上升，关闭鼻腔通道，声带不振动，气流较强，一下冲破阻碍，爆发成声。如：

团体　铁塔　天堂　探讨　淘汰　忐忑　体贴　贪图

n　舌尖中、浊、鼻音

发音时舌尖抵住上齿龈，软腭下降，关闭口腔通道，打开鼻腔通道，气流振动声带，并从鼻腔冲出成声。如：

牛奶　南宁　男女　恼怒　农奴　泥泞　能耐　袅娜

l　舌尖中、浊、边音

发音时舌尖抵住上齿龈（略后），舌头两侧要有空隙，软腭上升，关闭鼻腔通道，气流振动声带，并经舌头两边从口腔冲出成声。如：

理论　流利　嘹亮　老练　轮流　连累　拉拢　来历

g　舌根、不送气、清、塞音

发音时舌面后部抵住软腭,形成阻碍,软腭后部上升,关闭鼻腔通道,声带不振动,气流较弱,一下冲破阻碍,爆发成声。如:

规格　梗概　骨干　桂冠　改革　巩固　高贵　灌溉

k　舌根、送气、清、塞音

发音时舌面后部抵住软腭,形成阻碍,软腭后部上升,关闭鼻腔通道,声带不振动,气流较强,一下冲破阻碍,爆发成声。如:

刻苦　宽阔　开垦　慷慨　旷课　坎坷　克扣　困苦

h　舌根、清、擦音

发音舌面后部接近软腭,形成窄缝,软腭后部上升,关闭鼻腔通道,声带不振动,气流经窄缝摩擦成声。如:

航海　辉煌　欢呼　红花　黄昏　缓和　浩瀚　含混

j　舌面前、不送气、清、塞擦音

发音时舌面前部抵住硬腭前部,软腭上升,关闭鼻腔通道,声带不振动,气流较弱,首先将阻碍冲开一条窄缝,然后经窄缝摩擦成声。如:

经济　解决　积极　加剧　基金　紧急　讲究　计较

q　舌面前、送气、清、塞擦音

发音时舌面前部抵住硬腭前部,软腭上升,关闭鼻腔通道,声带不振动,气流较强,首先将阻碍冲开一条窄缝,然后经窄缝摩擦成声。如:

气球　亲切　崎岖　秋千　牵强　请求　弃权　前期

x　舌面前、清、擦音

发音时舌面前部抵住硬腭前部,形成一条窄缝,软腭上升,关闭鼻腔通道,声带不振动,气流经窄缝摩擦成声。如:

行星　喜讯　消息　习性　形象　虚心　学习　详细

z　舌尖前、不送气、清、塞擦音

发音时舌尖轻轻抵住上齿背,软腭上升,关闭鼻腔通道,声带不振动,气流较弱,首先冲开一条窄缝,然后再从窄缝中挤出,摩擦成声。如:

祖宗　总则　藏族　曾祖　造作　罪责　自尊　枣子

c　舌尖前、送气、清、塞擦音

发音时舌尖轻轻抵住上齿背,软腭上升,关闭鼻腔通道,声带不振动,气流较强,首先冲开一条窄缝,然后再从窄缝中挤出,摩擦成声。如:

层次　苍翠　催促　草丛　粗糙　参差　猜测　措辞

s　舌尖前、清、擦音

发音时舌尖接近上齿背,形成一条窄缝,软腭上升,关闭鼻腔通道,声带不振动,气流从窄缝中挤出,摩擦成声。如:

色素　琐碎　思索　诉讼　松散　四岁　速算　瑟缩

zh　舌尖后、不送气、清、塞擦音

发音时舌尖上翘，抵住硬腭前部，软腭上升，关闭鼻腔通道，声带不振动，气流较弱，首先将阻碍冲开一条窄缝，然后经窄缝摩擦成声。如：

正直　茁壮　政治　招展　主张　住宅　辗转　庄重

ch　舌尖后、送气、清、塞擦音

发音时舌尖上翘，抵住硬腭前部，软腭上升，关闭鼻腔通道，声带不振动，气流较强，首先将阻碍冲开一条窄缝，然后经窄缝摩擦成声。如：

车床　长城　驰骋　出产　出差　充斥　超产　戳穿

sh　舌尖后、清、擦音

发音时舌尖上翘，接近硬腭前部，形成窄缝，软腭上升，关闭鼻腔通道，声带不振动，气流从窄缝中挤出，摩擦成声。如：

身世　山水　生疏　上升　事实　施舍　舒适　述说

r　舌尖后、浊、擦音

发音时舌尖上翘，接近硬腭前部，形成窄缝，软腭上升，关闭鼻腔通道，声带振动，气流从窄缝中挤出，摩擦成声。如：

柔软　仍然　忍让　荏苒　容忍　如若　柔韧　扰攘

第二节　韵　母

一、韵母的分类

韵母是汉语音节中声母后面的部分。普通话韵母共有39个（表2-2），按结构可以分为单韵母、复韵母、鼻韵母；按开头元音发音口形可分为开口呼、齐齿呼、合口呼、撮口呼，简称“四呼”。

表2-2　普通话韵母总表

韵母＼四呼	开口呼	齐齿呼	合口呼	撮口呼
单韵母	-i[前]　-i[后]	i	u	ü
	ɑ			
	o			
	e			
	ê			
	er			

续表 2-2

四呼 韵母		开口呼	齐齿呼	合口呼	撮口呼
复韵母			ia	ua	
				uo	
			ie		üe
		ai		uai	
		ei		uei	
		ao	iao		
		ou	iou		
鼻韵母		an	ian	uan	üan
		en	in	uen	ün
		ang	iang	uang	
		eng	ing	ueng	
		ong	iong		

二、韵母的发音

(一)单韵母

单韵母是由一个元音构成的韵母。单韵母的发音特点是,发音时舌位唇形及开口度按发音要求维持发音状态,始终不变。普通话共有 10 个单韵母。

ɑ　发音时,口腔大开,舌头前伸,舌位低,舌头居中,嘴唇呈自然状态。如:

大厦　沙发　打靶　喇叭　大妈　拉杂　搭茬　刹那

o　发音时,口腔半合,舌位半高,舌头后缩,嘴唇拢圆。如:

薄膜　磨破　伯伯　婆婆　脉脉

e　发音状况大体象 o,只是双唇自然展开成扁形。如:

苛刻　合格　特色　割舍　色泽　客车　特设　可乐

ê　发音时,口腔半开,舌位半低,舌头前伸,舌尖抵住下齿背,嘴角向两边自然展开,唇形不圆。在普通话里,ê 很少单独使用,经常与 i、ü 构成复韵母 ie、üe。如:

别　贴　确　且　决　学

i　发音时,口腔开度很小,舌头前伸,前舌面上升接近硬腭,气流通路狭窄,但不发生摩擦,嘴角向两边展开,呈扁平状。如:

奇迹　笔记　利息　提议　汽笛　利益　洗涤　棋迷

u　发音时,口腔开度很小,舌头后缩,后舌面上升接近硬腭,气流通路狭窄,但不发生摩擦，嘴唇拢圆成一小孔。如：

图书　互助　出租　祝福　无辜　初步　部属　赌注

ü　发音时，口腔开度很小，舌头前伸，前舌面上升接近硬腭，但气流通过时不发生摩擦，嘴唇拢圆成一小孔。发音情况和 i 基本相同，区别是 ü 嘴唇是圆的，i 嘴唇是扁的。如：

语句　区域　须臾　女婿　絮语　豫剧　序曲　旅居

-i（前）　发音时，舌尖前伸，对着上齿背形成狭窄的通道，气流通过不发生摩擦，嘴唇向两边展开。用普通话念“私”并延长，字音后面的部分便是-i（前）。这个韵母只跟 z、c、s 配合，不和任何其他声母相拼，也不能自音节。如：

自私　此次　四次　字词　自此　私自　赐死　子嗣

-i（后）　发音时，舌尖上翘，对着硬腭形成狭窄的通道，气流通过不发生摩擦，嘴角向两边展开。用普通话念“师”并延长，字音后面的部分便是-i（后）。这个韵母只跟 zh、ch、sh、r 配合，不与其他声母相拼，也不能自成音节。如：

制止　实施　支持　时事　日食　值日　失职　知识

er　发音时，口腔半开，开口度比 ê 略小，舌位居中，稍后缩，唇形不圆。在发 e 的同时，舌尖向硬腭轻轻卷起，不是先发 e，然后卷舌，而是发 e 的同时舌尖卷起。“er”中的 r 不代表音素，只是表示卷舌动作的符号。er 只能自成音节，不和任何声母相拼。如：

然而　十二　偶尔　儿歌　而且　耳朵　婴儿　木耳

（二）复韵母

复韵母是由两个或三个元音结合而成的韵母。复韵母发音时舌位、唇形要随着从一个音到另一个音的移动而变化。根据主要元音所处的位置，复韵母可分为前响复韵母，中响复韵母和后响复韵母。普通话共有 13 个复韵母。

前响复韵母共有四个：ai、ei、ao、ou。它们的共同特点是前一个元音清晰响亮，后一个元音轻短模糊。如：

ai　摆开　晒台　白菜　海带　买卖　灾害　开采　爱戴
ei　配备　北美　黑霉　北非　蓓蕾　配备　委培　肥美
ao　高潮　报道　吵闹　号召　操劳　报到　糟糕　招考
ou　后楼　收购　漏斗　守候　走狗　口头　欧洲　抖擞

后响复韵母共有五个：ia、ie、ua、uo、üe。它们的共同特点是前面的元音发得轻短，只表示舌位从那里开始移动，后面的元音发得清晰响亮。如：

ia　加价　假牙　压下　恰恰　加压　下牙　掐下　压价
ie　结业　贴切　趔趄　铁鞋　接界　谢谢　爷爷
ua　花褂　耍滑　花袜　挂花　娃娃　青蛙　中华　披挂
uo　过错　活捉　阔绰　蹉跎　罗锅　骆驼　没落　硕果
üe　雀跃　决绝　雪月　约略　绝学　暴虐　公爵　精确

中响复韵母共有四个：iao、iou、uai、uei。它们共同的发音特点是前一个元音轻短，后面的元音含混，中间的元音清晰响亮。如：

iao	巧妙	小鸟	教条	逍遥	妙药	吊桥	叫嚣	渺小
iou	优秀	求救	牛油	绣球	悠久	久留	秋游	又有
uai	摔坏	外快	怀揣	乖乖	淮海	甩坏	拐卖	帅才
uei	退回	归队	摧毁	汇兑	回味	坠毁	荟萃	魁伟

（三）鼻韵母

鼻韵母是由元音加上鼻辅音韵尾 n 和 ng 构成的韵母。鼻韵母的发音也是由舌位的移动变化的结果。发鼻韵母时，后头的鼻尾音要念好，学会区别-n、-ng 这两个鼻尾音。普通话的鼻韵母有十六个，其中有八个前鼻音韵母（以 n 作韵尾），八个后鼻音韵母（以 ng 作韵尾）。如：

an	感叹	灿烂	坦然	反感	勘探	散漫	汗衫	橄榄
en	认真	根本	深圳	振奋	沉闷	人参	本分	门诊
in	拼音	尽心	贫民	金银	亲信	濒临	辛勤	近邻
ün	均匀	军训	芸芸	逡巡	驯兽	羊群	晕厥	蕴藉
ian	偏见	先天	变迁	前线	天仙	简便	鲜艳	变脸
uan	贯穿	转弯	婉转	传唤	酸软	专断	宦官	软缎
üan	轩辕	全权	源泉	圆圈	涓涓	冤屈	源远流长	
uen	春笋	温存	昆仑	混沌	困顿	温顺	孙村	滚轮
ang	厂房	沧桑	帮忙	商场	长廊	党章	上当	账房
eng	更正	生冷	风筝	逞能	吭声	冷风	奉承	升腾
ing	定型	命令	姓名	情形	平定	经营	英明	倾听
ong	工农	红松	从容	隆重	共同	冲动	恐龙	中东
iang	亮相	想象	湘江	洋相	向阳	强将	酱香	粮饷
iong	汹涌	穷凶	炯炯	熊熊	英勇	贫穷	雄壮	茕茕孑立
uang	状况	双簧	狂妄	窗框	矿床	网状	黄光	装潢
ueng	老翁	水瓮	蓊郁	嗡嗡	蕹菜	翁婿		

第三节　声　调

声调指音节的高低升降的变化形式，它是由音高决定的。普通话的声调具有区别意义的作用。如：tóngzhì（同志）和 tōngzhī（通知），声调不同，词的含义就不一样。

一、调值和调类

调值是指声调的实际读音，也就是音节的高低、升降、曲直、长短的变化形式。普通话有四种调值，通常用“五度标记法”表示。如图 2-1：

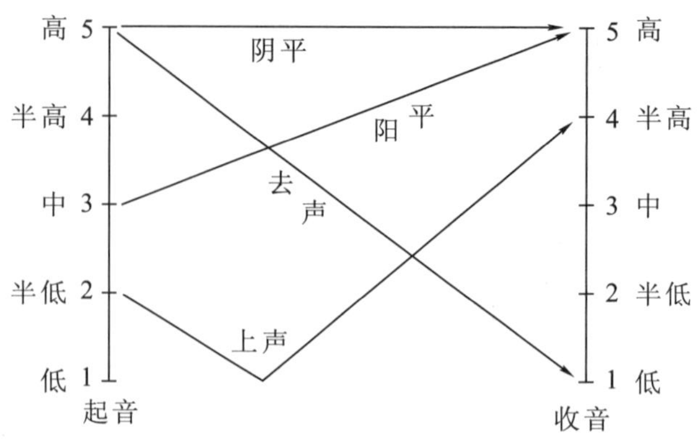

图 2-1　五度标记法

调类是指声调的分类,它是根据声调的基本调值归纳出来的。普通话有四种基本调值,就有四个调类,即阴平、阳平、上声、去声。也可称为第一声、第二声、第三声、第四声,简称为"四声",《汉语拼音方案》规定在韵母的韵腹上标出"— ∕ ∨ ∖"四个符号来表示。

二、声调的发音

阴平,调值为 55,由 5 度到 5 度,声音高而平,基本上没有升降变化,因此又叫高平调。如:

高　张　青春　乌鸦　波涛　炊烟　光阴　拼音　香蕉　芳香

阳平,调值为 35,由 3 度到 5 度,即从中音升到高音,因此又叫中升调。如:

扬　强　才华　文学　仍然　儿童　职权　前途　豪情　昂扬

上声,调值为 214,由 2 度降到 1 度,再升到 4 度,即声音先由半低降到低音再升到半高,因此又叫降升调。如:

好　李　表演　打扰　改悔　奖品　允许　语法　美好　理想

去声,调值为 51,由 5 度降到 1 度,即由高音降到低音,因此又叫全降调。如:

跃　慢　上课　壮大　庆祝　锻炼　电视　再见　胜利　万岁

第四节　单音节字词测试评分标准及应试要领

一、单音节字词测试评分标准

普通话水平测试的第一项是"读单音节字词 100 个",其目的是检测应试人声母、韵母、声调读音的标准程度。总分为 10 分,每出现一次语音错误(声韵调任何一项读错)扣 0.1 分,每出现一次语音缺陷(声韵调任何一项读得不到位不完整)扣 0.05 分。

二、单音节字词应试要领

(一)读音要标准

读音标准,指一个音节的声母、韵母和声调均要准确到位。声母的发音要找准部位,方法正确,有力度、有弹性。既不能把一类声母发成另外一种声母造成语音错误,也不能用较接近的部位代替正确部位,造成语音缺陷。特别要注意区分 z、c、s 与 zh、ch、sh,f 与 h,n 与 l,j、q、x 与 z、c、s 几组声母。

韵母发音时,要注意口腔打开,发音到位。如果一个音节发音开口度不够,动程不完整,结尾音素读不好,整个音节的发音就会显得不饱满,语感差,造成语音缺陷。

声调发音贯穿于音节的全过程,读时要注意四声分明,把每个声调的调值发全。测试中声调的语音缺陷多表现为调值偏高或偏低。如上声调值为 214,读成 424 和 2143 均可判为语音缺陷。总之,读单音节字词声韵调要自然融合,切不可顾此失彼。

(二)注意形近字和易读错字

由于汉字形体结构许多相似和相近,在单独认读时如不注意就会出错。比如"拨拔,捞涝,凹凸,钓钩,砌沏,御卸,烤拷"等。测试时要仔细备考,分清形近字的读音。另外,要注意平时易读错字,如:菌、虽、茎、拙、戈、瞥(以上都读一声),髓、瞟、拟、匹(以上都读三声),朗读时要认真判断,还要注意语速适中,偏快易造成误读。

(三)多音字可选读常用音

单音节字词中有许多多音字,读任何一音均可。为集中精力,节约时间,提高正确率,可选读一个常用音,而且要读最有把握认为是正确的读音,不要独出心裁有意地去念那些生僻的读音,以免出现无谓的失分.如:"和"字,有 hé、hè、hú、huó、huò 五个读音,测试时读第一个最常用的音"hé"即可。

(四)读错可及时纠正一次

每个音节允许应试人改读一次,并以第二次读音作为评分依据,隔音节改读无效。因此测试中一定要对需改读的词很有把握后再及时更改。

(五)要按照从左向右的顺序朗读

试卷上 100 个字排列整齐,每排 10 个。要从第一排按照从左向右的顺序朗读,不可从上向下朗读,也不可跳读,以免失分。

强化训练一　单音节字词训练

01

鞋　盾　师　拱　电　国　四　徽　运　准
岁　禀　攥　惨　鸭　竭　翡　粗　脊　妆
甜　聚　耍　翁　膜　闰　烘　恰　鹅　氯
罚　伸　习　这　他　渺　来　拣　跃　囊
两　群　征　圆　甩　内　梢　德　标　谬
雄　豆　糊　抠　窃　波　盆　丢　耳　滨
快　瞻　次　寡　卖　吻　突　嗓　吴　恩
闯　薪　嘴　锋　洒　瓶　伞　腔　怎　靠
谜　画　饶　选　穷　日　峦　帕　苍　返
杯　藻　惩　演　脓　掠　戳　惯　衡　手

02

嗓　恋　能　亚　林　丙　啼　款　恩　永
驹　凝　钾　春　闽　篆　肯　升　尔　凭
此　涡　广　烧　齿　床　丢　灭　舱　概
枪　踹　僧　问　忙　坡　铜　蹿　贼　嫩
团　叼　怯　寻　瞥　动　偷　柱　罕　密
窘　卦　吮　爱　揉　象　撅　球　库　悬
袜　缫　慎　肘　锐　齐　垄　缘　君　女
屋　范　捉　舀　罚　波　浑　匪　俄　溪
若　蒸　合　绕　她　自　满　穴　早　白
火　日　衰　歉　鲁　幼　嘴　顿　咧　拔

03

沉　略　延　舜　才　邓　瞟　抄　平　怎
傍　磁　馆　字　酸　饼　丢　谎　颇　叩
戳　广　贴　墙　蕊　僧　瘦　摸　洽　胸
念　谋　雇　聋　偶　您　袄　抓　垦　穗
抿　吠　礼　橙　祝　栏　眨　足　宝　渔
选　辉　万　柯　烫　窄　踱　训　呆　拔

咧 云 洒 垫 儿 准 踹 含 轨 孟
歌 朽 帆 荣 招 乏 外 芽 饥 娘
虚 简 热 踢 月 居 俏 尝 痛 美
诗 策 窘 雾 浇 日 洼 棋 胎 全

04

柴 索 避 塔 蹭 雕 确 铡 取 帆
柄 戴 陇 夏 狗 尘 孤 软 崩 撵
睛 短 敷 莫 朽 如 走 丸 搜 志
寻 帝 蓬 岸 禹 洪 促 贼 充 棍
穷 赖 您 用 魂 届 盆 跳 纺 运
爽 赘 田 二 请 内 藕 沾 河 跌
块 装 吮 拎 袄 镶 词 镇 留 踹
坑 窑 虽 冒 鳃 魏 鳖 躺 穴 惹
浓 甲 牢 蛙 米 肝 持 腔 猿 波
垮 基 骗 窗 自 飘 倦 窝 舌 拖

05

募 堪 水 字 眯 碾 丢 阵 胚 住
瞥 窘 博 粪 袁 贬 髻 脸 恩 设
炎 谎 说 团 润 窟 外 壤 下 蠢
末 该 次 鼻 跟 饶 恐 台 艘 迟
侵 踹 您 呆 饱 浑 古 伶 缓 掠
其 至 疼 垮 隔 摘 测 贼 君 蒋
拿 生 而 孙 许 掐 碰 嘴 瓮 裙
项 佐 后 蜂 谬 拔 用 要 疗 厂
叹 绞 忠 咧 腥 泛 驱 袄 踱 迂
忘 酸 粤 兜 悬 扯 弓 喂 从 眨

06

踹 碗 根 户 期 犯 缰 垒 绢 灰
盆 碧 猪 垮 练 蕊 肾 膺 娶 另
雄 判 眉 自 码 赛 皇 卧 嘘 耐
瞥 既 要 用 群 尚 柔 耕 蚕 眨

帛 枪 鳞 松 膜 袄 瘸 稿 凝 蔗

此 滩 虫 土 瓢 瑟 托 耳 堆 挡

柴 有 悦 家 控 贼 川 恒 尊 拔

负 槽 刁 软 赵 翁 驯 稿 某 桩

捷 胎 撤 拈 癖 原 朵 放 滚 歪

绺 恩 射 皿 池 香 指 绳 捆 夏

07

胸 桃 滚 条 垒 痕 框 渴 仓 谨

训 巅 涩 广 跌 岩 畏 昂 踹 嘴

挖 选 绳 纸 催 影 锹 走 越 反

瑞 版 眸 杜 腮 串 丢 窘 破 荆

热 须 扰 刷 统 匆 纱 我 枪 笔

婚 农 律 贼 塌 下 村 房 谬 磁

暑 猜 挪 辆 法 弥 笨 霖 麦 肌

袍 震 而 妾 潭 弃 环 恩 彻 汞

决 碰 斩 奉 牙 啮 款 倍 吃 怒

程 丝 权 稍 云 黑 唇 拐 怜 摸

08

遮 总 浮 攮 洒 臣 每 绳 惯 绝

品 而 特 醇 秧 钱 癫 踱 貂 粉

袜 白 小 聂 说 洞 宝 凑 斑 跃

儒 内 闸 冰 您 莫 拦 锥 雄 历

团 吼 眯 水 词 五 腔 顾 歪 夏

髓 巨 耕 恰 桌 孔 市 逢 挽 铀

怎 陶 溢 遵 垮 爹 日 仿 蜡 惹

派 选 求 卵 侧 丢 萍 捐 靠 功

暗 均 溺 推 辈 颇 窘 抓 国 丝

衡 许 滩 闯 篇 踹 昂 语 寻 谎

09

聊 劝 丢 馆 抗 法 昭 鸟 箔 雪

涮 砌 壤 猜 煤 胸 笋 下 膘 闽

察　字　穷　搓　讽　愈　睁　次　哑　儿
春　如　氨　钡　军　末　涂　撑　撰　凝
锦　良　徽　申　仄　弯　糖　漏　值　狗
历　尺　最　来　物　狠　探　顶　运　彭
挂　骚　坎　油　广　捐　袄　瘸　我　阳
扩　烦　需　筒　尊　欠　德　秸　容　面
黑　娘　傻　屑　警　迭　踹　偏　剁　脓
陡　鳃　闯　抛　弱　倪　刷　醋　甩　栽

10

向　秋　夺　壤　断　责　赠　均　瓮　加
病　缩　候　迁　丑　廷　此　凡　储　搔
膜　脱　梨　衫　府　瞥　显　归　准　宽
桶　盆　底　迈　我　孽　雄　顺　谭　册
选　坏　崩　芽　避　割　爬　捐　爽　誉
马　直　唤　昂　寝　羊　怎　虹　澈　叠
构　死　黑　垮　风　踹　撅　众　磷　圣
腮　鸟　施　略　疏　群　优　逗　改　况
忍　穷　邀　拒　膊　入　贫　方　垒　念
猜　凿　苇　皮　奥　拢　饶　二　酶　寡

11

嫡　嫩　挖　禾　椎　昂　官　揉　花　镍
紧　兑　讲　夏　熔　寸　选　峰　磁　踪
问　萌　胸　云　内　渴　右　躺　破　饶
四　滚　抓　扯　摸　迅　宾　辣　元　傻
栏　翼　蜀　备　所　面　窘　凑　阻　光
美　持　沈　停　耳　攥　董　确　许　庄
鸟　触　骑　兽　菊　边　酒　凝　阅　来
亮　粉　牵　癌　征　喊　乔　知　甩　憋
淘　剖　隋　方　钓　潘　愣　戳　饱　翁
洽　丢　残　快　魂　桑　瓢　阔　米　氟

12

订	鸣	钙	架	棕	穷	取	谏	闪	考
颇	葬	忧	雄	肺	洁	凝	剖	郭	吹
日	牌	惨	稳	两	氮	北	惹	昂	嗓
坏	拐	妙	铸	擦	捐	滚	训	瘾	童
网	封	痕	准	甜	洼	秀	崽	许	雪
尼	曹	活	坑	梯	僵	靶	婶	利	透
昧	表	藻	儿	撞	抿	迟	搏	僧	栓
炕	轰	缺	睡	列	特	欧	弧	柴	坪
峦	莫	丝	全	跺	鸟	锐	起	瓜	速
砂	运	恩	词	份	牙	蹿	登	苞	堆

13

材	辛	雪	池	很	纬	掠	洒	四	跷
窘	策	梦	靶	遵	畦	娘	去	从	慎
抓	我	倾	军	控	惹	等	埂	歪	兵
价	条	腻	垒	昌	而	联	蚕	臀	对
篇	故	奎	购	考	若	拐	汪	末	挖
帐	唐	义	两	洪	挥	派	奏	甫	窄
鳃	谎	铝	内	疯	眨	犹	勺	盼	赎
额	逃	鳖	泽	凝	寻	下	篾	软	攻
筋	枝	影	煎	丑	恩	扭	垃	胸	爽
远	墓	周	梅	颇	权	旦	蹿	自	沿

14

钩	瞥	阔	距	嫩	溶	咂	匹	返	证
鬓	疼	劳	沙	膜	窄	拢	团	字	袄
刷	苯	丢	洗	憋	摞	厅	邱	枪	坚
甫	粗	昂	捐	囊	劫	寝	桂	块	体
骇	样	恐	死	码	让	桌	支	萤	袜
押	疮	德	贼	掘	排	闪	汛	夏	穷
仄	二	般	钞	酒	甩	瘸	绥	从	掉
忙	软	盆	雄	博	蹭	舔	料	选	吼

怒　栏　雨　果　黑　纹　春　输　跟　卦
迷　嘴　吃　遮　旺　代　绘　云　丑　讽

15

腊　条　仅　蛇　篾　推　顶　丛　陈　诀
梳　滚　怪　销　闯　祈　均　掐　寇　履
喊　堆　粉　梗　厚　锋　被　吟　蕊　融
非　瓮　尚　脖　绳　热　捻　窜　编　倦
谎　叼　缫　腮　早　滑　串　幅　碎　瘸
晤　垮　蟒　脾　扑　吻　潜　拖　狼　岛
盆　休　砸　奏　伴　挪　室　鹅　肘　存
院　自　捏　之　扭　丝　雨　冰　芽　胸
瞟　摸　砍　讯　恩　躲　摘　桨　猎　彩
卖　兰　腺　钟　穷　扬　觅　汪　耳　快

16

寝　黄　蕊　破　细　踢　摹　讽　涡　儿
腔　窘　雄　七　村　陈　蛙　佑　纵　测
略　杂　灭　羽　训　辱　蛋　蝶　详　筏
亡　招　头　胎　水　踹　乃　耀　舜　线
巴　尺　猛　贼　绒　辽　恰　焚　管　独
是　临　盈　刚　柳　耗　拿　葱　孙　扣
比　恩　袋　承　捐　盘　帽　访　特　镁
堆　奎　晚　瞥　鼓　拘　伤　次　松　群
砍　爽　昂　蹦　翁　贬　怒　缩　晒　艇
糟　决　准　远　甲　抓　乖　字　敛　黑

17

队　谬　壕　脸　逢　洒　纲　肉　滩　终
袄　贼　领　攥　君　范　瑞　商　许　棒
浑　素　捏　寻　枉　铂　妖　漫　情　活
跳　滚　尔　举　规　岁　攫　首　可　养
营　偷　您　仍　题　虹　振　枯　敌　瓢
凶　时　本　猜　该　匪　弥　总　鸭　洼

启 捧 赐 墨 掠 初 卵 抓 寺 挪
翅 柴 高 趴 悬 乍 烧 床 歪 皿
饷 嫁 部 业 抖 绺 踹 啃 常 琼
签 窄 擦 恩 鹤 宋 闪 绳 窃 捐

18

惨 诊 承 鳖 肯 铁 枪 妆 温 捐
眉 滑 颇 浓 酸 债 名 末 攥 缀
准 兜 怀 我 阁 剖 胞 飞 开 拔
荒 死 胸 下 苍 略 窘 嫩 运 劝
锤 盗 递 屋 许 昂 扶 曰 茧 然
旱 此 垄 要 团 碘 喜 榻 床 影
普 锚 致 锣 踹 牛 宫 评 刁 沟
风 扔 山 二 鼻 使 谕 洽 娘 溃
摄 葬 瑟 垒 友 驹 宰 港 脚 藤
林 边 遣 入 鳌 裹 凝 沁 侯 训

19

云 果 尹 曰 起 叙 子 免 汪 而
糠 份 搜 贼 歌 蒸 家 靠 署 蹭
雄 钞 法 掠 秒 仪 治 嗓 穷 牌
扯 踩 群 秆 退 跌 磁 纵 粗 跳
癞 女 沟 稻 眨 费 夏 皖 甩 选
板 捶 拿 添 鬓 源 腔 跤 烈 航
劳 奶 呕 景 昏 汝 爽 笨 驳 纱
扔 跪 抓 飘 容 秋 舰 丢 闰 犁
桦 锁 昂 探 歪 俗 孔 骗 凝 毁
眸 文 碰 东 团 剧 箱 膜 逼 持

20

催 运 自 盅 荣 杭 鸣 本 惨 先
剖 排 热 窘 厢 四 质 圆 吾 睁
涛 谎 加 撅 耳 寡 盒 群 岭 伏
常 般 玩 渡 纵 您 傻 篾 息 扰

奏 块 醉 瓮 国 破 溺 涩 歪 捧
要 踩 雷 柳 舱 塔 桑 侵 年 皱
丙 北 略 季 摸 棍 貂 蜡 法 灯
内 泵 写 巢 偶 屈 爽 眯 揩 魂
谬 墙 迟 赢 粉 安 闻 谷 客 宅
全 减 鸟 戳 硅 郁 胸 团 牙 孔

21

穷 聊 掐 词 锡 而 儒 骚 砍 邓
趁 品 庙 擦 哀 控 啮 投 滑 国
丝 泪 则 怎 瘠 选 徒 午 拐 制
要 趋 晾 播 肉 砖 腻 昂 滨 歌
回 辨 井 腿 许 柄 原 偏 甩 瓦
禹 程 押 份 蠢 吮 廓 爬 湿 月
绝 炼 惨 舔 能 缓 肺 翁 刘 灌
旗 憋 肿 买 插 腔 导 翻 雄 染
状 凝 它 莫 带 述 猫 喉 军 巾
瑟 云 嫩 揍 谎 庞 松 朽 梦 堆

22

竖 爬 次 女 颇 兑 仍 呆 我 家
慌 略 瓶 元 穗 哲 鸥 眸 修 彼
拄 宠 撬 精 祖 却 溺 封 娘 剩
外 侧 流 团 肥 窘 儿 榜 染 展
追 乖 蛙 选 饼 浑 垦 坤 砌 霸
严 运 粮 寸 蹬 均 胸 逃 池 栓
米 食 搔 赏 贡 狠 弱 恐 末 曼
奏 放 您 财 跌 酥 巢 蔫 屯 尤
许 要 子 嗓 敛 北 锅 闯 傲 沁
欠 苗 围 劣 根 宗 芽 焦 塔 摘

23

吹 命 内 农 抬 您 陷 志 征 吃
破 杀 抓 二 乙 反 稳 康 想 桶

丢 庵 掸 壤 寻 骂 锅 下 饼 灭
篇 仄 讨 袋 权 闭 勤 迭 剖 舞
怎 墙 倪 唬 荤 团 略 具 痕 瞄
要 唇 赋 乖 却 凝 咧 北 浴 摧
洼 咬 添 耿 册 快 军 烂 死 陇
瘤 若 谨 砸 疮 鳃 愿 挥 究 防
蒜 匾 穷 虚 爆 广 凳 窘 诚 溶
如 疲 勺 牙 袄 戳 此 膜 锥 抠

24

责 黑 婶 龙 至 均 柬 院 尺 逆
纺 噙 牛 越 刷 晒 川 嗓 雄 塘
云 消 张 藕 尘 表 劝 卦 摘 播
犊 枫 柔 碗 捣 嘴 坑 褐 字 篾
渠 瞧 错 窟 纵 愁 蕊 磁 准 伟
缕 内 很 层 滚 僧 仰 决 祥 频
偏 损 熔 踹 摸 料 修 贩 鳖 姓
夏 辈 擦 居 授 双 驼 水 穷 蹄
嫩 拐 窝 鸭 辣 坤 脑 往 德 匹
扯 鞭 兰 谜 听 耳 牧 氨 务 窜

25

蜂 软 钓 野 亭 嘴 贴 送 暖 疼
尊 梅 窘 黑 次 抵 凑 摔 隐 盆
甲 笨 戳 嗅 刷 准 薛 杠 公 讨
槽 运 篇 滑 恰 拟 拔 语 缎 您
翁 立 洒 穆 纸 颇 权 括 文 术
柔 赴 拐 祥 乌 迟 恩 逛 由 歉
来 者 蒸 遍 搜 恒 免 四 攀 找
刊 料 纯 泛 脓 杯 傍 奶 篮 改
弥 枪 簧 梭 晚 军 而 综 矩 星
呕 锐 蛇 啃 罚 浪 选 末 穷 撅

26

润 广 疗 壮 水 二 值 醒 层 托
宅 丢 源 抛 策 出 骂 菠 怎 绝
北 顾 枕 陋 筛 裂 朽 融 要 谋
蹿 想 船 并 旅 晾 偶 意 憋 眼
雄 腻 泽 展 回 又 谎 外 丝 句
槐 耐 梢 躺 捐 软 黑 去 花 寻
缺 傻 宾 握 闽 安 罚 掏 访 药
遣 囊 洽 盘 踢 夺 耸 吃 挡 穷
癖 碟 瘟 佟 嫩 棵 奉 押 祝 德
自 稿 扩 贫 均 捆 竿 梅 酥 膜

27

吃 破 趋 脸 歪 堂 擦 台 酸 寝
下 擎 海 批 伞 淮 揪 月 抓 直
增 挪 典 跳 摸 浆 圆 凤 霜 吼
隶 准 聂 捐 醉 绒 案 颁 税 领
掉 吹 耳 固 此 贤 要 培 摄 牙
旷 北 潜 略 庄 壤 科 沈 袍 彻
恩 秒 瞒 窘 羹 赚 痒 绕 王 字
云 裤 婚 团 稳 圣 草 憋 暖 艘
斜 府 菊 训 踱 仓 屡 您 笨 毛
爸 期 谬 粉 俗 标 茶 胸 懂 沟

28

房 夏 甩 运 贴 瑞 雪 儿 僧 原
夫 选 催 穷 端 垮 嫩 朽 碑 钱
戚 浦 侯 两 郭 雷 弯 测 虫 锦
膘 饿 勺 爹 巧 央 则 掩 廷 接
踹 凭 辨 局 知 码 租 勤 押 我
凑 准 盲 榨 窘 善 白 苦 床 就
堂 震 风 鸟 唱 荣 订 尺 掠 汪
购 您 莫 磁 涩 裁 统 债 敢 澳

陡 自 庄 律 颇 吏 矛 春 缓 梦
狂 跟 索 扔 巡 塔 辉 伞 刮 藻

29

笨 衡 末 团 腹 牢 洼 陶 缺 壤
戳 穷 亏 劝 编 愣 居 昂 芯 柄
馅 肿 加 肯 瑟 艇 料 师 写 松
狗 持 歪 整 双 渴 救 叼 法 词
垮 荒 冒 剖 吻 平 子 擦 岸 粉
误 巴 乃 塘 腮 氧 遮 缓 怯 组
善 寻 注 雄 剂 蕊 沁 高 坏 踱
撰 酉 瓮 斩 芽 女 闰 叠 宫 层
藕 陈 砂 而 米 云 历 堆 晒 元
溺 胚 狼 逛 决 锅 贼 典 项 童

30

苍 贝 翁 响 矿 你 晒 跌 我 丢
水 弃 滚 爵 叩 膜 闹 鞭 望 疼
在 胞 撤 敏 性 群 戳 投 导 归
吊 劳 黑 鲁 弥 碰 吾 胸 赔 字
穷 歼 团 蒋 次 土 曰 炭 恐 俄
架 淤 槐 敞 枝 粉 拿 所 二 柳
映 鸟 运 娶 搜 才 软 铂 让 龄
朱 恒 返 坤 法 牙 涩 喷 纵 绵
选 桌 妾 鳞 恩 航 踹 肿 缠 蛙
熔 堆 鼻 寡 捐 史 歇 庙 丰 毁

31

摔 放 舔 概 支 猛 酌 自 垄 赛
炒 割 踩 洪 标 疼 衫 垮 箱 仄
额 份 水 王 瞥 溶 窘 康 俗 偏
掠 鸟 擦 腻 此 病 呕 黑 勺 滨
贼 逸 耳 较 穷 下 盒 助 稳 若
底 摊 壤 您 攥 留 泄 魂 踹 粗

训　封　远　丢　骂　贴　拱　伴　招　两
臣　袄　烂　取　唯　港　瘸　雕　云　晋
装　菊　剖　墙　盯　篆　坤　破　选　嫩
迟　演　爬　检　娃　睹　押　凝　摸　随

32

养　特　拈　驼　瞥　你　颇　卢　内　沙
芽　窘　曹　宾　斜　粤　弦　三　孔　腔
笨　扯　货　雹　端　池　罢　丢　废　怎
柜　岭　赫　凝　莫　挖　档　筛　字　雄
辆　儿　喊　纠　势　敛　卫　巧　军　材
踹　港　声　蕊　躯　爽　杂　苦　兜　谎
松　拐　船　附　价　米　牵　洗　抬　雨
昂　潘　园　币　陪　选　务　描　弓　缕
决　阵　停　准　仍　凑　赏　清　逢　春
磁　韵　昭　您　灭　僧　愧　袄　戳　软

33

喉　举　从　掐　院　除　钓　僧　饭　沉
腊　噎　肋　捐　窃　卤　末　藤　润　浓
毙　杂　本　填　珍　闯　拎　偶　罪　锁
民　胸　凝　之　条　奖　镀　险　败　缸
合　块　贫　壤　寻　烤　互　享　群　工
袍　羽　舟　草　夏　影　碰　腿　四　刷
越　甩　气　蹲　我　搏　自　插　钙　短
谬　非　昂　水　颠　绝　纱　拟　崩　穷
缆　容　开　而　昭　泽　裹　僻　门　凑
挖　伞　究　房　戳　碗　厅　爽　惠　吃

34

鸟　蝶　尺　残　瓮　词　比　隋　境　袍
圣　插　楚　牙　捐　酷　侯　捆　汪　眠
选　运　衡　均　拜　养　充　娶　幕　眨
听　反　下　机　攥　拙　却　歪　逛　凝

垒 丢 仄 融 风 袄 揩 硕 栏 瞟
方 谢 披 刑 录 膜 趁 准 鬓 村
某 穷 审 灭 雄 嫩 枪 裸 德 筒
昂 禹 吹 子 决 扔 瑟 悲 柳 蛙
让 酸 对 阴 淮 糟 琴 致 搏 溺
团 二 毁 滇 洒 农 感 天 旁 寡

35

影 揉 捆 跳 枪 倚 毛 女 叹 戳
腻 港 猎 群 踹 法 闰 昂 磕 海
灭 煮 砸 阔 舔 争 袅 要 凝 页
腿 脓 揪 怪 黑 治 骚 棒 垦 瞎
即 洒 持 洼 逢 抄 盼 贼 拍 软
楼 憋 骗 翁 炉 辅 绒 确 舌 窘
真 死 链 违 吨 爽 洪 耳 撑 破
娘 聘 团 腰 尝 捐 站 衰 镁 根
眶 租 次 霖 选 摸 彩 胸 厥 戴
餐 抵 训 层 焰 鸥 靶 徐 挽 恰

36

此 摸 硫 辫 鞋 砂 琴 爹 舔 慌
逗 僧 绢 恩 简 辰 法 搓 掉 棋
绣 仰 凝 瞥 敢 丢 碎 鳗 质 拍
准 酚 远 扑 赠 炒 旬 舱 甲 例
博 啃 军 勉 迟 涛 补 儿 挂 学
纵 亭 饿 挥 备 两 凑 贼 棍 紧
雄 内 村 握 冬 函 伪 锐 何 软
袍 霜 荣 蜜 宅 履 窗 拐 程 丝
够 鸟 外 鄙 昂 靠 眨 狱 诸 却
刷 穷 嗓 媒 硕 款 拎 讽 涂 押

37

傻 墙 碗 制 滨 妙 苯 具 天 并
审 却 轰 跳 寻 倾 份 良 篙 池

争 蚕 恐 疮 贮 筛 钠 家 陇 群
塑 蛙 痒 丢 伞 棚 字 活 剖 府
胎 源 颇 快 反 约 仄 蕊 窦 磁
导 明 扭 育 枯 抵 联 帽 胸 瓢
沏 白 憎 唤 囊 郭 选 贼 惹 涧
我 昔 芽 笔 仗 轮 谎 唇 二 显
飞 润 恩 姐 您 崔 虫 袄 锤 洒
碟 拐 回 窘 罐 昂 末 抓 料 剩

38

码 瀑 神 特 喘 浓 鸥 独 讲 幸
熔 下 厅 渠 箭 贼 训 德 顺 表
盆 氧 志 膜 妆 圆 耕 虎 搓 袄
歪 碳 疯 雄 寡 穷 我 四 绺 抻
你 屯 脸 获 裁 党 凿 康 自 萍
捆 稻 花 铝 杀 拂 津 管 踹 仿
而 秆 磷 宗 脖 睁 侯 捐 纳 挥
改 云 写 前 桂 筛 闰 吹 越 彼
廓 宾 怯 久 贝 拢 涩 椎 镭 吃
洒 端 牙 眯 惨 飘 却 汪 疼 庙

39

丢 臀 垒 渊 尺 身 篷 洽 您 诛
桥 粪 掩 富 耳 边 饷 怀 仓 绞
抓 总 叮 渴 盂 胸 寨 蕊 至 草
破 死 晋 吴 警 字 舌 啸 髓 迷
捡 溃 拎 倦 洪 封 铁 沉 睡 诚
党 爬 搓 循 北 运 哀 润 筐 瘸
欧 放 盒 判 钩 入 氛 遭 溶 窜
丑 押 暖 汉 尼 恩 娘 砖 贼 摸
蜡 亡 踹 涛 扮 艘 胆 曰 广 疑
我 刘 瓮 渠 篾 门 汽 寡 驴 窘

40

虫 盏 持 昂 硼 登 恼 闯 输 揉
遵 赖 总 桨 鲤 穷 万 廷 则 篇
追 丝 您 配 裹 藕 闰 凑 麻 加
勺 泰 剧 蛮 隋 莫 鸟 风 索 雇
取 糠 选 控 外 凡 石 儿 岳 戳
骇 遣 辽 窟 缔 宝 挖 养 窜 幂
铁 谎 雄 川 确 有 翁 捐 丈 柳
冰 犊 搜 贵 抓 钓 惹 蔡 均 倾
献 洒 芽 刚 怀 膳 词 黑 本 粉
撑 需 烤 客 皿 驳 卸 龄 云 捉

41

固 浓 钾 酸 莫 捧 队 要 踹 儿
哲 洽 许 滕 缓 昂 翻 容 选 闻
械 搞 堤 捡 魂 躺 瘸 蛀 游 蠢
字 披 翁 辆 申 按 捐 旗 黑 咬
悦 围 波 信 铭 欧 测 敷 闰 巢
瞥 贺 失 广 晒 兵 卦 拔 君 仍
胸 撞 非 眸 葬 昭 览 脱 嫩 所
德 柳 砚 甩 豹 壤 凑 坑 绞 崔
我 初 蔽 匀 铝 枪 柴 搭 穷 董
池 款 杂 此 艘 粉 阔 您 镁 帘

42

崩 饷 攻 劳 凑 匹 捐 坎 蹲 女
恨 蹿 窍 飞 骗 封 攥 竹 苍 嚎
纱 您 吻 渠 狗 奎 署 踹 垒 阎
蒋 额 淡 房 拢 爵 猛 而 军 德
滥 亡 软 下 俗 瞥 禀 氏 窘 丢
捅 寻 贝 台 自 侵 入 凭 朵 条
诈 淮 棕 滑 状 插 有 龄 账 垮
摸 囊 招 酶 曳 恩 选 赛 鳖 阅

吹 忍 吃 涮 丝 破 轨 戏 谎 财
搞 掐 曼 歪 仍 砌 我 用 裹 抻

43

岳 抓 桃 水 淹 憾 辽 纳 昂 品
饭 美 侧 北 揭 拐 费 暖 外 盆
夏 秧 袍 鳃 磁 统 掠 蹿 廓 峰
急 蜕 漆 垂 份 卤 痘 欢 垦 掐
窘 拔 陇 椎 爽 蹬 贼 赣 舔 局
怎 挖 衡 死 娘 兽 友 凸 凝 杀
衔 光 去 孙 蹈 波 渴 鸥 庙 丢
日 膜 蔡 选 让 逼 袖 仓 尺 跌
绸 汝 雄 迈 颌 贬 农 赠 原 均
我 平 准 群 抄 责 寨 秦 嘱 二

44

果 泛 宽 淌 丢 子 篇 察 披 囚
胞 则 诉 睁 敛 黑 踹 导 厘 广
枪 运 拴 裂 说 脓 吼 姬 附 肠
脂 辣 弓 洒 盒 滥 歪 退 穴 篾
条 再 元 滨 选 耗 熏 爬 曰 鸟
投 景 随 奉 存 懂 笙 用 诊 词
胀 牙 丙 柔 洽 艇 热 穷 女 箭
酸 持 惧 闯 彭 内 乳 浙 摸 黯
稳 铭 浦 舜 鸥 窃 心 垮 曹 袜
啃 蝶 波 囊 餐 耳 白 讲 跟 险

45

揍 卿 垮 评 忌 恒 派 全 吹 次
穴 铁 荒 躲 笨 爽 辙 钩 癌 砂
梨 烤 糖 洒 航 根 融 税 儿 旅
波 德 庵 攥 我 妇 惨 训 拐 拿
软 烘 灭 臻 田 鸭 始 抓 位 跷
米 穿 秒 下 抠 摆 捐 四 搓 帐

狂 瓮 丢 泣 语 愣 您 谷 贫 摊
取 撅 迟 润 焉 信 腮 莫 冯 稻
瘟 镭 嫩 云 灸 袍 用 族 访 粱
靶 桌 饱 蹭 明 匪 快 奖 胸 圃

46

运 唐 郑 龙 攥 夸 永 裂 此 尘
雪 波 凑 爽 潮 软 内 袄 揪 醒
粪 憋 脾 腐 离 搜 灼 捞 您 缴
胡 拐 蕨 买 娘 鞭 瓢 翁 砍 驻
丹 扭 砸 构 权 日 抓 踹 点 夏
丝 夜 军 矛 桶 怯 温 捕 二 鬃
末 丰 鹅 塔 羹 伞 锐 关 癞 想
若 捧 澈 甩 池 蔫 床 毡 访 黑
窘 欺 水 浑 愿 徐 炖 盆 盯 岩
擦 渠 炕 迷 挖 鬓 挡 掐 命 屯

47

准 骗 娘 广 日 波 选 鬓 霜 耳
峰 盆 厢 褶 恰 胎 臣 拐 粤 嘴
荡 慌 算 砷 永 如 捺 魂 款 绪
碟 粪 棱 均 特 栽 抵 膜 钩 防
洛 雨 圣 偷 暮 晚 字 争 筹 刮
范 夕 井 涉 评 北 型 四 绒 氨
怀 袄 云 伙 坝 纠 犁 缺 伍 襟
掉 趴 草 瞥 括 粗 填 蹿 穷 黑
潮 伞 浓 巧 王 买 流 娶 鼻 吃
廊 踩 葬 唇 甲 坠 栋 烤 抓 院

48

趋 穴 彼 孵 砍 蹄 整 锈 窘 漾
凝 温 团 键 书 筒 摸 垮 录 厥
腊 彩 吨 遣 徐 尺 迸 堵 挥 远
笨 霉 册 偏 芽 谎 代 锁 沟 尝

扰 硫 追 棚 蛙 扣 桩 蛋 纺 运
条 怪 您 矫 瑞 楼 安 示 层 劣
虹 攥 买 穷 超 民 选 巴 蜜 亡
响 爬 锭 筐 委 波 磁 黑 群 害
勺 掌 极 遵 洽 葛 踹 捏 壤 拴
澳 戳 耸 皱 酸 儿 郭 自 酚 酉

49

爹 维 液 昂 鬓 萍 有 凳 穷 坤
面 梯 羽 抓 耿 端 渴 披 簧 赶
文 江 热 尊 亮 捐 陈 方 赤 法
掐 缓 沾 拐 皆 琴 葱 儒 爽 夺
复 藤 掠 槽 款 擦 鳍 波 死 束
丑 弱 临 股 宅 赏 太 杭 虾 哨
膘 朽 耐 选 蛮 拥 北 能 字 而
枕 材 鸟 制 雪 杂 闹 酸 傻 并
赔 君 咧 凑 俄 津 驴 蜕 拙 莫
倾 瓦 农 涩 鬼 逊 添 踹 衍 醉

50

民 推 陪 宰 鹿 牛 戒 凝 棒 爽
末 北 您 抖 瓮 雏 用 奎 糟 捻
勺 黑 效 筐 皖 畔 肿 天 者 军
诚 庵 仿 牙 栋 坪 拐 僻 额 拟
貂 死 源 剑 活 犬 梭 氨 苯 耗
墩 唱 词 略 州 逃 组 仍 滤 软
驱 咧 礁 世 铃 征 坟 闭 腔 抬
抓 遵 免 波 很 蹿 窘 川 簇 损
二 寡 怯 闻 享 茬 下 米 松 日
艘 蟹 云 登 块 柑 伐 缺 愁 朽

强化训练二　100个常见多音多义字训练

(1)艾　ài　方兴未艾　yì　自怨自艾

(2)拗　ǎo　拗断　ào　拗口　niù　执拗

(3)曝　pù　一曝十寒　bào　曝光

(4)屏　bǐng　屏除　屏退　屏住呼吸　píng　屏障　屏蔽　屏风

(5)薄　bó　[书]薄弱　单薄　薄利　báo　[口]纸太薄　bò　薄荷

(6)剥　bō　[书]剥削　剥夺　bāo　[口]剥皮

(7)暴　bào　残暴　自暴自弃　pù　一暴(曝)十寒

(8)辟　bì　复辟　辟邪　pì　开辟　辟谣　精辟

(9)扁　biǎn　扁担　扁平　扁鹊　piān　扁舟

(10)奔　bēn　奔走　bèn　朝对岸奔

(11)背　bèi　背脊　bēi　背枪

(12)便　biàn　便当　pián　大腹便便

(13)泊　bó　停泊　漂泊　淡泊　pō　湖泊　水泊　血泊

(14)伺　cì　伺候　sì　窥伺

(15)传　chuán　传说　zhuàn　传记

(16)创　chuàng　创建　创始　chuāng　创伤　受重创

(17)称　chēng　称呼　称重　称许　chèn　相称　称职　称体

(18)禅　chán　禅师　坐禅　shàn　禅让

(19)乘　chéng　乘机　上乘　乘务　shèng　千乘之国

(20)臭　chòu　臭味　臭氧　臭名昭著
xiù　铜臭　乳臭　臭味相投

(21)场　cháng　场院　赶场(集市)　一场大雨
chǎng　场合　场所　场地　冷场

(22)处　chǔ　相处　处分　处置　处理　chù　处所　处长

(23)参　cān　参见　参谒　cēn　参差　shēn　人参

(24)逮　dǎi　[口]逮住他　dài　[书]逮捕

(25)当　dāng　应当　当家　螳臂当车
dàng　当做　当真　安步当车

(26)倒　dǎo　倒霉　dào　倒车

(27)调　diào　调查　tiáo　调整　调解　调理

(28)弹　dàn　弹丸　子弹　tán　弹指
(29)度　dù　大度　气度　度假　duó　揣度　忖度
(30)澄　chéng　[书]澄清的水　澄清是非
dèng　[口]水澄清了才喝
(31)恶　ě　恶心　è　恶习　wù　厌恶
(32)阿　ē　阿谀　刚直不阿　ā　阿姨　阿Q
(33)供　gōng　供求　提供　供不应求
gòng　供品　供职　供状　招供
(34)更　gēng　更换　gèng　更加
(35)给　gěi　[口]给他　给我一本书
jǐ　[书]供给　给予　家给人足
(36)和　hé　平和　温和　hè　唱和　附和　和诗
huó　和泥　和面　huò　和稀泥　和弄
hú　和牌　huo(轻)　搀和　暖和　软和
(37)号　háo　号叫　哀号　号哭　hào　记号　号角
(38)巷　hàng　巷道　巷井　xiàng 巷战　街头巷尾
(39)荷　hé　荷花　hè　负荷　重荷　荷枪实弹
(40)横　héng　横亘　横肉　横行霸道　hèng　横财　蛮横
(41)会　huì　会聚　kuài　会计　会稽
(42)哄　hōng　哄传　hǒng　哄骗　hòng　起哄
(44)辑　jí　辑录　编辑　逻辑
(45)缉　jī　缉拿　缉私　通缉　qī　缉鞋　缉边儿
(46)嚼　jué　[书]咀嚼　jiáo　[口]嚼蜡　咬文嚼字
(47)角　jiǎo　号角　角落　头角　口角　独角戏　勾心斗角
jué　角色　名角　角力　口角　角斗　群雄角逐
(48)圈　juàn　羊圈　牛圈　quān　铁圈　圈套
(49)校　jiào　校对　校勘　犯而不校　xiào　校风
(50)禁　jīn　禁受　禁得起　jìn　禁止　禁区
(51)藉　jí　狼藉(籍)　jiè　慰藉　枕藉　蕴藉
(52)济　jǐ　济南　济济一堂　jì　周济　救济　扶危济困
(53)倔　jué　倔强　juè　脾气倔
(54)监　jiān　监狱　jiàn　太监

(55)解 jiě 解渴 解散 jiè 解款 押解 解元
xiè 浑身解数 解不开这个理
(56)壳 ké [口]外壳 脑壳
qiào [书]地壳 甲壳 躯壳 金蝉蜕壳
(57)卡 kǎ 卡片 卡通(音译词) qiǎ 卡子 关卡 哨卡 卡壳
(58)可 kě 可行 kè 可汗
(59)看 kàn 看病 看望 kān 看门 看守
(60)落 luò 没落 落空 落魄 lào 落枕 là 落下
(61)累 léi 累赘 果实累累
lěi 积累 累次 危若累卵 连累 罪行累累
lèi 劳累 受累
(62)擂 léi 擂鼓助威 lèi 擂台 打擂
(63)露 lòu [口]露底 露面 露马脚
lù [书]露骨 露水 原形毕露
(64)量 liáng 量杯 测量 丈量 估量 liàng 数量 量体裁衣
·liang(轻)打量 掂量 估量
(65)笼 lóng 牢笼 鸟笼 lǒng 笼罩 笼络 笼统
(66)靡 mí 靡费 奢靡 mǐ 风靡 披靡 靡靡之音
(67)缪 miù 纰缪 móu 未雨绸缪
(68)模 mó 模范 模型 模特儿 mú 模子 模板 模样
(69)脉 mài 脉搏 脉络 mò 含情脉脉
(70)蒙 méng 蒙昧 蒙蔽 mēng 蒙人 měng 蒙古
(71)难 nán 困难 nàn 发难 责难 毁家纾难
(72)宁 níng 安宁 宁静 国无宁日 nìng 宁愿 宁肯 宁缺毋滥
(73)弄 nòng 弄清 戏弄 lòng 弄堂
(74)炮 páo 炮制 炮烙 pào 大炮 鞭炮
(75)漂 piāo 漂泊 漂浮 piǎo 漂白
(76)强 qiáng 强制 强化 强蛮 强调 博闻强识
qiǎng 勉强 牵强 强迫 强笑 强词夺理 强人所难
jiàng 倔强
(77)悄 qiāo 静悄悄 qiǎo 悄然无声
(78)翘 qiáo 翘首以待 qiào 翘尾巴

(79)舍　shě　舍身　舍弃　舍不得　　shè　宿舍　校舍　舍弟

(80)折　shé　折本　折耗　　zhē　折腾　　zhé　折价　折磨

(81)宿　sù　宿愿　宿将　宿根　　xiǔ　一宿　　xiù　星宿

(82)省　shěng　省会　节省　省略　　xǐng　反省　省亲　省悟

(83)盛　shèng　兴盛　盛会　　chéng　盛东西

(84)散　sǎn　散文　散漫　散光　散曲　散装　散兵游勇
sàn　散伙　散心　散发

(85)遂　suì　遂意　遂愿　　suí　半身不遂

(86)数　shǔ　数落　数九寒冬　数说　数典忘祖　　shù　数学　数据
shuò　数见不鲜

(87)塞　sè　[书]阻塞　敷衍　塞责　　sāi　[口]活塞　瓶塞　塞口子
sài　要塞　边塞

(88)帖　tiē　服帖　妥帖(贴)　俯首帖耳　　tiě　请帖　帖子
tiè　字帖　碑帖　画帖

(89)提　tí　提醒　　dī　提防

(90)鲜　xiān　鲜艳　屡见不鲜　　xiǎn　鲜为人知　寡廉鲜耻

(91)吓　xià　吓唬　　hè　恫吓

(92)纤　xiān　纤维　　qiàn　纤夫

(93)肖　xiào　肖像　　xiāo　姓肖

(94)削　xuē　[书]削减　剥削　瘦削　日削月割
xiāo　[口]削铅笔　削球　切削

(95)系　xì　系统　系列　　jì　系鞋带

(96)血　xuè　[书]贫血　心血　流血　呕心沥血
xiě　[口]血淋淋　吐了血

(97)咽　yān　咽喉　　yàn　咽气　狼吞虎咽　　yè　哽咽　呜咽

(98)应　yīng　应届　应许　　yìng　应承　应变　应考

(99)颤　zhàn　颤栗　　chàn　颤音

(100)着　zháo　着急　着凉　着迷　着地
zhuó　着陆　衣食无着　着手　着落　着眼　不着边际
zhāo　着数　高着　绝着　着调

第三章 语流音变与多音节词语测试项指要

我们说话和朗读的时候，会发出一连串的音节，形成语流。在语流间，音节与音节、音素与音素、声调与声调互相影响，使语音发生或多或少的变化，这就是音变。在普通话的语流中，常见的音变现象有以下四种：变调、轻声、儿化、语气词“啊”的音变。

第一节 变 调

一、上声的变调

(一)上声在阴平、阳平、去声、轻声前念半上，调值由 214 变为 211。如：

好书　比方　苦头　指望　火车　老师　耳朵　尾巴

(二)两个上声相连时，前一个上声变成阳平，调值由 214 变为 35。如：

领导　组长　打点　哪里　海岛　粉笔　理想　管理

(三)三个上声相连时，“双音节+单音节”结构的词语，前面两个音节变成阳平。如：

演讲稿　展览馆　手表厂　选举法　蒙古语　洗脸水

“单音节+双音节”结构的词语，第一个音节的调值变成 21，第二个音节变成阳平。如：

好领导　小组长　厂党委　米老鼠　孔乙己　纸老虎

一串上声相连，可先根据语意或气息自然分节，再按照以上训练要领变读。如：

你把/美好/理想/给领导/讲讲。

二、“一”“不”的变调

(一)“一”“不”单念时或用在句末尾以及“一”在序数中，声调不变，读原调。如：

第一　统一　划一　万一　偏不　决不

(二)在去声前，“一”“不”一律变读为阳平，调值为 35。如：

一样　一向　一定　一块儿　不够　不看　不要　不怕

(三)在非去声前，“一”变去声，“不”仍读去声。如：

一般　一边　一年　一手　一两　不吃　不开　不同　不行　不管　不想

(四)“一”“不”嵌在相同的词语中间读轻声。如：

谈一谈　拖一拖　问一问　走一走　能不能　好不好　画不成　说不定

第二节　轻　声

轻声是普通话四声的一种特殊音变,是在一定条件下读得又轻又短的调子。它的主要特点是发音时音长变短,音强变弱,但并非“轻”得听不清发音。

一、轻声的作用

有些轻声具有有区别词义和词性的作用。如:

对头(轻声,名词,仇敌、对手)

对头(非轻声,形容词,合适、正确)

地道(轻声,形容词,纯粹、够标准)

地道(非轻声,名词,在地面下掘成的交通坑道)

二、轻声的规律

(一)名词的后缀“子”“儿”“头”和表示多数的“们”。如:

桌子　儿子　月儿　风儿　枕头　馒头　同学们　我们　咱们　人们

(二)助词“的”“地”“得”“着”“了”“过”和语气词“吧”“嘛”“呢”“啊”等。如:

我的　飞快地　走得动　看着　得了　去过　放心吧　对吗　笔呢　真行啊

(三)叠音词和动词的重叠形式后面的字。如:

弟弟　娃娃　星星　看看　商量商量

(四)用在名词、代词后面表示方位的语素或词。如:

山上　报纸上　树下　底下　家里　这边　那边

(五)用在动词、形容词后面表示趋向的词。如:

进来　拿去　站起来　坐下去　跑回来　溜出去

除此之外,还有一些习惯上读轻声的词语。如:

神气　巴结　咳嗽　粮食　好处　舒服　学生　豆腐　力量

能耐　名堂　麻利　搅和　来头　糊涂　相声　报酬　苗条

第三节　儿　化

儿化是在音节韵母的末尾加上卷舌动作,使音节韵母的发音发生变化,成为卷舌韵母。儿化音节在书面上用两个汉字表示,在发音上是一个音节。

一、儿化的作用

在有些词里有确定词性或区别词义的作用。如:

画(动词)　　画儿(名词)　　盖(动词)　　盖儿(名词)

活(形容词)　　活儿(名词)　　尖(形容词)　　尖儿(名词)
头(指脑袋)　　头儿(指领头的人)
信(指信件)　　信儿(指信息)

表示细小、轻微的意思。如:

小刀儿　药丸儿　一点儿　木棍儿　纸条儿　一小块儿

表示喜爱、亲切的感情色彩。如:

小孩儿　宝贝儿　小脸蛋儿　红花儿　大伙儿　山歌儿

二、儿化的发音

韵母儿化,大致分为这两种情况。一种是原韵母不变,只是在发该韵母的同时加上卷舌动作就可以了。另一种是儿化后,原韵母发生了变化,出现了增音或减音现象,变化规律如下:

(一)韵母或尾音是 a、o、e、ê、u 时,后加卷舌。如:

豆芽儿　号码儿　花儿　话把儿　板擦儿　一匣儿
粉末儿　书桌儿　围脖儿　大伙儿　干活儿　索道儿
眼珠儿　小猪儿　碎步儿　白醭儿　小猴儿　小狗儿
唱歌儿　贝壳儿　自个儿　主角儿　台阶儿　配角儿

(二)韵母是 i、ü 时,后加 er。如:

玩意儿　小米儿　米粒儿　差不离儿　小鸡儿
毛驴儿　金鱼儿　小曲儿　马驹儿　孙女儿

(三)韵母是-i 时,丢-i,加 er。如:

瓜子儿　歌词儿　写字儿　挑刺儿　咬字儿
棋子儿　铁丝儿　没事儿　树枝儿　锯齿儿

(四)韵母是 ui、un、in、ün 时,丢 i 或 n,加 er。如:

麦穗儿　零碎儿　翡翠儿　扇坠儿　凉水儿
干劲儿　送信儿　傻劲儿　够劲儿　皮筋儿
一顺儿　光棍儿　冰棍儿　白云儿　花裙儿

(五)尾音是 n、i 时,丢 n 或 i,卷舌。如:

壶盖儿　一块儿　小孩儿　领带儿　本色儿
白班儿　杂院儿　白干儿　嗓门儿　开刃儿

(六)尾音是 ng 时,丢 ng,卷舌,元音鼻化。如:

电影儿　帮忙儿　八成儿　没空儿　抽空儿
起名儿　打鸣儿　透亮儿　门缝儿　蛋黄儿

第四节 多音节词语测试评分标准及应试要领

一、多音节词语测试评分标准

普通话水平测试的第二个测试项是“读多音节词语”(100 个音节),该测试项的测试目的是测查应试人声母、韵母、声调的发音和变调、轻声、儿化等音变现象的发音标准程度。该项总分为 20 分,读错一个音节扣 0.2 分,读音有明显缺陷,每个音节扣 0.1 分.

二、多音节词语应试要领

(一)读音要连贯自然,语速适中

朗读时不能断开一字一字地读,应以词为单位,一词一顿,自然朗读。读词语语速不宜过快或过慢,过快易使词与词间的顿歇时间过短,就容易出现“吃字”现象,造成发音缺陷。过慢则比较呆板,不够自然,也易超时。语速更不宜忽快忽慢,这样容易破坏正常的发音状态,引发紧张心理,造成不必要的发音失误。

(二)读准轻声和儿化词语

测试时要注意分辨轻声、儿化词语,做到准确朗读。轻声词的读法,末尾的字要读的既轻又短,注意不要将轻声词读成非轻声,或把轻声词读重了,都容易造成语音错误或语音缺陷而丢分。要结合普通话水平测试用必读轻声词表熟读、牢记。

儿化词的朗读要注意读成一个整体,读韵母的同时加上卷舌的动作,不能把“儿”读成一个独立的音节,如把“画画儿”错读成“画/画/儿”,“小孩儿”读成小/孩/儿。不是儿化词的,不要误读为儿化词,如“女儿”“孙女”“手绢”“拐弯”,如果随意卷舌儿化,测试时会被视为读音错误失分。

(三)读准“一”“不”和上声的变调词语

双音节和多音节词语中的“一”“不”和上声的变调要按照变调规律读准确。尤其要注意词语末尾的上声一定要发到位,即调值要发够 214。如“美好”“展览馆”中的“好、馆”,很容易按照日常朗读习惯读成 21 调值,在测试时出现这种情况会被视为语音缺陷丢分。

(四)注意一些平时比较爱读错的词语

如:怪僻、恰当、处理、从而、按捺、粗糙、痤疮、给以、供给、仍然、当即、号召、花蕾、混淆、脊髓、冗长、铆钉、间隙、枯槁、尽量、窥测、穴位、占卜、披靡等。

(五)按照从左向右的顺序朗读,读错可当时更正一次。

同第一测试项要求相同,朗读词语也要从左向右,切勿从上向下。每个词语读错允许当时更正一次,按改正后的读音判分。

强化训练三　多音节词语训练

01

操作	疲倦	遵照	维持	金丝猴	周年	抓获
黄昏	脸盘儿	榨取	眉头	千瓦	佛像	笼子
权力	因而	门洞儿	打倒	硫酸	双亲	别扭
崩溃	父女	一直	窘迫	必须	挨个儿	木偶
逃窜	虐待	帮忙	难怪	科学家	场所	钢铁
另外	从小	人影儿	分配	仍然	将军	感慨
通讯	清楚	调和	悄声	上下	拥有	补丁

02

侨眷	在乎	怀念	摧毁	完备	允许	骄傲
质量	杀害	逗乐儿	穷人	虐待	吹牛	妥当
仍然	大娘	工程师	作品	佛寺	送信儿	谬论
胸脯	首尾	折磨	婴儿	农村	安全	坎肩儿
双亲	个别	奔跑	如下	关卡	累赘	疯狂
扯皮	来不及	钢铁	棉花	财产	钉子	战略
夸张	群众	以外	跳高儿	富翁	畅所欲言	

03

垂危	被窝儿	柔软	封闭	王后	啄木鸟	高昂
舒坦	佛经	安排	地层	然而	支持	元素
夏天	麻花儿	思索	南方	总额	家乡	紧缺
谬论	苟且	纳粹	稳当	区别	小瓮儿	妇女
开业	定律	人群	上吊	空子	剥削	哈密瓜
眷恋	贫穷	舌头	分工	配合	红军	创造
扭转	线轴儿	应用	快乐	率领	抑扬顿挫	

04

窘迫	日益	军粮	月份	嫂子	而且	叫好儿
根据	国王	花瓶	办公室	审美	新娘	坎肩儿
牛顿	悲哀	群体	钻头	收成	串联	开会
政权	荒谬	面孔	宣布	客气	英雄	挂帅
压力	大伙儿	规格	作者	孙女	水鸟	消灭
策略	中外	主人翁	佛法	恰当	灾难	盎然

图钉儿 思考 先生 拼凑 引导 出类拔萃

05

规律 儿童 破坏 佛典 村子 瓦斯 无穷
品位 牙签儿 血管 人才 家伙 美酒 书卷
苗头 爱国 温柔 抢险 按照 高涨 碎步儿
操办 命运 何况 进化论 凉爽 飞快 涅槃
钢镚儿 山川 飘动 录音机 正确 总结 天鹅
妇女 英雄 日益 差别 完全 被窝儿 开垦
课程 妥当 大娘 横扫 遵循 有的放矢

06

仍然 爪子 电压 存在 均匀 后面 编写
健全 花瓶儿 恰巧 风格 半导体 报废 红娘
快乐 西欧 意思 发狂 掌管 小说儿 血液
从而 卤水 佛教 未遂 牛犊 似的 旋转
谬误 国王 悲哀 吵嘴 诚恳 火苗儿 侵略
授予 难怪 力量 责任感 今日 少女 苍穹
名牌儿 窘迫 疼痛 换算 温带 部分 侦察

07

穷人 小鞋儿 疲倦 拍摄 群众 专门 红娘
润滑 层次 差额 辩证 石榴 捣毁 国王
快速 民间 亏损 上空 夸张 恰好 名堂
冠军 年头儿 修养 多寡 打算 安培 扭曲
个别 母体 创造性 废水 波长 外部 参加
做活儿 偶尔 聊天儿 愿意 身份 豆子 侵略
富翁 劳动者 佛学 利用 哀愁 与日俱增

08

繁殖 奔涌 妥当 马匹 新娘 核算 豆芽儿
罚款 婴儿 老头儿 收购 主宰 障碍 她们
谬论 亲切 命运 望远镜 群体 赔偿 超额
佛像 战略 双重 嗓子 奇怪 话筒 红润
科学家 坚持 土匪 定律 小瓮儿 干脆 少女
交流 成为 私人 念叨 财政 辩驳 打击
撇开 做活儿 衰弱 线圈 八卦 层出不穷

09

配合	爽快	佛寺	热爱	马车	侵略	蒜瓣儿
频率	篡夺	窘迫	清楚	干脆	透明	加以
灭亡	浪费	螺旋桨	荒谬	虐待	昂然	恰好
因而	妇女	开垦	教训	夸张	唱歌儿	年龄
跳高儿	影响	冬天	主人翁	缘故	洗澡	扇子
怀抱	未曾	随便	日用	群众	拱手	花纹
记事儿	低洼	纳税	区别	牛顿	奔走	先生

10

完备	症状	交流	行当	公民	在这儿	租用
恰好	冲刷	运动	巴掌	次日	分配	夏季
自然界	热爱	天真	外面	窘迫	迅速	脸盘儿
苦恼	男女	谬论	苗头	水果	佛经	参议院
随便	新娘	而且	大量	学习	肚脐儿	铁青
发票	小曲儿	绘画	王朝	客观	老爷	文明
火坑	上层	飞快	虐待	罪恶	赤手空拳	

11

规则	传导	通用	后头	定额	太阳系	词汇
上层	从而	浪费	铺盖	色彩	压力	小说儿
烤火	加速	疲倦	照片	荒谬	玩耍	天窗儿
国民	外界	穷困	饼子	佛法	泪珠儿	党委
红娘	夸张	薄弱	溜达	灭亡	人群	这些
偶然性	日食	男女	虐待	增强	觉悟	亏损
老本儿	妖怪	平均	山区	全体	语重心长	

12

反省	贴切	那么	荒谬	大战	抓阄儿	处于
公司	未曾	宣传	盗贼	苍白	随后	挨个儿
富翁	方法论	产品	下午	窘迫	虐待	然而
连累	人群	外地	口腔	笑话儿	成本	细菌
决议	少女	琵琶	骄傲	爽快	营养	关卡
贵宾	门铃儿	财政	佛典	探讨	柔软	生长
年轻	亏损	合作社	原料	挪用	自始至终	

13

完成	在这儿	水箱	东方	运行	哈密瓜	创立

女婿	碧波	纯粹	状况	牙刷儿	缺口	疲倦
打赌	怀念	伴随	听话	它们	白日	快乐
敏感	浪费	因此	绝着儿	说法	强求	宣布
困难	收缩	世界观	捏造	虐待	骚扰	上层
规矩	融洽	讴歌	摊子	配合	品种	电流
佛教	小瓮儿	人群	无穷	用户	震耳欲聋	

14

生存	白色	需要	承受	合群儿	安慰	走访
频率	故事	怀抱	分辨	儿童	小腿	僧尼
感伤	机械化	外部	栽培	完美	照明	邮戳儿
对偶	全身	我们	如此	大娘	原来	假日
情况	夸奖	良好	车子	平面	钢镚儿	重叠
歌曲	篡改	一点儿	佛学	荒谬	主人翁	洽谈
窘迫	念叨	亏损	战略	军阀	信用	哪里

15

召开	没准儿	窘迫	旋转	性子	燃烧	整理
坏人	群体	全面	姑娘	送别	侵略	大褂
乒乓球	借用	摔跤	外宾	苍白	亏损	火苗儿
参考	爱国	表演	讴歌	难为	婴儿	课堂
嘴巴	命运	手工业	作家	持续	虐待	丢脸
下去	通常	饭盒儿	佛像	冒尖儿	洪水	度日
硫酸	状况	诚恳	洼地	笔法	诸如此类	

16

佛寺	典雅	月饼	搬用	创作	植物	外国
酒精	妇女	摧残	仍然	因而	漂亮	军人
未曾	宣传	烈日	尊重	改写	牛皮	手套儿
况且	哈密瓜	红娘	寨子	核算	打鸣儿	南北
春天	情操	腿脚	全部	挨个儿	贫穷	缺少
继续	劳动力	扩张	怀念	下来	搏斗	正常
稳当	恶化	跟随	扇面儿	运输	非同小可	

17

人群	别扭	恐龙	医学	类似	明确	纳闷儿
亏损	恰当	平原	未曾	船台	作怪	超额
蛋黄儿	男女	奋勇	机械化	逃窜	缓解	然而

窘迫	袋子	冷水	落日	搜刮	进口	安全
毛驴儿	开放	成果	物品	消息	强盗	主张
纯粹	公有制	隔壁	下面	存在	特征	发表
被窝儿	富翁	佛经	运输	填充	大娘	爽快

18

场所	配套	霜期	上层	生存	大腕儿	东欧
维持	波及	南北	麦子	抓紧	外宾	哈密瓜
脑髓	虐待	小瓮儿	相似	灭亡	穷人	快速
总统	饭盒儿	关押	旋转	嘴唇	修改	养活
轮流	闺女	佛法	医院	用途	科学家	而且
连日	作坊	群众	照片	柔软	率领	定律
面条儿	情况	将军	政党	安排	奋不顾身	

19

儿童	出圈儿	狂笑	接洽	时候	遵守	镇压
刷新	没词儿	军队	两边	幼年	撒谎	情怀
主人翁	滥用	迈进	农村	窘迫	阳光	标语
河流	丰盛	学者	被窝儿	图案	亏损	舌头
参观	佛典	会计	耕作	训练	夸张	蜜枣儿
高尚	共产党	疲倦	热闹	品种	虐待	好转
饲料	撇开	大娘	屈服	日程	方兴未艾	

20

其次	状况	轻音乐	红润	作恶	挨个儿	展览
宣布	底子	封锁	大娘	军事	纳闷儿	功用
保存	虽然	太平	审美	放射	解脱	伯母
转悠	追求	虐待	责怪	天体	循环	小丑儿
从而	往日	男女	握手	佛教	厚道	旁听
坏人	白净	下列	飞跃	穷苦	力量	传统
夸张	程序	烟卷儿	频率	画面	维生素	恰当

21

婴儿	红娘	干脆	外部	老本儿	妇女	孩子
下降	折叠	安培	窘迫	农民	拥护	行当
谬论	研究生	增多	疲倦	钢铁	佛学	加塞儿
人群	开设	垮台	微弱	晚上	缺乏	定律
胆小鬼	主体	现存	恩情	寻找	牵挂	门口儿

收缩 翌日 权利 纳税 逃窜 快要 闪光
被窝儿 临床 四周 合同 正好 风驰电掣

22

症状 角色 按照 博得 傻瓜 熔点 纳闷儿
成就 利落 愉快 天下 贫穷 自治区 敏感
率领 群体 灭亡 沉重 手绢儿 佛像 稳妥
能耐 健全 学校 包涵 傀儡 编纂 昂贵
光泽 牛顿 通讯 老头儿 英勇 人口 打算
即日 饭盒儿 撇开 富翁 苍白 信仰 聪明
恰好 标准化 似乎 纯粹 分配 独一无二

23

外科 平行 靠不住 标准 募捐 专家 麦子
博爱 小瓮儿 配合 村庄 手法 咖啡 理解
抽空儿 坏人 修改 养活 然而 钢铁 面临
男女 上层 才能 增长 弹簧 月亮 划分
门槛儿 雄伟 亏损 佛寺 眼前 群众 觉得
大多 恰好 基本功 倒挂 宣传 唱歌儿 扭曲
时日 裸体 东欧 岁数 频率 风起云涌

24

温暖 仍旧 胚胎 煤炭 看法 群众 线轴儿
高昂 跳蚤 撇开 描写 苍白 女工 世纪
佛经 分成 主人翁 遵循 率领 优良 挨个儿
通常 侧面 因而 大娘 况且 挎包 心思
附庸 挖潜 日历 摧毁 抖擞 含糊 战略
临床 饼子 旋转 窘迫 针鼻儿 确定 荒谬
艺术家 港口 恰好 缩短 外国 雨点儿 捐赠

25

佛典 日渐 林子 分散 如下 匆忙 未曾
后跟儿 规律 转播 望远镜 英雄 傲慢 作品
教训 晓得 儿童 夸耀 使用 追求 天窗儿
商量 躲闪 非常 比方 新娘 青蛙 疲倦
靠不住 采取 外界 配合 钻头 跳高儿 镇压
昆虫 爱好 那么 坏人 群体 虐待 亏损
谬论 热能 苟且 大伙儿 战略 顾名思义

26

作怪	撇开	富翁	蜜枣儿	着重	新娘	日后
分配	老实	消费	夸张	核算	扇面儿	假若
彼此	坍塌	窘迫	云彩	谬误	权力	超过
红领巾	夏天	拥挤	电能	挨个儿	愉快	青蛙
定额	亏损	构成	男女	丧葬	略微	村子
人群	耳垂儿	转脸	强大	矿产	宣布	冻疮
胡琴	傍晚	虐待	许久	手工业	佛教	正好

27

无穷	虽然	药方儿	照料	商品	霓虹灯	挫败
认识	创作	群体	政权	男女	录用	怎么
细菌	撇开	共存	亏损	火锅儿	衰变	讨好
决定	家庭	佛学	小瓮儿	偏见	痛快	宣传
栅栏	夸张	偶尔	终于	才能	非法	牛顿
哈密瓜	博大	日光	强烈	关卡	含量	泪珠儿
思维	热爱	没有	镜子	补偿	得心应手	

28

昂首	沙发	火车	西欧	死板	刷新	传染病
天体	胶片	邮戳儿	线圈	咳嗽	大娘	土匪
快乐	增长	掉价儿	青蛙	落日	从而	冠军
捐款	占用	老爷	配合	主人翁	上层	党委
佛像	荒谬	红包儿	波谷	另外	分泌	存在
案子	恰如	公民	虐待	光照	旦角儿	撇开
群众	闺女	亏损	英雄	区域	海市蜃楼	

29

抖擞	地下水	濒于	成虫	红军	门洞儿	挂念
封锁	牌楼	软骨	条款	数量	天鹅	找茬儿
恰好	增强	率领	悲惨	虐待	小气	特别
非常	簇拥	佛寺	报名	宣布	稀罕	打开
饭盒儿	商品	日渐	人群	画卷	月球	自治区
难怪	窘迫	将来	农村	准许	玩意儿	状况
眉头	为了	蜗牛	障碍	婴儿	创造	灭亡

30

恰当　完全　妇女　麦子　不良　旅馆　外界
人员　日历　胡同儿　牛顿　爽朗　训练　围嘴儿
飞快　飘然　意思　深奥　病榻　小丑　因而
下马　少年　手工业　夸张　退化　村庄　蛋黄儿
上层　明天　窘迫　疟疾　干燥　地球　打算
跟前　排斥　政策　军用　佛经　挨个儿　课程
抓获　疙瘩　开垦　作战　新娘　学说　青霉素

31

生存　笔者　累赘　思索　课程　全身　虐待
体育馆　大娘　刀刃儿　挺拔　政策　不安　邮戳儿
佛法　烈日　冲刷　怪物　飞行　然而　激昂
富翁　英雄　渺小　黄色　太阳能　平均　保险
决心　脑瓜儿　谬论　干脆　胖子　波段　痛快
食用　矿产　疲倦　创作　后悔　毛驴儿　遵守
我们　恰巧　加入　怀念　森林　群众　亲切

32

催化　同学　深层　贫穷　黑板　落款儿　全局
土壤　音响　南瓜　谬论　劳动者　迅速　妖精
恰好　人们　光明　策略　挽回　分别　群众
挨个儿　往返　外国　总之　孙女　所以　创作
专用　没谱儿　衰败　长城　夸张　痞子　波涛
小瓮儿　思考　佛典　厉害　而且　夏季　方案
日见　辩证法　右手　大娘　问卷　得天独厚

33

压力　主人翁　论文　成为　喷洒　媳妇　高傲
恋爱　花蕊　外部　跟随　大婶儿　女郎　赞美
收摊儿　怪异　名词　状况　夸张　带子　旋转
叙述　侵略　特别　耳朵　栽培　重叠　小偷儿
红色　窘迫　正面　警犬　唱歌儿　黄瓜　丰满
日用　乒乓球　火种　事情　均匀　宽阔　才能
新娘　的确　发扬　纯粹　佛教　汗流浃背

34

收缩　仇恨　创作　全体　小葱儿　难怪　蒙古包

投资	帐篷	恩情	状况	媒介	日食	文献
恰好	玩耍	别扭	亏损	蛋黄儿	规律	率领
窘迫	私人	种群	发表	挫伤	寻找	综合
肚脐儿	分配	民主	铁匠	成年	用力	革命
检讨	幼儿园	材料	妇女	加热	在这儿	佛学
病变	党委	月亮	夸大	东欧	焕然一新	

35

全面	飞快	学生	军人	变更	逃窜	运行
麻醉	波纹	琵琶	染色体	摧毁	粮食	张贴
配合	彼此	游泳	报名	奶粉	另外	抽空儿
动员	穷尽	创造	冰棍儿	来往	暗中	山坳
在这儿	顾虑	火候	枢纽	起居	电压	佛像
苟且	啄木鸟	消化	传说	显得	侵略	度日
夸奖	掉价儿	亏损	儿童	身子	南方	沧桑

36

宣传	青蛙	状况	亏损	盆子	差别	电视台
效用	脆弱	人群	打鸣儿	所以	谬论	张罗
战略	音乐	脑海	出圈儿	窘迫	来宾	痛快
抓获	按钮	下去	配偶	首都	富翁	红娘
运输	鬼脸	叫好儿	仍然	日记	洗澡	棒槌
相关	从而	眼睛	化肥	尊重	恰当	怀抱
唱歌儿	男女	铁锹	灭亡	根据地	政策	佛寺

37

下午	灯泡儿	设备	才能	挎包	围剿	恰当
穷人	后头	铁轨	状况	波峰	男女	瓜瓤儿
配偶	方便	实用	追求	这么	区别	总称
学科	判决书	存款	在场	铺盖	亏损	新娘
另外	疲倦	类似	啄木鸟	展览	定律	小瓮儿
收缩	沉重	邮戳儿	即日	逃窜	佛法	缅怀
权利	影子	均匀	因而	好歹	大相径庭	

38

明年	窘迫	算账	女婿	群众	爱国	全部
伴随	赔偿	痛快	亏损	柔美	体温	心眼儿
佛经	主人翁	伤害	小腿	石子儿	学术	军阀

卫生	吆喝	从此	侵略	牛顿	婴儿	玩耍
拥戴	大娘	咱们	创立	成分	给予	逗乐儿
撇开	浪费	馒头	挎包	难怪	乞讨	恰好
工作日	个别	灯泡儿	物价	旋转	荒谬	测量

39

窗口	贵姓	在乎	高跟儿鞋	虐待	加强	土匪
蒸发	穷人	唱歌儿	婚姻	下列	包装	袜子
海关	谬论	宣传	作品	鼻梁儿	探索	然而
懊丧	佛典	夸张	词汇	并用	时日	预测
男女	喜庆	搏击	木头	侦查	文学	外界
权力	照片	野生	色彩	黄豆	痛快	军队
面条儿	吹牛	晚上	分配	群众	阻拦	八仙桌

40

任何	沿用	推算	沉重	未曾	操作	老爷
证明	牛顿	脸盘儿	而且	宾主	决策	窘迫
奇怪	高潮	群体	笑容	妨碍	出发点	滑动
安全	痰盂儿	社会	佛教	乡下	频率	快乐
循环	妇女	没准儿	景观	深厚	稳妥	公司
两口子	杂费	笔尖	谬误	虐待	被窝儿	开辟
恰当	刷新	状况	冤枉	上班	亏损	值日

41

国王	今日	虐待	花瓶儿	难怪	产品	掉头
遭受	露馅儿	人群	压力	材料	窘迫	亏损
翱翔	永远	一辈子	佛典	沙尘	存在	请求
累赘	发愣	外面	酒盅儿	似乎	怎么	赔偿
勘察	妨碍	辨别	调整	少女	做活儿	完全
霓虹灯	疯狂	从而	入学	夸奖	回去	篡夺
秧歌	夏季	钢铁	通讯	敏感	不速之客	

42

奶粉	在这儿	雄伟	婴儿	群众	电压	吵架
连续	枕头	新娘	航空	富翁	节日	上层
核算	大学生	名词	况且	抓阄儿	虐待	麻烦
追求	佛教	包子	原则	热量	农村	履行
骨髓	概括	拐弯儿	配套	玻璃	探索	创作

后跟儿 全体 春光 运动 神经质 昂首 衰变
诋毁 黑暗 挖苦 发票 贫穷 一目了然

43

全身 断层 允许 障碍 小瓮儿 坏人 愉快
打算 来临 灭亡 仍然 虐待 方法论 挫折
压迫 至今 减轻 罪恶 脸盘儿 教训 签订
告诉 黑夜 唱歌儿 疲倦 电话 口吻 宾馆
物价 宫女 荒谬 思想 穷苦 挑剔 从容
侦查 作用 玩耍 窗子 给以 南半球 重量
蜜枣儿 摧毁 佛学 特别 命令 周而复始

44

窘迫 给以 战略 昂然 分别 祖宗 凉爽
撇开 画家 走访 因而 身边 拐弯儿 下游
看法 哥们儿 篡改 圈套 群体 效率 思维
虐待 英雄 牛顿 冲刷 大伙儿 今日 流传
轻快 多么 奥秘 亏损 状况 军事 太阳能
面前 谬误 灯泡儿 从此 扫帚 贯彻 土匪
商标 戏曲 佛像 主人翁 同伴 收回 厌倦

45

撇开 群众 窘迫 提成儿 日益 亏损 怀念
洼地 男女 喜欢 军阀 效果 舌头 傍晚
深化 线轴儿 协作 定额 随便 分配 牛仔裤
勉强 穷人 摧毁 大褂儿 仍然 率领 母亲
昂扬 栅栏 佛寺 旋转 原因 价格 长颈鹿
装备 句子 操纵 逗乐儿 手稿 材料 观察
恰好 往返 谬论 标志 虐待 不约而同

46

佛经 虐待 成本 闺女 强调 侵略 能量
灭亡 打嗝儿 收藏 迅速 烧饼 人群 钢铁
豪华 亏损 框子 后天 农村 怀抱 荧光屏
家长 何尝 可以 然而 胸脯 开窍儿 盗贼
无穷 有劲儿 席卷 挫折 于是 陡坡 繁荣
镇压 玩耍 拉链儿 宣传 拇指 安慰 探索
外面 四周 矮小 你们 做梦 非法 留声机

47

英雄	群体	候鸟	协商	首饰	柔软	刺激
跑腿儿	夸张	状况	而且	下降	男女	镇压
坎肩儿	全面	扫帚	工作	画外音	差别	虐待
衰老	训练	聪明	课本	红包儿	谬论	回归
富翁	所有制	强度	断层	表皮	盖子	长城
顶点	合同	掠夺	挨个儿	佛法	赞美	消费
速率	恩情	窘迫	问卷	人民	不以为然	

48

军队	融合	根据地	挫折	汹涌	成名	意思
疲倦	清爽	仍旧	棉球儿	虽说	病人	天下
佛典	被窝儿	权利	终身	扭转	破坏	宾主
价值	怎么	刷新	大娘	爱好	小瓮儿	感慨
临床	猫头鹰	拱桥	循环	钢铁	咳嗽	舞蹈
缺乏	昂贵	快板儿	频率	花鸟	内外	贩子
节日	粗略	早春	闪电	存在	不言而喻	

49

钢铁	盖子	磁场	主人翁	成品	飞快	说话
家畜	灵敏	矮小	全部	红包儿	症状	趋向
探讨	怎么	作风	亏损	儿童	蚂蚁	日见
柔软	火星儿	英雄	仙女	及时	格外	摧残
国务院	虐待	牙刷儿	佛教	棒槌	存亡	搬运
横扫	逗乐儿	粉碎	何况	缺点	连累	撇开
墙壁	管理	大娘	窘迫	群众	丢掉	按钮

50

恰当	砂轮儿	核算	丰满	疟疾	表演	加工
破坏	开外	寻找	恩情	从而	生产力	无穷
荒谬	群体	花脸	佛学	挨个儿	匪徒	锥子
观光	弱点	由于	渗透	妇女	半道儿	红润
老爷	飘带	上层	拼命	夸张	媒人	白色
操纵	大娘	侵占	显微镜	持久	宾客	钢铁
手绢儿	英雄	质量	选举	创作	一丝不苟	

强化训练四　普通话水平测试用必读轻声词、儿化词语训练

普通话水平测试用必读轻声词语表(新大纲)

说明:

1.本表根据《普通话水平测试用普通话词语表》编制。

2.本表供普通话水平测试第二项——读多音节词语(100个音节)测试使用。

3.本表共收词545条(其中"子"尾词206条),按汉语拼音字母顺序排列。

【a】爱人　案子

【b】巴掌　把(bǎ)子　把(bà)子　爸爸　白净　班子　板子　帮手　梆子　膀子　棒槌　棒子　包袱　包涵　包子　豹子　杯子　被子　本事　本子　鼻子　比方　鞭子　扁担　辫子　别扭　饼子　拨弄　脖子　簸箕　补丁　不由得　不在乎　步子　部分　玻璃　薄荷

【c】裁缝　财主　苍蝇　差事　柴火　肠子　厂子　场子　车子　称呼　池子　尺子　虫子　绸子　除了　锄头　畜生　窗户　窗子　锤子　刺猬　凑合　村子　刺挠　伺候

【d】耷拉　答应　打扮　打点　打发　打量　打算　打听　大方　大爷　大夫　带子　袋子　耽搁　耽误　单子　胆子　担子　刀子　道士　稻子　灯笼　提防　笛子　底子　地道　弟弟　弟兄　点心　调子　钉子　东家　东西　动静　动弹　豆腐　豆子　嘟囔　肚子　肚(dǔ)子　缎子　对付　对头　队伍　多么

【e】蛾子　儿子　耳朵

【f】贩子　房子　份子　风筝　疯子　福气　斧子

【g】盖子　甘蔗　杆子　竿子　干事　杠子　高粱　膏药　稿子　告诉　疙瘩　哥哥　胳膊　鸽子　格子　个子　根子　跟头　工夫　弓子　公公　功夫　钩子　姑姑　姑娘　谷子　骨头　故事　寡妇　褂子　怪物　关系　官司　罐头　罐子　规矩　闺女　鬼子　柜子　棍子　锅子　果子

【h】蛤蟆　孩子　含糊　汉子　行当　合同　和尚　核桃　盒子　红火　猴子　后头　厚道　狐狸　胡琴　糊涂　皇上　幌子　胡萝卜

活泼　火候　伙计　护士

【j】机灵　脊梁　记号　记性　夹子　家伙　架势　架子　嫁妆　尖子　茧子　剪子　见识　毽子　将就　交情　饺子　叫唤　轿子　结实　街坊　姐夫　姐姐　戒指　金子　精神　镜子　舅舅　橘子　句子　卷子　觉得

【k】咳嗽　客气　空子　口袋　口子　扣子　窟窿　裤子　快活　筷子　框子　困难　阔气

【l】喇叭　喇嘛　篮子　懒得　浪头　老婆　老实　老太太　老头子　老爷　老子　姥姥　累赘　篱笆　里头　力气　厉害　利落　利索　例子　栗子　痢疾　连累　帘子　凉快　粮食　两口子　料子　林子　翎子　溜达　聋子　笼子　炉子　路子　轮子　萝卜　骡子　骆驼

【m】妈妈　麻烦　麻利　麻子　马虎　码头　买卖　麦子　馒头　忙活　冒失　帽子　眉毛　媒人　妹妹　门道　眯缝　迷糊　面子　苗条　苗头　名堂　名字　明白　蘑菇　模糊　木匠　木头

【n】那么　奶奶　难为　脑袋　脑子　能耐　你们　念叨　念头　娘家　镊子　奴才　女婿　暖和　疟疾

【p】拍子　牌楼　牌子　盘算　盘子　胖子　狍子　盆子　朋友　棚子　脾气　皮子　痞子　屁股　片子　便宜　骗子　票子　漂亮　瓶子　婆家　婆婆　铺盖　琵琶

【q】欺负　旗子　前头　钳子　茄子　亲戚　勤快　清楚　亲家　曲子　圈子　拳头　裙子

【r】热闹　人家　人们　认识　日子　褥子

【s】塞子　嗓子　嫂子　扫帚　沙子　傻子　扇子　商量　上司　上头　烧饼　勺子　少爷　哨子　舌头　身子　什么　婶子　生意　牲口　绳子　师傅　师父　虱子　狮子　石匠　石榴　石头　时候　实在　拾掇　使唤　世故　似的　事情　柿子　收成　收拾　首饰　叔叔　梳子　舒服　舒坦　疏忽　爽快　思量　算计　岁数　孙子

【t】他们　它们　她们　台子　太太　摊子　坛子　毯子　桃子　特务　梯子　蹄子　挑剔　挑子　条子　跳蚤　铁匠　亭子　头发　头子　兔子　妥当　唾沫

【w】挖苦　娃娃　袜子　晚上　尾巴　委屈　为了　位置　位子　蚊子　稳当　我们　屋子

【x】稀罕　席子　媳妇　喜欢　瞎子　匣子　下巴　吓唬　先生　乡下　箱子　相声　消息　小伙子　小气　小子　笑话　谢谢　心思　星星　猩猩　行李　性子　兄弟　休息　秀才　秀气　袖子　靴子　学生　学问　晓得

【y】丫头　鸭子　衙门　哑巴　胭脂　烟筒　眼睛　燕子　秧歌　养活　样子　吆喝　妖精　钥匙　椰子　爷爷　叶子　一辈子　衣服　衣裳　椅子　意思　银子　影子　应酬　柚子　冤枉　院子　月饼　月亮　云彩　运气

【z】在乎　咱们　早上　怎么　扎实　眨巴　栅栏　宅子　寨子　张罗　丈夫　帐篷　丈人　帐子　招呼　招牌　折腾　这个　这么　枕头　镇子　芝麻　知识　侄子　指甲（zhǐjia/zhījia）　指头（zhǐtou/zhítou）　种子　珠子　竹子　主意（zhǔyi/zhúyi）主子　柱子　爪子　转悠　庄稼　庄子　壮实　状元　锥子　桌子　字号　自在　粽子　祖宗　嘴巴　作坊　琢磨　作践　佐料

普通话水平测试用儿化词语表（新大纲）

说明：

1.本表参照《普通话水平测试用普通话词语表》及《现代汉语词典》编制。加“＊”号的是以上二者未收，根据测试训练需要而酌增的条目。

2.本表仅供普通话水平测试第二项——读多音节词语（100 个音节）测试使用。本表儿化音节，在书面上一律加“儿”，但并不表明所列词语在任何场合都必须儿化。

3.本表共收词 189 条，按儿化韵母的汉语拼音字母顺序排列。

一

a→ar：刀把儿、号码儿、戏法儿、在哪儿、找茬儿、打杂儿、板擦儿

ai→ar：名牌儿、鞋带儿、壶盖儿、小孩儿、加塞儿

an→ar：快板儿、老伴儿、蒜瓣儿、脸盘儿、脸蛋儿、收摊儿、栅栏儿、包干儿、笔杆儿、门槛儿

二

ang→ār：（鼻化）药方儿、赶趟儿、香肠儿、瓜瓤儿

三

ia→iar：掉价儿、一下儿、豆芽儿

ian→ier：小辫儿、照片儿、扇面儿、差点儿、一点儿、雨点儿、聊天儿、拉链儿、冒尖儿、坎肩儿、牙签儿、露馅儿、心眼儿

四

iang→iār：（鼻化）鼻梁儿、透亮儿、花样儿

五

ua→uar：脑瓜儿、大褂儿、麻花儿、笑话儿、牙刷儿

uai→uar：一块儿

uan→uar：茶馆儿、饭馆儿、火罐儿、落款儿、打转儿、拐弯儿、好玩儿、大腕儿

六

uang→uār：（鼻化）蛋黄儿、打晃儿、天窗儿

七

üan→üer：烟卷儿、手绢儿、出圈儿、包圆儿、人缘儿、绕远儿、杂院儿

八

ei→er：刀背儿、摸黑儿

en→er：老本儿、花盆儿、嗓门儿、把门儿、哥们儿、纳闷儿、后跟儿、刀刃儿、高跟儿鞋、别针儿、一阵儿、走神儿、大婶儿、小人儿书、杏仁儿

九

eng→êr：（鼻化）钢镚儿、夹缝儿、脖颈儿、提成儿

十

ie→ier：半截儿、小鞋儿

üe→üer：旦角儿、主角儿

十一

uei→uer：跑腿儿、一会儿、耳垂儿、墨水儿、围嘴儿、走味儿

uen→uer：打盹儿、胖墩儿、砂轮儿、冰棍儿、没准儿、开春儿

ueng→uer：（鼻化）*小瓮儿

十二

-i(前)→er:瓜子儿、石子儿、没词儿、挑刺儿

-i(后)→er:墨汁儿、锯齿儿、记事儿

十三

i→ier:针鼻儿、垫底儿、肚脐儿、玩意儿

in→ier:有劲儿、送信儿、脚印儿

十四

ing→ier:(鼻化)花瓶儿、打鸣儿、图钉儿、门铃儿、眼镜儿、蛋清儿、火星儿、人影儿

十五

ü→üer:毛驴儿、小曲儿、痰盂儿

ün→üer:合群儿

十六

e→er:模特儿、逗乐儿、唱歌儿、挨个儿、打嗝儿、饭盒儿、在这儿

十七

u→ur:碎步儿、没谱儿、儿媳妇儿、梨核儿、泪珠儿、有数儿

十八

ong→or:(鼻化)果冻儿、门洞儿、胡同儿、抽空儿、酒盅儿、小葱儿

iong→ior:(鼻化)*小熊儿

十九

ao→aor:红包儿、灯泡儿、半道儿、手套儿、跳高儿、叫好儿、口罩儿、绝着儿、口哨儿、蜜枣儿

二十

iao→iaor:鱼漂儿、火苗儿、跑调儿、面条儿、豆角儿、开窍儿

二十一

ou→our:衣兜儿、老头儿、年头儿、小偷儿、门口儿、纽扣儿、线轴儿、小丑儿、加油儿

二十二

iou→iour:顶牛儿、抓阄儿、棉球儿

二十三

uo→ur：火锅儿、做活儿、大伙儿、邮戳儿、小说儿、被窝儿

（o）→or：耳膜儿、粉末儿

强化训练五 普通话水平测试用难读易错字词训练

烘	罕	肘	禹	赘	吮	拎	镶	窑	鳖
穴	募	碾	髻	蠢	伶	蒋	咧	蔗	绢
膺	嘘	帛	迂	舀	绕	廷	瞟	膘	穗
抿	吠	鳍	轨	乏	眨	柬	谏	撵	胚
敷	铡	畦	徽	禀	瘠	脊	氯	氟	谬
呕	箔	惩	啮	帆	瘟	钾	甲	舂	篆
晾	撤	绺	缕	皿	框	癫	踹	眸	塌
霖	汞	潭	醇	癞	聊	跃	儒	闸	髓
铀	溢	卯	貂	笋	闽	钡	撰	坎	秸
屑	迭	倪	载	候	孽	谭	澈	膊	酶
苇	镍	萌	癌	剖	订	峦	钓	曰	昧
忱	铸	僵	蹬	锭	瘾	苞	栓	坪	倾
腻	奎	崽	纬	犹	埂	跷	慎	鬓	甫
骇	苯	疮	摞	掘	咂	匹	舔	绥	吾
晤	缫	腺	销	梗	脾	椎	祁	捻	潜
嫡	吟	幅	桨	履	诀	昭	摹	拘	焚
攥	筏	镁	艇	酌	垄	垮	跨	仄	瞥
较	涡	瘸	晋	菊	砷	坤	抻	拈	驼
窘	弦	雹	赫	档	蕊	愧	肋	窃	卤
镀	踱	块	刷	涮	噎	蹲	颠	拟	僻
瓮	隋	侯	拙	既	揩	裸	溺	而	滇

脓	糟	磕	舔	裘	揪	锹	即	逛	翁
违	链	舌	眶	霖	厥	撅	靶	砂	灸
搓	鳗	酚	勉	函	袍	鄙	诸	讽	篙
贮	窦	钠	瓢	沏	砌	涧	熔	渠	裁
凿	拂	憎	蹭	抠	戳	囊	鳃	秆	闰
枉	陇	镭	臀	篷	诛	龚	饷	啸	氛
凝	犊	谴	硼	趴	缔	膳	壕	捏	廓

眉头	逃窜	感慨	悄声	在乎	折磨	棉花
空子	痞子	谬误	纳粹	剥削	眷恋	应用
钻头	收成	盎然	血管	血液	苗头	差别
开垦	卤水	未遂	牛犊	谬误	似的	授予
苍穹	润滑	多寡	核算	波长	马匹	傀儡
爽快	篡夺	教训	年龄	疮疤	低洼	飞跃
附庸	老爷	乒乓球	铺盖	照片	荒谬	虐待
困难	骚扰	规矩	讴歌	频率	召开	念叨
溜达	勘察	洼地	撇开	难为	翱翔	南瓜
黄瓜	帐篷	挫伤	山坳	签订	履行	棒槌
围剿	铁轨	缅怀	给予	搜刮	胸脯	脑髓
骨髓	养活	闺女	作坊	安培	编纂	包涵
濒于	牌楼	募捐	挖潜	晓得	坍塌	云彩
丧葬	冻疮	胡琴	侨眷	咳嗽	线圈	白净
窘迫	疟疾	旋转	从而	懊丧	佛法	挖苦
首饰	栅栏	挫败	挑剔	关卡	累赘	高涨
涅槃	连累	红润	处于	强求	然而	秧歌
年头儿	酒盅儿	绝着儿	机械化	螺旋桨	啄木鸟	霓虹灯

大相径庭　有的放矢　风驰电掣　海市蜃楼　诸如此类　汗流浃背

第四章 朗读短文测试项指要

第一节　朗读概说

朗读,作为一种口语表达形式,与文字的产生一起萌芽。当第一个写出“☽”(月)字的人,把这个符号的声音和含义告诉别人的时候,便出现了原始的朗读。

但朗读绝不是一个见字出声的自发的过程,会说话又识字不等于就掌握了朗读的技巧。朗读是一个需要心理和生理的良好协作,由思维、情感和气息共同参与的全面驾驭语言的过程。所以,朗读,是把书面语言转化为发音规范的有声语言的再创作活动。

一、朗读的特点

我们从朗读的定义,可以分析、归纳出它的三个主要特点。

(一)再造性

朗读是把书面语言清晰、响亮、富有感情地读出来,变视觉形象为听觉形象。这就需要朗读者创造性地把无声的书面语言变成活生生的有声语言。如果说写文章是一种创造,朗读则是一种再创造。即使是朗读自己的作品,也需要根据有声语言表达的规律进行再创作。同一篇文章,有的人朗读得味同嚼蜡或支离破碎,让人觉得无趣或摸不着头脑,而有的人却能朗读得有声有色,生动感人,使人如闻其声、如见其人、如临其境,是因为他具有较强的朗读再创造能力。因此,朗读者只有在认真理解分析作品的基础上,进行深入地感受和体味,运用有声语言的各种表达技巧,才能准确、鲜明、生动地再现原作的思想内容和艺术风貌。

(二)依凭性

朗读都有“本”可依,即有现成的文字材料作凭借。这就决定了朗读必须忠实原作,不得随意改动和曲解。由于朗读有文字依凭,很容易形成一种“照字念音”的无思维状态,只闻声而不解意、不传情。比如:“念字式”(单纯念字,照字读音)、“念经式”(声音小而快,无轻重、起伏、顿歇)、“固定式”(腔调固定,千人一腔,千篇一律)就是其典型代表。我们要克服这种有音无意、有句无篇的朗读,就必须根据朗读的书面性要求,边看边想边读,运用多种表达技巧,准确地把握和再现原作的内容和精神实质。正如徐世荣先生在他的《朗读在语文教学中的作用》一文中指出的那样:“朗读就是用爽朗生动的标准音,把书面上用文字写出成段成篇的文章作品念出来,成为有声有色的活语言,使多数人听到后,了解并且接受,不仅产生等于书面作品的表达效果,还可以由于声音的作用,增强效果,使听者不仅知道,而且得到更深刻的感受。”

（三）规范性

朗读的规范性主要表现在两个方面。一方面，朗读的内容是已形成文字的文本，词汇和语法基本是规范的。朗读通常要选择符合语言文字规范化要求的书面语言作品，如典范的文学作品、政府报告、报刊新闻等。它们从思想内容到语言形式，都经过了提炼加工，比较符合规范的要求，可供人们学习和效法。另一方面，朗读使用的是符合语言文字规范化要求的现代汉民族共同语——普通话，只有用普通话进行朗读，才能更好地传达作品的内容，取得良好的表达效果。

二、朗读与朗诵的区别

朗读与朗诵都是创造性的有声语言艺术活动。它们有不少相同之处，正是这许多相同点掩盖了二者的不同点，因而把朗读与朗诵等同起来的模糊认识具有很大的普遍性。从本质上把握二者的区别，对朗读和朗诵的训练不无裨益。朗读与朗诵主要有以下区别：

（一）朗读与朗诵的形式不同

虽然二者都是有本可依，都是在理解感受原作品的基础上对作品进行二度创作，但是朗读是不离开文字作品的"读"，而朗诵则是脱离文字作品的"诵"。朗读是边看边想边读，朗诵则要求在熟读的基础上脱离文字作品边想边诵。由此可见，"诵"比"读"的要求更高，难度更大，"读"是"诵"的基础，"诵"是在"读"基础上的提高。

（二）朗读与朗诵的目的不同

朗读的目的是要把文本的文字用声音清晰地传达给受众者。受众通过声音文字来理解作品。朗诵则是把文本背后的情感意念加载到声音中传达给受众，使他们通过声音在情绪感染中，接受作品，净化心灵。

（三）朗读与朗诵的主要特点不同

朗诵与朗读最本质的区别是朗读具有平易性，而朗诵却具有很强的表演性。所谓平易性，就是朗读者的艺术创造，全靠有声语言去完成，它要求朗读者忠实地发挥原作的精神，用声音传达出原作的语言运用、文章结构、修辞手法和作者意图。它强调准确和深刻，不追求情节和趣味；它要求严谨和规范，不需要渲染和夸张。而朗诵却具有很强的表演性，它的用声要求三腔共鸣通畅，声音要富有节奏感和音乐美，还要利用态势语辅助语言表达增强艺术效果。忽略了这些表演性，朗诵就会平淡无奇，缺乏艺术感染力。另外朗诵还可以配乐、化妆、运用布景灯光等手段增强表演效果。

（四）朗读者和朗诵者的身份不同

朗读不同于朗诵，朗读仅是一种郑重的转述，朗读者只能以作品的传播者、作者的代言人的身份去传达作品，而不能表演。而朗诵者既要以作品的传播者、作者的代言人的身份出现，又要模拟作品中的各种形象，因而朗诵者具有身份的二重性。

三、朗读在学习普通话中的作用

（一）朗读起着承上启下的桥梁作用

朗读在普通话水平测试训练中起着承上启下的桥梁作用。朗读是普通话水平测试的重要测试项，是普通话测试第一项单音节字词和第二项多音节词语训练的继续，是有文字凭借情况下普通话水平的综合体现，同时，又为第四项无文字凭借情况下的命题说话奠定了基础。

（二）朗读是学习普通话的有效方法

张颂在其《朗读学》一书中指出："朗读，是推广普通话的重要形式，是达到语言规范化的途径。……学习朗读的过程，同时就是学习普通话的过程，通过朗读学习普通话，是非常有效的方法。"用普通话朗读，能尽快克服方言中不规范发音，掌握普通话声韵调的正确读音以及轻声、儿化、语流音变的规律，培养良好的发音习惯，提高词汇、语法方面的规范意识，进一步锻炼用普通话交流思想的能力。

（三）朗读有利于提高口语表达能力

张颂在其《朗读学》一书中还指出："古今中外的名家高手，究竟是怎样以他们的生花妙笔反映现实、表现世界、阐明事理、抒发感情的？这些文字作品作为朗读材料被我们仔细分析、深入体味，通过自己的有声语言加以表达，绝不仅只是'念字出声'的无思维活动，而是动员了自己全部精力的再创作。于是，朗读多少篇之后，多少次朗读之后，那潜移默化的成果就会日益显露出来：不但可以在自己写作时模仿、消化那文笔，还可以在说话时对照、应用那辞章，从而使我们的思维缜密、情感丰富，文字表达和口头表达趋于准确和生动。"朗读的过程就是在广泛汲取营养。朗读作品中准确的词语、精湛的句式、妥帖的修辞，在潜移默化中丰富着朗读者的口语表达材料。积累多了，语言表现力必然提高。随着表现力的提高，词不达意、木讷无语的窘状将逐步改变，取而代之的是侃侃而谈、妙语连珠、出口成章。

《普通话水平测试用朗读作品》都是精心挑选的规范和经典的文字作品，应试者在反复朗读这五六十篇短文的过程中，识字、组词、造句、谋篇等方面的能力也得到潜移默化的提高，为第四项命题说话打下坚实的基础。

第二节　朗读短文测试评分标准及要求

一、朗读短文测试评分标准

在普通话水平测试中，朗读短文是对应试者普通话运用能力的一种综合检测形式。该项总分为 30 分。主要测查应试者使用普通话朗读书面作品的水平。在测查声母、韵母、声调读音标准程度的同时，重点测查语流音变、停连、语调以及流畅程度。短文从《普通话水平测试用朗读作品》中选取 1 篇，限时 4 分钟。评分以朗读作品的前 400 个音节（不含标点符号和括注的音节）为限，但应试者应将第 400 个音节所在的句子读完整。具体评分标准如下：

（一）每错读、漏读、增读 1 个音节，扣 0.1 分。

（二）声母或韵母的系统性语音缺陷，视程度扣 0.5 分、1 分。

（三）语调偏误，视程度扣 0.5 分、1 分、2 分。

（四）停连不当，视程度扣 0.5 分、1 分、2 分。

（五）朗读不流畅（包括回读），视程度扣 0.5 分、1 分、2 分。

（六）超时扣 1 分。

应试者应该把下面朗读强化训练中的 50 篇作品作为训练的总体要求，做到选读任何一篇都能基本反映应试者的朗读水平。

二、朗读短文的基本要求

（一）准确清晰

朗读的准确清晰是指朗读的语音要标准，每一个字的声、韵、调都要读得十分准确，而且要做到声音清晰，语流音变以及语句的表达方式等方面符合普通话语音的规范，不能用方言或不规范的语言朗读。朗读时要特别注意那些容易受方言读音干扰的字词、一字多音的字词、异读词、有着特殊读音的人名、地名等词语、由字形相近或由偏旁类推引起的误读，还要能熟练处理好轻声、儿化等一系列语流音变问题。同时朗读还要在字面上忠实于原文，做到不添字、不掉字、不改字、不颠倒、不重复。

（二）流畅自然

流畅自然是在准确清晰的基础上才能达到的。朗读的流畅自然是指把文章读得连贯流畅，不结巴，不中断，不回读，不读破句，并且自然得体，不拖腔唱读、忽高忽低。在朗读中，眼睛看到的文字常常先于口中读出的文字，这种看先于读的程度叫“视读广度”。视读广度越大，理解越完全，中间重复、断读或读破句的情况越少。因此，要做到流畅自然，除了考前要熟读作品，朗读测试时还要眼到、心到、嘴到，即眼光提前扫读，大脑整句输入，口中随声读出，做到看中有想，想中有读，读中有看。只有平时多朗读，多练习，朗读者才能达到目光和思维始终具有超前性，朗读时才能更好地由己达人。

（三）语意明晰

朗读短文时，首先要把文章的意思表达清楚。这就需要拿到一篇文章的时候，先不要急着马上读，而要先对语意进行分析、理解，把握文章的主题和层次之间的逻辑关系，明确重点段落和重点语句，恰当地安排停顿与重音。只有这样，朗读时才能把每个词语，每一句话都表达得正确、清晰、明了，从而忠实地传达出作品的思想内容和精神实质。

另外，朗读测试中应试者要格外注意停顿断句的处理。朗读测试中每出现一次停顿断句不当，都要扣去相应的分数。因此，要处理好朗读过程中的停顿断句。朗读时，有些句子较短，按书面标点停顿就可以。有些句子较长，结构比较复杂，句中虽没有标点符号，但为了表达清楚意思，中途也可以做些短暂的停顿，但如果停顿不当就会破坏句子的结构，影响语意的表达。

（四）语速适中

朗读测试项的评分规则中，除了对声、韵、调和音变作了规定外，还对语速提出了明确要求：朗读短文评分以朗读作品的前 400 个音节（不含标点符号和括注的音节）为限。限时 4 分钟，超时扣 1 分。语速即朗读的速度，表现为语调的“音长”，可理解为音节与音节之间的疏密程度。语速太快，容易出现含混不清的现象，或发音不到位，或掉字、中断、重复。语速太慢，则容易将语句读得支离破碎。

"普通话(朗读)的正常语速大约每分钟180个音节左右。上下浮动也是有限的,大致在每分钟150~200个音节之间。"一般较快的语速出现在以欢快、紧急为基调的文章中,但一般每分钟不超过240个音节。《大纲》中规定的朗读篇目一般应采用中等或舒缓的语速。一般情况下400个字读三分钟左右为宜。应试人应该掌握好时间,不可抱有"快点读完了事"的心态,造成语速过快失分。也有的应试人因为准备不充分、对朗读内容不熟悉、普通话水平较差等因素而朗读语速过慢,也应该注意改进,争取在朗读测试规定的时间内完成。

第三节 朗读中重叠形容词与"啊"的音变

一、朗读中重叠形容词的音变

两个或两个以上相同的形容词构成的叠音词,朗读中也会产生音变现象。一般有下列三种:

(一)AA式

一般不变调,只是附有"儿尾",叠字的第二个音节变成"儿化韵"时,第二个音节变读为阴平。多表示期望、祈令、要求,语气温和婉转。如:

好好儿的　快快儿的　慢慢儿的　稳稳儿的　平平儿的
甜甜儿的　远远儿的　满满儿的　大大儿的　光光儿的

(二)ABB式

叠字本身为阴平调时不再变调,其余各调都可把后面两个字变读为阴平。如果读得缓慢些,也可以不变调。如:

白茫茫　亮晶晶　懒洋洋　绿茸茸　乱蓬蓬　红彤彤
沉甸甸　黑黝黝　金灿灿　血淋淋　眼巴巴　软绵绵

(三)AABB式

AABB式末两个音节BB可读阴平,第二个A音节读轻声。如:

清清楚楚　热热闹闹　漂漂亮亮　陆陆续续　马马虎虎
明明白白　规规矩矩　老老实实　别别扭扭　整整齐齐

特别要指出的是,如果读说缓慢,不变调也可以。一部分书面语中的重叠形容词,不能变调。如:轰轰烈烈　堂堂正正　沸沸扬扬　闪闪烁烁。

二、朗读中"啊"的音变

语流音变是任何语言都普遍存在的一种自然而然的现象。音变不是人为规定的,而是语流中前后语音在相互"磨合"的过程中达成的一种"协议",属于语言内部的一种自我协调现象。大多数语气词"啊"的音变是将"啊"之前的末尾音素,作为"啊"的韵头或声母,自然连读而成。语气词"啊"应读轻声。

语气词"啊"在朗读短文中往往出现在句末和句中停顿处,它会受到前面一个音节的末尾的音素的影响而发生音变。我们把这种变化,叫做语气词“啊”的音变。任何一种音变,不管多么复杂,都有其内在规律。“啊”的音变规律如下:

(一)前面的音素是 a、o(ao、iao 除外)、e、ê、i、ü 时读 ya,写作“呀”。如

是他啊　　回家啊　　太薄啊　　唱歌啊　　说啊　　写啊

节约啊　　复习啊　　闺女啊　　鱼啊　　多美啊　　水洗啊

(二)前面的音素是 u(包括 ao、iao)时,读成 wa,写作“哇”。如:

居住啊　　好瘦啊　　皮球啊　　多好啊　　真巧啊

飘啊　　米粥啊　　发愁啊　　好久啊　　加油啊

(三)前面的音素是 n,读成 na,写作“哪”,如:

他们啊　　好人啊　　困难啊　　瓜分啊　　快点啊

小心啊　　头晕啊　　黄昏啊　　有缘啊　　真狠啊

(四)前面的音素是 ng,读成 nga[ŋa],写作“啊”,如:

唱啊　　好样啊　　山羊啊　　真枪啊　　上网啊

行啊　　讲啊　　风啊　　老翁啊　　英雄啊

(五)前面的音素是-i(舌尖前元音),读成[z]a([z]是国际音标的发音,是与 s 相对的、同部位的浊辅音,不同于声母 z),写作“啊”,如:

打字啊　　帘子啊　　毛笔字啊　　公司啊　　一次啊

自私啊　　蚕丝啊　　宋词啊　　个子啊　　装死啊

(六)前面的音素是-i(舌尖后元音)、er,读成 ra,写作“啊”,如:

什么事啊　　可耻啊　　电视啊　　老师啊　　六十二啊

没法治啊　　好玩儿啊　　快吃啊　　作诗啊　　编织啊

音变的目的和结果是使言语变得自然、流畅、和谐、优美。应试者在朗读短文时要注意“啊”的音变。

第四节　朗读短文的准备技巧

一、考前准备

朗读短文,是普通话水平测试第三项,它是一种关于口语表达的综合测试。它对应试者普通话水平测试前所要做的准备要求最高。实践证明,在普通话测试的五大项(一般北方地区常免测“选择判断”部分)中,可以提前准备,能够准备得最有效,最容易出成绩,并能“超额”得分的一项便是“朗读短文”项。因此,测试前认真理解分析、反复熟读朗读强化训练里的 50 篇朗读作品是取得好成绩的有效途径。

考前练习朗读短文的一般步骤:

(一)弄准字音,疏通文字

接触朗读作品之始,应该先按照声、韵、调和语流音变的规律弄准每个字的读音。再疏

通语句，对重点的字词、语句和拗口之处多读几遍，读到“文通字顺”为止。这是朗读准备的第一步。

（二）理解作品，确定重难点

在普通话水平测试中，我们发现，有相当一部分应试人能够流利地把文章念出来，但是语音却很生硬，缺少了生动与灵气。评分规则中指出：“只是‘读’而非‘朗读’，没有感情的投入，声音平淡无起伏变化”，属于一种停连不当的情况，是要扣分的。

前面谈到，朗读是一种再创作，成功的朗读是建立在充分理解作品的基础之上的。所以朗读前一定要认真地、深入地研读原作。朗读者必须深入理解分析作品的思想内容，了解背景材料，熟悉人物形象，力求从作品的体裁、主题、结构、语言，以及综合各种要素而形成的风格等方面入手，进行认真、充分和有效的解析。在此基础上，朗读者才能产生出真实的感情、鲜明的态度，产生出内在的、急于要表达的愿望。只有经历这样一个复杂的过程，作品的思想才能成为朗读者的思想，作品的感情才能成为朗读者的感情，作品的语言表达才能成为朗读者要说的话。要做到这一点，就需要应试人在测前通读强化训练里 50 篇作品，调动自己的生活体验，分析每一篇作品的思想感情、情感基调，以此来确定朗读的语调、语速、节奏等。另外，每个应试人还应该针对自己的实际，确定自己练习的重点，攻克自己的难点。

（三）反复练读，做好标记

练读时要把语句读准、读熟。练习时可以自己朗读自己监听，或者互读互听，也可以试读录音，以便了解问题及时纠正。大纲规定的 60 篇朗读短文，有规范标准的朗读录音，可以进行听读、跟读、模仿练习。

另外，练习时有必要把练读的结果记录下来，可以随手给难读的字词注音，也可以对重难点的地方做出符号标记，便于朗读时有个提示。同时，重难点段落和拗口之处要反复练读。

二、临场准备

（一）快速浏览，整体把握

拿到作品要快速浏览，迅速理解和把握作品的思想内容，判断作品的体裁，理清作品的结构层次，明确朗读的目的，确定朗读的基调和语气。

（二）读准字音，突破难点

朗读测试项对朗读技巧要求不高，只要求应试人把作品蕴含的思想、情感等准确、清楚、流畅地表现出来即可，它重点测查的是朗读者语音的规范程度。因此，要尽快找到受测作品中自己的语音难点，予以突破。语音难点主要是作品中隐含的轻声、儿化、变调、“啊”的音变、疑难生僻的字词和长句子等。

（三）快速默读，调好状态

由于准备时间短，上述几项可以在默读中一次完成。若考前准备充分，前两个步骤就可以节省很多时间或忽略不做。也可以完成上述几项后，尽快地多默读几遍作品，以便测试时思路清晰，口齿灵活，胸有成竹。

在普通话水平测试中，我们发现，朗读测试项能否取得好成绩，应试人的心理状态也起着关键性的作用。测试中，如果应试人面对录音设备和测试员过度紧张，就会心跳加速、气息不畅、嗓子干涩、声音嘶哑、思想空白，影响正常发挥。因此，受测前稳定情绪，调好状态，测试时才能排除干扰，集中注意力，沉着镇静，轻松自如，正常甚至超常发挥，取得理想成绩。

强化训练六　重叠形容词与“啊”的音变训练

一、重叠形容词的音变训练

（一）AA 式对比训练

好好的——好好儿的　快快的——快快儿的　慢慢的——慢慢儿的

稳稳的——稳稳儿的　甜甜的——甜甜儿的　远远的——远远儿的

满满的——满满儿的　大大的——大大儿的　光光的——光光儿的

（二）ABB 式训练

干巴巴　紧梆梆　冷冰冰　黄灿灿　天苍苍　雾沉沉　怒冲冲

气冲冲　兴冲冲　绿葱葱　沉甸甸　胖墩墩　直勾勾　红彤彤

气鼓鼓　笑呵呵　恶狠狠　气呼呼　明晃晃　热辣辣　泪淋淋

血淋淋　酸溜溜　赤裸裸　密麻麻　雾茫茫　色迷迷　软绵绵

轻飘飘　静悄悄　毛茸茸　阴森森　热腾腾　泪汪汪　水汪汪

眼睁睁　美滋滋　轻悄悄　绿油油　白花花　白茫茫　亮晶晶

金灿灿　黄澄澄　亮晶晶　懒洋洋　黑黝黝　乱蓬蓬　红彤彤

（三）AABB 式训练

平平安安　明明白白　清清白白　祖祖辈辈　原原本本　随随便便

缝缝补补　时时处处　平平常常　拉拉扯扯　昏昏沉沉　清清楚楚

郁郁葱葱　世世代代　简简单单　平平淡淡　稳稳当当　浩浩荡荡

大大方方　嘻嘻哈哈　安安静静　平平静静　时时刻刻　勤勤恳恳

松松垮垮　破破烂烂　快快乐乐　忙忙碌碌　整整齐齐　冷冷清清

熙熙攘攘　形形色色　老老实实　踏踏实实　严严实实　扎扎实实

零零碎碎　鬼鬼祟祟　慢慢腾腾　吞吞吐吐　大大咧咧　安安稳稳

平平稳稳　仔仔细细　高高兴兴　隐隐约约　实实在在　认认真真

二、读准下列词语和句子中“啊”的音变

（一）读准下列词语中“啊”的音变

磨啊　哥啊　你啊　写啊　谁啊　洗啊　注意啊　快拔啊　回家啊

雾啊　高啊　妙啊　哭啊　抽啊　牛啊　多好啊　真巧啊　快跑啊

干啊　看啊　云啊　天啊　浑啊　闲啊　真狠啊　老梁啊　亲娘啊

儿啊　织啊　老师啊　难说啊　五月啊　不停啊　写字啊　好词啊　好诗啊

一模一样啊　装满筐啊　总司令啊　真自私啊　才第四啊

（二）读准下列句子中“啊”的音变

1.动物园里的动物可真多啊，什么熊猫啊，斑马啊，大象啊，蛇啊，狮子啊，老虎啊，水禽啊，狐狸啊，猴儿啊，什么都有，快带孩子看看去吧！

2.李主任，您不用到展览馆去了。像古书啊，绘画啊，杂志啊，诗词啊，论文啊，录音机啊，这里都应有尽有。

3.这又怪又丑的石头，原来是天上的啊！

4.推开门一看，嗬！好大的雪啊！

5.然而，火光啊……毕竟……毕竟就在前头！

6.在它看来，狗该是多么庞大的怪物啊！

7.是啊，我们有自己的祖国，小鸟也有它的归宿，人和动物都是一样啊，哪儿也不如故乡好！

8.我想张开两臂抱住她，但这是怎样一个妄想啊。

9.大约潭是很深的，故能蕴蓄着这样奇异的绿；仿佛蔚蓝的天融了一块在里面似的，这才这般的鲜润啊。

10.陶校长你打我两下吧！我砸的不是坏人，而是自己的同学啊……

11.你砸他们，说明你很正直善良，且有批评不良行为的勇气，应该奖励你啊！

12.清晨，当第一束阳光射进舷窗时，它便敞开美丽的歌喉，唱啊唱，嘤嘤有韵，宛如春水淙淙。

强化训练七　朗读短文训练

说明：

1.50篇朗读作品选自《普通话水平测试大纲》(新大纲)，供普通话水平测试第三项——朗读短文测试使用。

2.每篇作品在第400个音节后用“//”标注。

3.注音一般按照语流音变的规律标注(上声、“啊”的音变除外)。

4.作品中的必读轻声音节，拼音不标调号。一般轻读，间或重读的音节，拼音加注调号，并在拼音前加圆点提示，如：因为(yīn•wèi)。

01　《朋友和其他》节选(杏林子)

Péngyou jí jiāng yuǎnxíng
朋友即将远行。

Mùchūn shíjié yòu yāo le jǐ wèi péngyou zài jiā xiǎo jù Suīrán dōu shì
暮春时节，又邀了几位朋友在家小聚。虽然都是

jí shú de péngyou què shì zhōngnián nán dé yí jiàn ǒu'ěr diànhuà• lǐ xiāng
极熟的朋友，却是终年难得一见，偶尔电话里相

yù yě wú fēi shì jǐ jù xúncháng huà Yì guō xiǎo mǐ xī fàn yì dié dà tóu
遇，也无非是几句寻常话。一锅小米稀饭，一碟大头

cài yì pán zì jiā niàngzhì de pàocài yì zhī xiàng kǒu mǎi huí de kǎo yā jiǎn
菜，一盘自家酿制的泡菜，一只巷口买回的烤鸭，简

jiǎn dān dān bú xiàng qǐng kè dào xiàng jiā rén tuán jù
简单单，不像请客，倒像家人团聚。

Qíshí yǒuqíng yě hǎo àiqíng yě hǎo jiǔ'ér jiǔ zhī dōu huì zhuǎnhuà
其实，友情也好，爱情也好，久而久之都会转化

wéi qīnqíng
为亲情。

Shuō yě qíguài hé xīn péngyou huì tán wénxué tán zhéxué tán rén
说也奇怪，和新朋友会谈文学、谈哲学、谈人

shēng dào• lǐ děngděng hé lǎo péngyou què zhǐ huà jiācháng chái mǐ yóu
生道理等等，和老朋友却只话家常，柴米油

yán xìxì suìsuì zhǒngzhǒng suǒshì Hěn duō shíhou xīnlíng de qìhé
盐，细细碎碎，种种琐事。很多时候，心灵的契合

yǐ •jīng bù xū yào tài duō de yán yǔ lái biǎo dá
已经不需要太多的言语来表达。

Péng you xīn tàng le gè tóu bù gǎn huí jiā jiàn mǔ •qīn kǒng pà jīng hài le
朋友新烫了个头,不敢回家见母亲,恐怕惊骇了
lǎo•rén•jiā què huān tiān xǐ dì lái jiàn wǒ men lǎo péng you pō néng yǐ yì
老人家,却欢天喜地来见我们,老朋友颇能以一
zhǒng qù wèi xìng de yǎn guāng xīn shǎng zhè ge gǎi biàn
种趣味性的眼光欣赏这个改变。

Nián shào de shí hou wǒ men chà•bù duō dōu zài wèi bié•rén ér huó wèi
年少的时候,我们差不多都在为别人而活,为
kǔ kǒu pó xīn de fù mǔ huó wèi xún xún shàn yòu de shī zhǎng huó wèi xǔ duō
苦口婆心的父母活,为循循善诱的师长活,为许多
guān niàn xǔ duō chuán tǒng de yuē shù lì ér huó Nián suì zhú zēng jiàn
观念、许多传统的约束力而活。年岁逐增,渐
jiàn zhèng tuō wài zài de xiàn zhì yǔ shù fù kāi shǐ dǒng•dé wèi zì jǐ huó zhào
渐挣脱外在的限制与束缚,开始懂得为自己活,照
zì jǐ de fāng shì zuò yì xiē zì jǐ xǐ huan de shì bú zài hu bié•rén de pī píng
自己的方式做一些自己喜欢的事,不在乎别人的批评
yì •jiàn bú zài hu bié•rén de dǐ huǐ liú yán zhǐ zài hu nà yí fèn suí xīn suǒ yù de
意见,不在乎别人的诋毁流言,只在乎那一份随心所欲的
shū tan zì rán Ǒu ěr yě néng gòu zòng róng zì jǐ fàng làng yí xià bìng qiě
舒坦自然。偶尔,也能够纵容自己放浪一下,并且
yǒu yì zhǒng è zuò jù de qiè xǐ
有一种恶作剧的窃喜。

Jiù ràng shēng mìng shùn qí zì rán shuǐ dào qú chéng ba yóu rú chuāng
就让生命顺其自然,水到渠成吧,犹如窗
qián de wū jiù zì shēng zì luò zhī jiān zì yǒu yí fèn yuán róng fēng mǎn de
前的//乌桕,自生自落之间,自有一份圆融丰满的
xǐ yuè
喜悦。

02 《实用汉语中级教程》中《胡适的白话电报》节选(陈灼主编)

Sān shí nián dài chū Hú Shì zài Běi jīng Dà xué rèn jiào shòu Jiǎn gkè shí
三十年代初,胡适在北京大学任教授。讲课时
tā cháng cháng duì bái huà wén dà jiā chēng zàn yǐn qǐ yì xiē zhǐ xǐ huan wén
他常常对白话文大加称赞,引起一些只喜欢文
yán wén ér bù xǐ huan bái huà wén de xué sheng de bù mǎn
言文而不喜欢白话文的学生的不满。

Yí cì Hú Shì zhèng jiǎng de dé yì de shí hou yí wèi xìng wèi de xué
一次，胡适正讲得得意的时候，一位姓魏的学
sheng tūrán zhàn le qǐ • lái shēn gqì de wèn Hú xiān sheng nán dào
生突然站了起来，生气地问："胡先生，难道
shuō bái huà wén jiù háo wú quē diǎn ma Hú Shì wēi xiào zhe huí dá shuō
说白话文就毫无缺点吗？"胡适微笑着回答说：
Méi•yǒu Nà wèi xué sheng gèng jiā jī dòng le Kěn dìng yǒu Bái huà
"没有。"那位学生更加激动了："肯定有！白话
wén fèi huà tài duō dǎ diàn bào yòng zì duō huā qián duō Hú Shì de mù
文废话太多，打电报用字多，花钱多。"胡适的目
guāng dùn shí biàn liàng le Qīng shēng de jiě shì shuō Bù yí dìng ba
光顿时变亮了。轻声地解释说："不一定吧！
Qián jǐ tiān yǒu wèi péng you gěi wǒ dǎ • lái diàn bào qǐng wǒ qù zhèn gfǔ bù
前几天有位朋友给我打来电报，请我去政府部
mén gōng zuò wǒ jué dìng bú qù jiù huí diàn jù jué le Fù diàn shì yòng bái
门工作，我决定不去，就回电拒绝了。复电是用白
huà xiě de kàn lái yě hěn shěng zì Qǐng tóng xué men gēn jù wǒ zhè ge yì
话写的，看来也很省字。请同学们根据我这个意
si yòng wén yán wén xiě yí gè huí diàn kàn kan jiū jìng shì bái huà wén shěng
思，用文言文写一个回电，看看究竟是白话文省
zì hái shì wén yán wén shěng zì
字，还是文言文省字？"

Hú jiào shòu gāng shuō wán tóng xué men lì kè rèn zhēn de xiě le
胡教授刚说完，同学们立刻认真地写了
qǐ • lái
起来。

Shí wǔ fēn zhōng guò • qù Hú Shì ràng tóng xué jǔ shǒu bào gào yòng zì
十五分钟过去，胡适让同学举手，报告用字
de shù mù rán hòu tiāo le yí fèn yòng zì zuì shǎo de wén yán diàn bào gǎo
的数目，然后挑了一份用字最少的文言电报稿，
diàn wén shì zhè yàng xiě de
电文是这样写的：

Cái shū xué qiǎn kǒng nán shèng rèn bù kān cóng mìng Bái huà wén de
才疏学浅，恐难胜任，不堪从命。白话文的
yì si shì Xué wen bù shēn kǒng pà hěn nán dān rèn zhè ge gōng zuò bù
意思是：学问不深，恐怕很难担任这个工作，不
néng fú cóng'ān pái
能服从安排。

Hú Shì shuō zhè fèn xiě de quèshí búcuò jǐn yòng le shí' èr gè zì
胡适说，这份写得确实不错，仅用了十二个字。
Dàn wǒ de bái huà diàn bào què zhǐ yòng le wǔ gè zì
但我的白话电报却只用了五个字：

Gàn•bù liǎo xiè xie
“干不了，谢谢！”

Hú Shì yòu jiě shì shuō Gàn•bù liǎo jiù yǒu cái shū xué qiǎn kǒng nán
胡适又解释说：干不了就有才疏学浅、恐难
shèng rèn de yì si xiè xie jì duì péng you de jiè shào biǎo shì gǎn xiè yòu
胜任的意思；谢谢既//对朋友的介绍表示感谢，又
yǒu jù jué de yì si Suǒ yǐ fèi huà duō•bù duō bìng bú kàn tā shì wén yán
有拒绝的意思。所以，废话多不多，并不看它是文言
wén hái shì bái huà wén zhǐ yào zhù yì xuǎn yòng zì cí bái huà wén shì kě
文还是白话文，只要注意选用字词，白话文是可
yǐ bǐ wén yán wén gèng shěng zì de
以比文言文更省字的。

03 《苏州园林》节选(叶圣陶)

Wǒ guó de jiàn zhù cóng gǔ dài de gōng diàn dào jìn dài de yì bān zhù
我国的建筑，从古代的宫殿到近代的一般住
fáng jué dà bù fen shì duì chèn de zuǒ•biān zěn me yàng yòu•biān zěn me
房，绝大部分是对称的，左边怎么样，右边怎么
yàng Sū zhōu yuán lín kě jué bù jiǎng jiū duì chèn hǎo xiàng gù yì bì miǎn shì
样。苏州园林可绝不讲究对称，好像故意避免似
de Dōng•biān yǒu le yí gè tíng zi huò zhě yí dào huí láng xī•biān jué bú
的。东边有了一个亭子或者一道回廊，西边决不
huì lái yí gè tóng yàng de tíng zi huò zhě yí dào tóng yàng de huí láng Zhè shì
会来一个同样的亭子或者一道同样的回廊。这是
wèi shén me Wǒ xiǎng yòng tú huà lái bǐ fang duì chèn de jiàn zhù shì tú'
为什么？我想，用图画来比方，对称的建筑是图
àn huà bú shì měi shù huà ér yuán lín shì měi shù huà měi shù huà yāo qiú zì
案画，不是美术画，而园林是美术画，美术画要求自
rán zhī qù shì bù jiǎng•jiū duì chèn de
然之趣，是不讲究对称的。

Sū zhōu yuán lín•lǐ dōu yǒu jiǎ shān hé chí zhǎo
苏州园林里都有假山和池沼。

Jiǎshān de duīdié kě yǐ shuō shì yí xiàng yì shù ér bù jǐn shì jì shù
假山的堆叠,可以说是一项艺术而不仅是技术。
Huòzhě shì chóngluán dié zhàng huò zhě shì jǐ zuò xiǎo shān pèi hé zhe zhú zi
或者是重峦叠嶂,或者是几座小山配合着竹子
huā mù quán zài hu shè jì zhě hé jiàng shī men shēng píng duō yuè lì xiōng
花木,全在乎设计者和匠师们生平多阅历,胸
zhōng yǒu qiū hè cái néng shǐ yóu lǎn zhě pān dēng de shí hou wàng què Sū zhōu
中有丘壑,才能使游览者攀登的时候忘却苏州
chéng shì zhǐ jué•dé shēn zài shān jiān
城市,只觉得身在山间。

Zhì yú chízhǎo dà duō yǐn yòng huó shuǐ Yǒu xiē yuán lín chízhǎo kuān•
至于池沼,大多引用活水。有些园林池沼宽
chǎng jiù bǎ chízhǎo zuò wéi quán yuán de zhōng xīn qí tā jǐng wù pèi hé zhe
敞,就把池沼作为全园的中心,其他景物配合着
bù zhì Shuǐmiàn jiǎ rú chéng hé dào mú yàng wǎng wǎng ān pái qiáo liáng
布置。水面假如成河道模样,往往安排桥梁。
Jiǎ rú ān pái liǎng zuò yǐ shàng de qiáo liáng nà jiù yí zuò yí gè yàng jué bù
假如安排两座以上的桥梁,那就一座一个样,决不
léi tóng
雷同。

Chízhǎo huò hé dào de biān yán hěn shǎo qì qí zhěng de shí'àn zǒng shì
池沼或河道的边沿很少砌齐整的石岸,总是
gāo dī qū qū rèn qí zì rán Hái zài nàr bù zhì jǐ kuài líng lóng de shítou huò
高低屈曲任其自然。还在那儿布置几块玲珑的石头,或
zhě zhòng xiē huā cǎo Zhè yě shì wèi le qǔ dé cóng gè gè jiǎo dù kàn dōu
者种些花草。这也是为了取得从各个角度看都
chéng yì fú huà de xiào guǒ Chízhǎo• lǐ yǎng zhe jīn yú huò gè sè lǐ yú xià
成一幅画的效果。池沼里养着金鱼或各色鲤鱼,夏
qiū jì jié hé huā huò shuì lián kāi fàng yóu lǎn zhě kàn yú xì lián yè jiān
秋季节荷花或睡莲开//放,游览者看"鱼戏莲叶间",
yòu shì rù huà de yì jǐng
又是入画的一景。

04 《海滨仲夏夜》节选(峻青)

Xī yáng luò shān bù jiǔ xī fāng de tiān kōng hái rán shāo zhe yí piàn jú
夕阳落山不久,西方的天空,还燃烧着一片橘
hóng sè de wǎn xiá Dà hǎi yě bèi zhè xiá guāng rǎn chéng le hóng sè ér
红色的晚霞。大海,也被这霞光染成了红色,而

qiě bǐ tiān kōng de jǐng sè gèng yào zhuàng guān　Yīn•wèi tā shì huó•dòng
且比天空的景色更要壮观。因为它是活动

de　měi dāng yì pái pái bō làng yǒng qǐ de shí hou　nà yìng zhào zài làng fēng•
的，每当一排排波浪涌起的时候，那映照在浪峰

shàng de xiá guāng　yòu hóng yòu liàng　jiǎn zhí jiù xiàng yí piàn piàn huò huò
上的霞光，又红又亮，简直就像一片片霍霍

rán shāo zhe de huǒ yàn　shǎn shuò zhe　xiāo shī le　Ér hòu•miàn de yì pái
燃烧着的火焰，闪烁着，消失了。而后面的一排，

yòu shǎn shuò zhe　gǔn dòng zhe　yǒng le guò•lái
又闪烁着，滚动着，涌了过来。

Tiān kōng de xiá guāng jiàn jiàn de dàn xià•qù le　shēn hóng de yán sè biàn
天空的霞光渐渐地淡下去了，深红的颜色变

chéng le fēi hóng　fēi hóng yòu biàn wéi qiǎn hóng　Zuì hòu　dāng zhè yí qiè
成了绯红，绯红又变为浅红。最后，当这一切

hóng guāng dōu xiāo shī le de shí hou　nà tū rán xiǎn•dé gāo ér yuǎn le de tiān
红光都消失了的时候，那突然显得高而远了的天

kōng　zé chéng xiàn chū yí piàn sù mù de shén sè　Zuì zǎo chū xiàn de qǐ
空，则呈现出一片肃穆的神色。最早出现的启

míng xīng　zài zhè lán sè de tiān mù•shàng shǎn shuò qǐ•lái le　Tā shì nà me
明星，在这蓝色的天幕上闪烁起来了。它是那么

dà　nà me liàng　zhěng gè guǎng mò de tiān mù•shàng zhǐ yǒu tā zài nà•lǐ
大，那么亮，整个广漠的天幕上只有它在那里

fàng shè zhe lìng rén zhù mù de guān ghuī　huó xiàng yì zhǎn xuán guà zài gāo
放射着令人注目的光辉，活象一盏悬挂在高

kōng de míng dēng
空的明灯。

Yè sè jiā nóng　cāng kōng zhōng de míng dēng yuè lái yuè duō le　Ér
夜色加浓，苍空中的明灯越来越多了。而

chéng shì gè chù de zhēn de dēng huǒ yě cì dì liàng le qǐ•lái　yóu qí shì wéi
城市各处的真的灯火也次第亮了起来，尤其是围

rào zài hǎi gǎng zhōu wéi shān pō•shàng de nà yí piàn dēng guāng　cóng bàn
绕在海港周围山坡上的那一片灯光，从半

kōng dào yìng zài wū lán de hǎi miàn•shàng　suí zhe bō làng　huàng dòng zhe
空倒映在乌蓝的海面上，随着波浪，晃动着，

shǎn shuò zhe　xiàng yí chuàn liú dòng zhe de zhēn zhū　hé nà yí piàn piàn mì
闪烁着，像一串流动着的珍珠，和那一片片密

bù zài cāng qióng•lǐ de xīng dǒu hù xiāng huī yìng　shà shì hǎo kàn
布在苍穹里的星斗互相辉映，煞是好看。

Zài zhè yōu měi de yè sè zhōng wǒ tà zhe ruǎn mián mián de shā tān yán
在这幽美的夜色中，我踏着软绵绵的沙滩，沿
zhe hǎi biān màn màn de xiàng qián zǒu•qù Hǎi shuǐ qīng qīng de fǔ mō zhe
着海边，慢慢地向前走去。海水，轻轻地抚摸着
xì ruǎn de shā tān fā chū wēn róu de shuā shuā shēng Wǎn lái de hǎi
细软的沙滩，发出温柔的//刷刷声。晚来的海
fēng qīng xīn ér yòu liáng shuǎng Wǒ de xīn• lǐ yǒu zhe shuō•bù chū de
风，清新而又凉爽。我的心里，有着说不出的
xīng fèn hé yú kuài
兴奋和愉快。

05 《莲花和樱花》节选（严文井）

Shí nián zài lì shǐ shàng•bú guò shì yí shùn jiān zhǐ yào shāo jiā zhù
十年，在历史上不过是一瞬间。只要稍加注
yì rén men jiù huì fā xiàn Zài zhè yí shùn jiān• lǐ gè zhǒng shì wù dōu qiāo
意，人们就会发现：在这一瞬间里，各种事物都悄
qiāo jīng lì le zì jǐ de qiān biàn wàn huà
悄经历了自己的千变万化。

Zhè cì chóng xīn fǎng Rì wǒ chù chù gǎn dào qīn qiè hé shú• xī yě zài xǔ
这次重新访日，我处处感到亲切和熟悉，也在许
duō fāng miàn fā jué le Rì běn de biàn huà Jiù ná Nài liáng de yí gè jiǎo luò lái
多方面发觉了日本的变化。就拿奈良的一个角落来
shuō ba wǒ chóng yóu le wèi zhī gǎn shòu hěn shēn de Táng Zhāo tí sì zài
说吧，我重游了为之感受很深的唐招提寺，在
sì nèi gè chù cōng cōng zǒu le yí biàn tíng yuàn yī jiù dàn yì xiǎng bú dào
寺内各处匆匆走了一遍，庭院依旧，但意想不到
hái kàn dào le yì xiē xīn de dōng xi Qí zhōng zhī yī jiù shì jìn jǐ nián cóng
还看到了一些新的东西。其中之一，就是近几年从
Zhōng guó yí zhí lái de yǒu yì zhī lián
中国移植来的“友谊之莲。”

Zài cún fàng Jiàn zhēn yí xiàng de nà ge yuàn zi • lǐ jǐ zhū Zhōng guó lián
在存放鉴真遗像的那个院子里，几株中国莲
áng rán tǐng lì cuì lǜ de kuān dà hé yè zhèng yíng fēng ér wǔ xiǎn•dé shí fēn
昂然挺立，翠绿的宽大荷叶正迎风而舞，显得十分
yú kuài Kāi huā de jì jié yǐ guò hé huā duǒ duǒ yǐ biàn wéi lián peng léi léi
愉快。开花的季节已过，荷花朵朵已变为莲蓬累累。
Lián zǐ de yán sè zhèng zài yóu qīng zhuǎn zǐ kàn•lái yǐ •jīng chéng shú le
莲子的颜色正在由青转紫，看来已经成熟了。

Wǒ jīn·bú zhù xiǎng Yīn yǐ zhuǎnhuà wéi guǒ
我禁不住想："因"已转化为"果"。

Zhōngguó de liánhuā kāizài Rìběn Rìběn de yīnghuā kāizài Zhōngguó
中国的莲花开在日本，日本的樱花开在中国，
zhè bú shì ǒurán Wǒ xīwàng zhèyàng yì zhǒng shèngkuàng yánxù bù
这不是偶然。我希望这样一种盛况延续不
shuāi Kěnéng yǒu rén bù xīnshǎng huā dàn jué bú huì yǒu rén xīnshǎng luò
衰。可能有人不欣赏花，但决不会有人欣赏落
zài zìjǐ miànqián de pàodàn
在自己面前的炮弹。

Zài zhèxiē rìzi·lǐ wǒ kàndào le bù shǎo duō nián bú jiàn de lǎo péng
在这些日子里，我看到了不少多年不见的老朋
you yòu jiéshí le yìxiē xīn péngyou Dàjiā xǐhuan shèjí de huàtí zhī
友，又结识了一些新朋友。大家喜欢涉及的话题之
yī jiù shì gǔ Cháng'ān hé gǔ Nàiliáng Nà hái yòng de zháo wèn ma péng
一，就是古长安和古奈良。那还用得着问吗，朋
youmen miǎnhuái guòqù zhèng shì zhǔwàng wèilái Zhǔmù yú wèilái de
友们缅怀过去，正是瞩望未来。瞩目于未来的
rénmen bì jiāng huòdé wèilái
人们必将获得未来。

Wǒ bú lìwài yě xīwàng yí gè měihǎo de wèilái
我不例外，也希望一个美好的未来。

Wèi le Zhōng Rì rénmín zhījiān de yǒuyì wǒ jiāng bú làngfèi jīnhòu
为//了中日人民之间的友谊，我将不浪费今后
shēngmìng de měi yí shùnjiān
生命的每一瞬间。

06　《白杨礼赞》节选（茅盾）

Nà shì lìzhēng shàngyóu de yì zhǒng shù bǐzhí de gàn bǐzhí de zhī
那是力争上游的一种树，笔直的干，笔直的枝。
Tā de gàn ne tōngcháng shì zhàng bǎ gāo xiàng shì jiā yǐ réngōng shìde yí
它的干呢，通常是丈把高，像是加以人工似的，一
zhàng yǐ nèi jué wú páng zhī tā suǒyǒu de yāzhī ne yílǜ xiàngshàng ér
丈以内，绝无旁枝；它所有的丫枝呢，一律向上，而
qiě jǐnjǐn kàolǒng yě xiàng shì jiā yǐ réngōng shìde chéngwéi yí shù jué
且紧紧靠拢，也像是加以人工似的，成为一束，绝
wú héngxié yìchū tā de kuāndà de yèzi yě shì piànpiàn xiàngshàng jīhū
无横斜逸出；它的宽大的叶子也是片片向上，几乎

méi•yǒu xié shēng de gèng bú yòng shuō dào chuí le tā de pí guāng huá
没有斜生的，更不用说倒垂了；它的皮，光滑
ér yǒu yín sè de yùn quān wēi wēi fàn chū dàn qīng sè Zhè shì suī zài běi fāng
而有银色的晕圈，微微泛出淡青色。这是虽在北方
de fēng xuě de yā pò xià què bǎo chí zhe jué jiàng tǐng lì de yì zhǒng shù Nǎ
的风雪的压迫下却保持着倔强挺立的一种树！哪
pà zhǐ yǒu wǎn lái cū xì ba tā què nǔ lì xiàng shàng fā zhǎn gāo dào zhàng
怕只有碗来粗细罢，它却努力向上发展，高到丈
xǔ liǎng zhàng cān tiān sǒng lì bù zhé bù náo duì kàng zhe xī běi fēng
许，两丈，参天耸立，不折不挠，对抗着西北风。

Zhè jiù shì bái yáng shù xī běi jí pǔ tōng de yì zhǒng shù rán' ér jué bú
这就是白杨树，西北极普通的一种树，然而决不
shì píng fán de shù
是平凡的树！

Tā méi•yǒu pó suō de zī tài méi•yǒu qū qū pán xuán de qiú zhī yě xǔ nǐ
它没有婆娑的姿态，没有屈曲盘旋的虬枝，也许你
yào shuō tā bù měi lì rú guǒ měi shì zhuān zhǐ pó suō huò héng xié yì chū
要说它不美丽，——如果美是专指婆娑或横斜逸出
zhī lèi ér yán nà me bái yáng shù suàn•bù•dé shù zhōng de hǎo nǚ zǐ dàn
之类而言，那么，白杨树算不得树中的好女子；但
shì tā què shì wěi'àn zhèng zhí pǔ zhì yán sù yě bù quē fá wēn hé gèng
是它却是伟岸，正直，朴质，严肃，也不缺乏温和，更
bú yòng tí tā de jiān qiáng bù qū yǔ tǐng bá tā shì shù zhōng de wěi zhàng fū
不用提它的坚强不屈与挺拔，它是树中的伟丈夫！
Dāng nǐ zài jī xuě chū róng de gāo yuán•shàng zǒu guò kàn•jiàn píng tǎn de
当你在积雪初融的高原上走过，看见平坦的
dà dì•shàng ào rán tǐng lì zhè me yì zhū huò yì pái bái yáng shù nán dào nǐ
大地上傲然挺立这么一株或一排白杨树，难道你
jiù zhǐ jué•dé shù zhǐ shì shù nán dào nǐ jiù bù xiǎng dào tā de pǔ zhì yán sù
就只觉得树只是树，难道你就不想到它的朴质，严肃，
jiān qiáng bù qū zhì shǎo yě xiàng zhēng le běi fāng de nóng mín nán dào nǐ
坚强不屈，至少也象征了北方的农民；难道你
jìng yì diǎnr yě bù lián xiǎng dào zài dí hòu de guǎng dà tǔ dì•shàng dào
竟一点儿也不联想到，在敌后的广大//土地上，到
chù yǒu jiān qiáng bù qū jiù xiàng zhè bái yáng shù yí yàng ào rán tǐng lì de
处有坚强不屈，就像这白杨树一样傲然挺立的守
shǒu wèi tā men jiā xiāng de shào bīng
卫他们家乡的哨兵！

07　《金子》节选（陶猛译）

Zì cóng chuán yán yǒu rén zài Sà wén hé pàn sàn bù shí wú yì fā xiàn le jīn
自从传言有人在萨文河畔散步时无意发现了金
zi hòu zhè• lǐ biàn cháng yǒu lái zì sì miàn bā fāng de táo jīn zhě Tā
子后，这里便常有来自四面八方的淘金者。他
men dōu xiǎng chéng wéi fù wēng yú shì xún biàn le zhěng gè hé chuáng hái
们都想成为富翁，于是寻遍了整个河床，还
zài hé chuáng•shàng wā chū hěn duō dà kēng xī wàng jiè zhù tā men zhǎo
在河床上挖出很多大坑，希望借助它们找
dào gèng duō de jīn zi Dí què yǒu yì xiē rén zhǎo dào le dàn lìng wài yì
到更多的金子。的确，有一些人找到了，但另外一
xiē rén yīn•wèi yì wú suǒ dé ér zhǐ hǎo sǎo xìng guī qù
些人因为一无所得而只好扫兴归去。

Yě yǒu bù gān xīn luò kōng de biàn zhù zhā zài zhè• lǐ jì xù xún zhǎo
也有不甘心落空的，便驻扎在这里，继续寻找。
Bǐ dé Fú léi tè jiù shì qí zhōng yì yuán Tā zài hé chuáng fù jìn mǎi le yí
彼得·弗雷特就是其中一员。他在河床附近买了一
kuài méi rén yào de tǔ dì yí gè rén mò mò de gōng zuò Tā wèi le zhǎo jīn
块没人要的土地，一个人默默地工作。他为了找金
zi yǐ bǎ suǒ yǒu de qián dōu yā zài zhè kuài tǔ dì•shàng Tā mái tóu kǔ gàn
子，已把所有的钱都押在这块土地上。他埋头苦干
le jǐ gè yuè zhí dào tǔ dì quán biàn chéng le kēng keng wā wā tā shī wàng
了几个月，直到土地全变成了坑坑洼洼，他失望
le tā fān biàn le zhěng kuài tǔ dì dàn lián yì dīng diǎnr jīn zi dōu méi
了——他翻遍了整块土地，但连一丁点儿金子都没
kàn•jiàn
看见。

Liù gè yuè hòu tā lián mǎi miàn bāo de qián dōu méi•yǒu le
六个月后，他连买面包的钱都没有了。

Yú shì tā zhǔn bèi lí kāi zhèr dào bié chù qù móu shēng
于是他准备离开这儿到别处去谋生。

Jiù zài tā jí jiāng lí qù de qián yí gè wǎn shang tiān xià qǐ le qīng pén
就在他即将离去的前一个晚上，天下起了倾盆
dà yǔ bìng qiě yí xià jiù shì sān tiān sān yè Yǔ zhōng yú tíng le Bǐ dé zǒu
大雨，并且一下就是三天三夜。雨终于停了，彼得走
chū xiǎo mù wū fā xiàn yǎn qián de tǔ dì kàn shàng•qù hǎo xiàng hé yǐ qián
出小木屋，发现眼前的土地看上去好像和以前

bù yí yàng kēng keng wā wā yǐ bèi dà shuǐ chōng shuā píng zhěng sōng ruǎn
不一样：坑坑洼洼已被大水冲刷平整，松软
de tǔ dì •shàng zhǎng chū yì céng lǜ róng róng de xiǎo cǎo
的土地上长出一层绿茸茸的小草。

Zhè• lǐ méi zhǎo dào jīn zi Bǐ dé hū yǒu suǒ wù de shuō Dàn zhè tǔ dì
这里没找到金子，彼得忽有所悟地说，但这土地
hěn féi wò wǒ kě yǐ yòng lái zhòng huā bìng qiě ná dào zhèn •shàng qù mài
很肥沃，我可以用来种花，并且拿到镇上去卖
gěi nà xiē fù rén tā men yí dìng huì mǎi xiē huā zhuāng bàn tā men huá lì de
给那些富人，他们一定会买些花装扮他们华丽的
kè tīng Rú guǒ zhēn shì zhè yàng de huà nà me wǒ yídìng huì zhuàn xǔ
客厅。//如果真是这样的话，那么我一定会赚许
duō qián Yǒu zhāo yí rì wǒ yě huì chéng wéi fù rén
多钱。有朝一日我也会成为富人……

08 《故事时代》中《差别》节选（张健鹏、胡足青主编）

Liǎng gè tóng líng de nián qīng rén tóng shí shòu gù yú yì jiā diàn pù bìng
两个同龄的年轻人同时受雇于一家店铺，并
qiě ná tóng yàng de xīn•shuǐ
且拿同样的薪水。

Kě shì yí duàn shí jiān hòu jiào Ā nuò dé de nà ge xiǎo huǒ zi qīng yún zhí
可是一段时间后，叫阿诺德的那个小伙子青云直
shàng ér nà ge jiào Bù lǔ nuò de xiǎo huǒ zi què réng zài yuán dì tà bù Bù
上，而那个叫布鲁诺的小伙子却仍在原地踏步。布
lǔ nuò hěn bù mǎn yì lǎo bǎn de bù gōng zhèng dài yù Zhōng yú yǒu yì tiān
鲁诺很不满意老板的不公正待遇。终于有一天
tā dào lǎo bǎn nà r fā láo •sāo le Lǎo bǎn yì biān nài xīn de tīng zhe tā de
他到老板那儿发牢骚了。老板一边耐心地听着他的
bào•yuàn yì biān zài xīn• lǐ pán suan zhe zěn yàng xiàng tā jiě shì qīng chu tā
抱怨，一边在心里盘算着怎样向他解释清楚他
hé Ā nuò dé zhī jiān de chā bié
和阿诺德之间的差别。

Bù lǔ nuò xiān sheng Lǎo bǎn kāi kǒu shuō huà le Nín xiàn zài dào
“布鲁诺先生，”老板开口说话了，“您现在到
jí shì•shàng qù yí xià kàn kan jīn tiān zǎo shang yǒu shén me mài de
集市上去一下，看看今天早上有什么卖的。”

Bù lǔ nuò cóng jí shì•shàng huí• lái xiàng lǎo bǎn huì bào shuō jīn zǎo jí
布鲁诺从集市上回来向老板汇报说，今早集

shì•shàng zhǐ yǒu yí gè nóng mín lā le yì chē tǔ dòu zài mài
市上只有一个农民拉了一车土豆在卖。

Yǒu duō•shǎo Lǎo bǎn wèn
“有多少？”老板问。

Bù lǔ nuò gǎn kuài dài•shàng mào zi yòu pǎo dào jí•shàng rán hòu huí•
布鲁诺赶快戴上帽子又跑到集上，然后回
lái gào su lǎo bǎn yí gòng sì shí dài tǔ dòu
来告诉老板一共四十袋土豆。

Jià gé shì duō•shǎo
“价格是多少？”

Bù lǔ nuò yòu dì sān cì pǎo dào jí•shàng wèn lái le jià gé
布鲁诺又第三次跑到集上问来了价格。

Hǎo ba Lǎo bǎn duì tā shuō Xiàn zài qǐng nín zuò dào zhè bǎ yǐ zi•
“好吧，”老板对他说，“现在请您坐到这把椅子
shàng yí jù huà yě bú yào shuō kàn kan Ā nuò dé zěn me shuō
上一句话也不要说，看看阿诺德怎么说。”

Ā nuò dé hěn kuài jiù cóng jí shì•shàng huí•lái le Xiàng lǎo bǎn huì bào
阿诺德很快就从集市上回来了。向老板汇报
shuō dào xiàn zài wéi zhǐ zhǐ yǒu yí gè nóng mín zài mài tǔ dòu yí gòng sì shí
说到现在为止只有一个农民在卖土豆，一共四十
kǒu dai jià gé shì duō•shǎo duō•shǎo tǔ dòu zhì liàng hěn bú cuò tā dài huí•
口袋，价格是多少多少；土豆质量很不错，他带回
lái yí gè ràng lǎo bǎn kàn kan Zhè ge nóng mín yí gè zhōng tóu yǐ hòu hái huì
来一个让老板看看。这个农民一个钟头以后还会
nòng lái jǐ xiāng xī hóng shì jù tā kàn jià gé fēi cháng gōng•dào Zuó tiān
弄来几箱西红柿，据他看价格非常公道。昨天
tā men pù zi de xī hóng shì mài de hěn kuài kù cún yǐ•jīng bù duō le
他们铺子的西红柿卖得很快，库存已经不//多了。

09　《火光》节选（［俄］柯罗连科，张铁夫译）

Hěn jiǔ yǐ qián zài yí gè qī hēi de qiū tiān de yè wǎn wǒ fàn zhōu zài Xī
很久以前，在一个漆黑的秋天的夜晚，我泛舟在西
bó lì yà yì tiáo yīn sēn sēn de hé•shàng Chuán dào yí gè zhuǎn wān chù
伯利亚一条阴森森的河上。船到一个转弯处，
zhǐ jiàn qián•miàn hēi qū qū de shān fēng xià•miàn yì xīng huǒ guāng mò•dì
只见前面黑黢黢的山峰下面一星火光蓦地
yì shǎn
一闪。

Huǒ guāng yòu míng yòu liàng hǎo xiàng jiù zài yǎn qián
火光又明又亮，好像就在眼前……

Hǎo la xiè tiān xiè dì Wǒ gāo xìng de shuō Mǎ shàng jiù dào guò yè de dì fang la
“好啦，谢天谢地！”我高兴地说，“马上就到过夜的地方啦！”

Chuán fū niǔ tóu cháo shēn hòu de huǒ guāng wàng le yì yǎn yòu bù yǐ wéirán de huá• qǐ jiǎng•lái
船夫扭头朝身后的火光望了一眼，又不以为然地划起桨来。

Yuǎn zhe ne
“远着呢！”

Wǒ bù xiāng xìn tā de huà yīn•wèi huǒ guāng chōng pò méng lóng de yè sè míng míng zài nà r shǎn shuò Bú guò chuán fū shì duì de shì shí• shàng huǒ guāng dí què hái yuǎn zhe ne
我不相信他的话，因为火光冲破朦胧的夜色，明明在那儿闪烁。不过船夫是对的，事实上，火光的确还远着呢。

Zhè xiē hēi yè de huǒ guāng de tè diǎn shì Qū sàn hēi'àn shǎn shǎn fā liàng jìn zài yǎn qián lìng rén shén wǎng Zhà yí kàn zài huá jǐ xià jiù dào le Qí shí què hái yuǎn zhe ne
这些黑夜的火光的特点是：驱散黑暗，闪闪发亮，近在眼前，令人神往。乍一看，再划几下就到了……其实却还远着呢！……

Wǒ men zài qī hēi rú mò de hé•shàng yòu huá le hěn jiǔ Yí gè gè xiá gǔ hé xuán yá yíng miàn shǐ•lái yòu xiàng hòu yí•qù fǎng fú xiāo shī zài máng máng de yuǎn fāng ér huǒ guāng què yī rán tíng zài qián tou shǎn shǎn fā liàng lìng rén shén wǎng yī rán shì zhè me jìn yòu yī rán shì nà me yuǎn
我们在漆黑如墨的河上又划了很久。一个个峡谷和悬崖，迎面驶来，又向后移去，仿佛消失在茫茫的远方，而火光却依然停在前头，闪闪发亮，令人神往——依然是这么近，又依然是那么远……

Xiàn zài wú lùn shì zhè tiáo bèi xuán yá qiào bì de yīn yǐng lǒng zhào de qī hēi de hé liú hái shì nà yì xīng míng liàng de huǒ guāng dōu jīng cháng fú xiàn
现在，无论是这条被悬崖峭壁的阴影笼罩的漆黑的河流，还是那一星明亮的火光，都经常浮现

zài wǒ de nǎo jì　zài zhè yǐ qián hé zài zhè　yǐhòu　céng yǒu xǔ duō huǒ
在我的脑际，在这以前和在这以后，曾有许多火
guāng　sì hū jìn zài zhǐ chǐ　bù zhǐ shǐ wǒ yì rén xīn chí shén wǎng　Kě shì
光，似乎近在咫尺，不止使我一人心驰神往。可是
shēng huó zhī hé què réng rán zài nà yīn sēn sēn de liǎng àn zhī jiān liú zhe　ér
生活之河却仍然在那阴森森的两岸之间流着，而
huǒ guāng yě yī jiù fēi cháng yáo yuǎn　Yīn cǐ　bì xū jiā jìn huá jiǎng
火光也依旧非常遥远。因此，必须加劲划桨……

Rán'ér　huǒ guāng a　bì jìng　bì jìng jiù　zài qián tou
然而，火光啊①……毕竟……毕竟就//在前头！……

10　《中考语文课外阅读试题精选》中《“能吞能吐”的森林》节选

Sēn lín hán yǎng shuǐ yuán　bǎo chí shuǐ tǔ　fáng zhǐ shuǐ hàn zāi hài de zuò
森林涵养水源，保持水土，防止水旱灾害的作
yòng fēi cháng dà　Jù zhuān jiā cè suàn　yí piàn shí wàn mǔ miàn jī de sēn
用非常大。据专家测算，一片十万亩面积的森
lín　xiāng dāng yú yí gè liǎng bǎi wàn lì fāng mǐ de shuǐ kù　zhè zhèng rú nóng
林，相当于一个两百万立方米的水库，这正如农
yàn suǒ shuō de　Shān•shàng duō zāi shù　děng yú xiū shuǐ kù　Yǔ duō tā
谚所说的：“山上多栽树，等于修水库。雨多它
néng tūn　yǔ shǎo tā néng tǔ
能吞，雨少它能吐。”

Shuō qǐ sēn lín de gōng•láo　nà hái duō de hěn　Tā chú le wèi rén lèi tí
说起森林的功劳，那还多得很。它除了为人类提
gōng mù cái jí xǔ duō zhǒng shēng chǎn　shēng huó de yuán liào zhī wài　zài
供木材及许多种生产、生活的原料之外，在
wéi hù shēng tài huán jìng fāng miàn yě shì gōng•láo zhuó zhù　tā yòng lìng yì
维护生态环境方面也是功劳卓著，它用另一
zhǒng　néng tūn néng tǔ　de tè shū gōng néng yùn yù le rén lèi　Yīn•wèi dì
种“能吞能吐”的特殊功能孕育了人类。因为地
qiú zài xíng chéng zhī chū　dà qì zhōng de èr yǎng huà tàn hán liàng hěn gāo
球在形成之初，大气中的二氧化碳含量很高，
yǎng qì hěn shǎo　qì wēn yě gāo　shēng wù shì nán yǐ shēng cún de　Dà yuē
氧气很少，气温也高，生物是难以生存的。大约

---

① “啊”读作“nga”。

zài sì yì nián zhīqián lù dì cái chǎn shēng le sēn lín Sēn lín màn màn jiāng
在四亿年之前，陆地才产生了森林。森林慢慢将
dà qì zhōng de èr yǎng huà tàn xīshōu tóng shí tǔ •chū xīn •xiān yǎng qì
大气中的二氧化碳吸收，同时吐出新鲜氧气，
tiáo jié qì wēn Zhè cái jù bèi le rén lèi shēng cún de tiáo jiàn dì qiú •shàng
调节气温：这才具备了人类生存的条件，地球上
cái zuì zhōng yǒu le rén lèi
才最终有了人类。

Sēn lín shì dì qiú shēng tài xì tǒng de zhǔ tǐ shì dà zì rán de zǒng diào
森林，是地球生态系统的主体，是大自然的总调
dù shì shì dì qiú de lǜ sè zhī fèi Sēn lín wéi hù dì qiú shēng tài huán jìng de
度室，是地球的绿色之肺。森林维护地球生态环境的
zhè zhǒng néng tūn néng tǔ de tè shū gōng néng shì qí tā rèn hé wù tǐ dōu
这种“能吞能吐”的特殊功能是其他任何物体都
bù néng qǔ dài de rán' ér yóu yú dì qiú •shàng de rán shāo wù zēng duō èr
不能取代的。然而，由于地球上的燃烧物增多，二
yǎng huà tàn de pái fàng liàng jí jù zēng jiā shǐ •dé dì qiú shēng tài huán jìng
氧化碳的排放量急剧增加，使得地球生态环境
jí jù è huà zhǔ yào biǎo xiàn wéi quán qiú qì hòu biàn nuǎn shuǐ fèn zhēng
急剧恶化，主要表现为全球气候变暖，水分蒸
fā jiā kuài gǎi biàn le qì liú de xún huán shǐ qì hòu biàn huà jiā jù cóng ér
发加快，改变了气流的循环，使气候变化加剧，从而
yǐn fā rè làng jù fēng bào yǔ hóng lào jí gān hàn
引发热浪、飓风、暴雨、洪涝及干旱。

Wèi le shǐ dì qiú de zhè ge néng tūn néng tǔ de lǜ sè zhī fèi huī fù
为了//使地球的这个“能吞能吐”的绿色之肺恢复
jiàn zhuàng yǐ gǎi shàn shēng tài huán jìng yì zhì quán qiú biàn nuǎn jiǎn
健壮，以改善生态环境，抑制全球变暖，减
shǎo shuǐ hàn děng zì rán zāi hài wǒ men yīng gāi dà lì zào lín hù lín shǐ měi
少水旱等自然灾害，我们应该大力造林、护林，使每
yí zuò huāng shān dōu lǜ qǐ •lái
一座荒山都绿起来。

11 《态度创造快乐》节选

Yí wèi fǎng Měi Zhōng guó nǚ zuò jiā zài Niǔ yuē yù dào yí wèi mài huā de
一位访美中国女作家，在纽约遇到一位卖花的
lǎo tài tai Lǎo tài tai chuān zhuó pò jiù shēn tǐ xū ruò dàn liǎn •shàng de
老太太。老太太穿着破旧，身体虚弱，但脸上的

shén qíng què shì nà yàng xiáng hé xīng fèn Nǚ zuò jiā tiāo le yì duǒ huā
神情却是那样祥和兴奋。女作家挑了一朵花
shuō Kàn qǐ •lái nǐ hěn gāo xìng Lǎo tài tai miàn dài wēi xiào de shuō
说："看起来，你很高兴。"老太太面带微笑地说：
Shì de yí qiè dōu zhè me měi hǎo wǒ wèi shén me bù gāo xìng ne Duì
"是的，一切都这么美好，我为什么不高兴呢？""对
fán nǎo nǐ dào zhēn néng kàn de kāi Nǚ zuò jiā yòu shuō le yí jù Méi
烦恼，你倒真能看得开。"女作家又说了一句。没
liào dào lǎo tài tai de huí dá gèng lìng nǚ zuò jiā dà chī yì jīng Yē sū zài xīng
料到，老太太的回答更令女作家大吃一惊："耶稣在星
qī wǔ bèi dìng•shàng shí zì jià shí shì quán shì jiè zuì zāo gāo de yì tiān kě
期五被钉上十字架时，是全世界最糟糕的一天，可
sān tiān hòu jiù shì Fù huó jié Suǒ yǐ dāng wǒ yù dào bú xìng shí jiù huì
三天后就是复活节。所以，当我遇到不幸时，就会
děng dài sān tiān zhè yàng yí qiè jiù huī fù zhèng cháng le
等待三天，这样一切就恢复正常了"

Děng dài sān tiān duō me fù yú zhé lǐ de huà yǔ duō me lè guān de
"等待三天"，多么富于哲理的话语，多么乐观的
shēng huó fāng shì Tā bǎ fán nǎo hé tòng kǔ pāo•xià quán lì qù shōu huò
生活方式。它把烦恼和痛苦抛下，全力去收获
kuài lè
快乐。

Shěn Cóng wén zài wén gé qī jiān xiàn rù le fēi rén de jìng dì Kě tā
沈从文在文革期间，陷入了非人的境地。可他
háo bù zài yì tā zài Xián níng shí gěi tā de biǎo zhí huà jiā Huáng Yǒng yù xiě
毫不在意，他在咸宁时给他的表侄、画家黄永玉写
xìn shuō Zhè• lǐ de hé huā zhēn hǎo nǐ ruò lái Shēn xiàn kǔ nàn què
信说："这里的荷花真好，你若来……"身陷苦难却
réng wèi hé huā de shèng kāi xīn xǐ zàn tàn bù yǐ zhè shì yì zhǒng qū yú chéng
仍为荷花的盛开欣喜赞叹不已，这是一种趋于澄
míng de jìng jiè yì zhǒng kuàng dá sǎ•tuō de xiōng jīn yì zhǒng miàn lín mó
明的境界，一种旷达洒脱的胸襟，一种面临磨
nàn tǎn dàng cōng róng de qì dù yì zhǒng duì shēng huó tóng zǐ bān de rè'ài
难坦荡从容的气度，一种对生活童子般的热爱
hé duì měi hǎo shì wù wú xiàn xiàng wǎng de shēng mìng qíng gǎn
和对美好事物无限向往的生命情感。

Yóu cǐ kě jiàn yǐng xiǎng yí gè rén kuài lè de yǒu shí bìng bú shì kùn jìng
由此可见，影响一个人快乐的，有时并不是困境

jí mó nàn ér shì yí gè rén de xīn tài Rú guǒ bǎ zì jǐ jìn pào zài jī jí lè
及磨难，而是一个人的心态。如果把自己浸泡在积极、乐
guān xiàng shàng de xīn tài zhōng kuài lè bì rán huì zhàn jù nǐ de měi
观、向上的心态中，快乐必然会//占据你的每
yì tiān
一天。

12 《丑石》节选（贾平凹）

Wǒ cháng cháng yí hàn wǒ jiā mén qián nà kuài chǒu shí Tā hēi yǒu yǒu
我常常遗憾我家门前那块丑石：它黑黝黝①
de wò zài nà • lǐ niú shì de mú yàng shéi yě bù zhī • dào shì shén me shí hou
地卧在那里，牛似的模样；谁也不知道是什么时候
liú zài zhè • lǐ de shéi yě bú qù lǐ huì tā Zhǐ shì mài shōu shí jié mén qián
留在这里的，谁也不去理会它。只是麦收时节，门前
tān le mài zi nǎi nai zǒng shì shuō Zhè kuài chǒu shí duō zhàn dì miàn ya
摊了麦子，奶奶总是说：这块丑石，多占地面呀，
chōu kòng bǎ tā bān zǒu ba
抽空把它搬走吧。

Tā bú xiàng hàn bái yù nà yàng de xì nì kě yǐ kè zì diāo huā yě bú
它不像汉白玉那样的细腻，可以刻字雕花，也不
xiàng dà qīng shí nà yàng de guāng huá kě yǐ gōng lái huàn shā chuí bù Tā
像大青石那样的光滑，可以供来浣纱捶布。它
jìng jìng de wò zài nà • lǐ yuàn biān de huái yīn méi • yǒu bì fù tā huā'• ér yě
静静地卧在那里，院边的槐阴没有庇覆它，花儿也
búz ài zài tā shēn biān shēng zhǎng Huāng cǎo biàn fán yǎn chū • lái zhī màn
不再在它身边生长。荒草便繁衍出来，枝蔓
shàng xià màn màn de tā jìng xiù • shàng le lǜ tái hēi bān Wǒ men zhè
上下，慢慢地，它竟锈上了绿苔、黑斑。我们这
xiē zuò hái zi de yě tǎo yàn • qǐ tā • lái céng hé huǒ yào bān zǒu tā dàn
些做孩子的，也讨厌起它来，曾合伙要搬走它，但力
lìqi yòu bù zú suī shí shí zhòu mà tā xián qì tā yě wú kě nài hé zhǐ hǎo rèn
气又不足；虽时时咒骂它，嫌弃它，也无可奈何，只好任
tā liú zài nà • lǐ le
它留在那里了。

---

① 口语一般读 hēiyōuyōu

Zhōngyǒu yí rì cūn zi • lǐ lái le yí gè tiānwén xué jiā Tā zài wǒ jiā
终有一日，村子里来了一个天文学家。他在我家
ménqián lù guò tū rán fā xiàn le zhè kuài shítou yǎnguāng lì jí jiù lā zhí
门前路过，突然发现了这块石头，眼光立即就拉直
le Tā zài méi•yǒu lí kāi jiù zhù le xià•lái yǐ hòu yòu lái le hǎo xiē rén
了。他再没有离开，就住了下来；以后又来了好些人，
dōu shuō zhè shì yí kuài yǔn shí cóng tiān•shàng luò xià•lái yǐ•jīng yǒu èr sān
都说这是一块陨石，从天上落下来已经有二三
bǎinián le shì yí jiàn liǎo•bù qǐ de dōng xi Bù jiǔ biàn lái le chē xiǎo xīn
百年了，是一件了不起的东西。不久便来了车，小心
yì yì de jiāng tā yùn zǒu le
翼翼地将它运走了。

Zhè shǐ wǒ men dōu hěn jīng qí zhè yòu guài yòu chǒu de shítou yuán lái
这使我们都很惊奇，这又怪又丑的石头，原来
shì tiān•shàng de a Tā bǔ guo tiān zài tiān•shàng fā guo rè shǎn guo
是天上的啊[①]！它补过天，在天上发过热、闪过
guāng wǒ men de xiānzǔ huòxǔ yǎngwàng guo tā tā gěi le tāmen
光，我们的先祖或许仰望过它，它给了他们
guāngmíng xiàngwǎng chōngjǐng ér tā luò xià•lái le zài wū tǔ•lǐ
光明、向往、憧憬；而它落下来了，在污土里，
huāngcǎo•lǐ yì tǎng jiù shì jǐ bǎinián le
荒草里，一躺就//是几百年了！

13 《绿》节选（朱自清）

Méi yǔ tán shǎn shǎn de lǜ sè zhāo yǐn zhe wǒ men wǒ men kāi shǐ zhuī
梅雨潭闪闪的绿色招引着我们，我们开始追
zhuō tā nà lí hé de shén guāng le Jiū zhe cǎo pān zhe luàn shí xiǎo•xīn
捉她那离合的神光了。揪着草，攀着乱石，小心
tàn shēn xià•qù yòu jū gōng guò le yí gè shí qióng mén biàn dào le wāng
探身下去，又鞠躬过了一个石穹门，便到了汪
wāng yí bì de tán biān le
汪一碧的潭边了。

Pù bù zài jīn xiù zhījiān dàn shì wǒ de xīn zhōng yǐ méi•yǒu pù bù le Wǒ
瀑布在襟袖之间，但是我的心中已没有瀑布了。我

① “啊”应读作 ya。

de xīn suí tán shuǐ de lǜ ér yáo dàng Nà zuì rén de lǜ ya Fǎng fú yì zhāng
的心随潭水的绿而摇荡。那醉人的绿呀！仿佛一张
jí dà jí dà de hé yè pū zhe mǎn shì qí yì de lǜ ya Wǒ xiǎng zhāng kāi
极大极大的荷叶铺着，满是奇异的绿呀。我想张开
liǎng bì bào zhù tā dàn zhè shì zěn yàng yí gè wàng xiǎng a
两臂抱住她，但这是怎样一个妄想啊①。

Zhàn zài shuǐ biān wàng dào nà•miàn jū rán jué zhe yǒu xiē yuǎn ne
站在水边，望到那面，居然觉着有些远呢！
Zhè píng pū zhe hòu jī zhe de lǜ zhuó shí kě'ài Tā sōng sōng de zhòu xié
这平铺着、厚积着的绿，着实可爱。她松松地皱缬
zhe xiàng shào fù tuō zhe de qún fú tā huá huá de míng liàng zhe xiàng tú
着，像少妇拖着的裙幅；她滑滑的明亮着，像涂
le míng yóu yì bān yǒu jī dàn qīng nà yàng ruǎn nà yàng nèn tā yòu bù
了"明油"一般，有鸡蛋清那样软，那样嫩；她又不
zá xiē chén zǐ wǎn rán yí kuài wēn rùn de bì yù zhǐ qīng qīng de yí sè dàn nǐ
杂些尘滓，宛然一块温润的碧玉，只清清的一色但你
què kàn•bú tòu tā
却看不透她！

Wǒ céng jiàn guo Běi jīng Shí chà hǎi fú dì de lǜ yáng tuō•bù liǎo é
我曾见过北京什刹海拂地的绿杨，脱不了鹅
huáng de dǐ zi sì hū tài dàn le Wǒ yòu céng jiàn guo Háng zhōu Hǔ páo sì
黄的底子，似乎太淡了。我又曾见过杭州虎跑寺
jìn páng gāo jùn ér shēn mì de lǜ bì cóng dié zhe wú qióng de bì cǎo yǔ lǜ
近旁高峻而深密的"绿壁"丛叠着无穷的碧草与绿
yè de nà yòu sì hū tài nóng le Qí yú ne Xī hú de bō tài míng le Qín huái
叶的，那又似乎太浓了。其余呢，西湖的波太明了，秦淮
Hé de yě tài àn le kě'ài de wǒ jiāng shén me lái bǐ nǐ nǐ ne Wǒ zěn me
河的也太暗了。可爱的，我将什么来比拟你呢？我怎么
bǐ nǐ dé chū ne Dà yuē tán shì hěn shēn de gù néng yùn xù zhe zhè yàng qí
比拟得出呢？大约潭是很深的，故能蕴蓄着这样奇
yì de lǜ fǎng fú wèi lán de tiān róng le yí kuài zài lǐ•miàn shì de zhè cái zhè
异的绿；仿佛蔚蓝的天融了一块在里面似的，这才这
bān de xiān rùn a
般的鲜润啊。

Nà zuì rén de lǜ ya Wǒ ruò néng cái nǐ yǐ wéi dài wǒ jiāng zèng gěi nà
那醉人的绿呀！我若能裁你以为带，我将赠给那

① 这里的"啊"读作"na"

qīngyíng de　wǔnǚ　tā bì néng lín fēng piāo jǔ le
轻盈的//舞女，她必能临风飘举了。

14　《济南的冬天》节选（老舍）

Duì yú yí gè zài Běi píng zhù guàn de rén　xiàng wǒ　dōng tiān yào shì bù
对于一个在北平住惯的人，像我，冬天要是不
guā fēng　biàn jué•dé shì qí jì　Jǐ nán de dōng tiān shì méi•yǒu fēng shēng
刮风，便觉得是奇迹；济南的冬天是没有风声
de　Duì yú yí gè gāng yóu Lún dūn huí•lái de rén　xiàng wǒ　dōng tiān yào
的。对于一个刚由伦敦回来的人，像我，冬天要
néng kàn de jiàn rì guāng　biàn jué•dé shì guài shì　Jǐ nán de dōng tiān shì
能看得见日光，便觉得是怪事；济南的冬天是
xiǎng qíng de　Zì rán　zài rè dài de dì fang　rì guāng yǒng yuǎn shì nà me
响晴的。自然，在热带的地方，日光永远是那么
dú　xiǎng liàng de tiān qì　fǎn yǒu diǎnr jiào rén hài pà　Kě shì　zài běi fāng
毒，响亮的天气，反有点儿叫人害怕。可是，在北方
de dōng tiān　ér néng yǒu wēn qíng de tiān qì　Jǐ nán zhēn děi suàn gè
的冬天，而能有温晴的天气，济南真得算个
bǎo dì
宝地。

Shè ruò dān dān shì yǒu yáng guāng　nà yě suàn•bù liǎo chū qí　Qǐng bì•
设若单单是有阳光，那也算不了出奇。请闭
shàng yǎn jing xiǎng　Yí gè lǎo chéng　yǒu shān yǒu shuǐ　quán zài tiān dǐ•xià
上眼睛想：一个老城，有山有水，全在天底下
shài zhe yáng guāng　nuǎn huo ān shì de shuì zhe　zhǐ děng chūn fēng lái bǎ tā
晒着阳光，暖和安适地睡着，只等春风来把它
men huàn xǐng　zhè shì•bú shì lǐ xiǎng de jìng jiè　Xiǎo shān zhěng bǎ Jǐ nán
们唤醒，这是不是理想的境界？小山整把济南
wéi le gè quānr　zhǐ yǒu běi•biān quē zhe diǎnr kǒur　Zhè yì quān xiǎo shān
围了个圈儿，只有北边缺着点口儿。这一圈小山
zài dōng tiān tè bié kě'ài　hǎo xiàng shì bǎ Jǐ nán fàng zài yí gè xiǎo yáo lán•
在冬天特别可爱，好像是把济南放在一个小摇篮
lǐ　tā men ān jìng bú dòng de dī shēng de shuō　Nǐ men fàng xīn ba　zhèr
里，它们安静不动地低声地说："你们放心吧，这儿
zhǔn bǎo nuǎn huo　Zhēn de　Jǐ nán de rén men zài dōng tiān shì miàn•shàng
准保暖和。"真的，济南的人们在冬天是面上
hán xiào de　Tā men yí kàn nà xiē xiǎo shān　xīn zhōng biàn jué•dé yǒu le
含笑的。他们一看那些小山，心中便觉得有了

zhuó luò yǒu le yī kào Tā men yóu tiān • shàng kàn dào shān • shàng biàn
着落，有了依靠。他们由天上看到山上，便
bù zhī bù jué de xiǎng qǐ Míng tiān yě xǔ jiù shì chūn tiān le ba Zhè yàng
不知不觉地想起：明天也许就是春天了吧？这样
de wēn nuǎn jīn tiān yè • lǐ shān cǎo yě xǔ jiù lǜ qǐ • lái le ba Jiù shì zhè
的温暖，今天夜里山草也许就绿起来了吧？就是这
diǎnr huàn xiǎng bù néng yì shí shí xiàn tā men yě bìng bù zháo jí yīn • wèi
点儿幻想不能一时实现，他们也并不着急，因为
zhè yàng cí shàn de dōng tiān gàn shén me hái xī wàng bié de ne
这样慈善的冬天，干什么还希望别的呢！

Zuì miào de shì xià diǎnr xiǎo xuě ya Kàn ba shān • shàng de ǎi sōng
最妙的是下点儿小雪呀。看吧，山上的矮松
yuè fā de qīng hēi shù jiānr • shàng dǐng zhe yí jìr bái huā hǎo xiàng Rì
越发的青黑，树尖儿上//顶着一髻儿白花，好像日
běn kān hù fù
本看护妇。

15 《二十美金的价值》节选（唐继柳编译）

Yì tiān bà ba xià bān huí dào jiā yǐ • jīng hěn wǎn le tā hěn lèi yě yǒu
一天，爸爸下班回到家已经很晚了，他很累也有
diǎnr fán tā fā xiàn wǔ suì de ér zi kào zài mén páng zhèng děng zhe tā
点儿烦，他发现五岁的儿子靠在门旁正等着他。

Bà wǒ kě yǐ wèn nín yí gè wèn tí ma
“爸，我可以问您一个问题吗？”

Shén me wèn tí Bà nín yì xiǎo shí kě yǐ zhuàn duō • shǎo qián
“什么问题？”“爸，您一小时可以赚多少钱？”
Zhè yǔ nǐ wú guān nǐ wèi shén me wèn zhè ge wèn tí Fù • qīn shēng qì
“这与你无关，你为什么问这个问题？”父亲生气
de shuō
地说。

Wǒ zhǐ shì xiǎng zhī • dào qǐng gào su wǒ nín yì xiǎo shí zhuàn duō • shǎo
“我只是想知道，请告诉我，您一小时赚多少
qián Xiǎo háir āi qiú dào Jiǎ rú nǐ yí dìng yào zhī • dào de huà wǒ yì
钱？”小孩儿哀求道。“假如你一定要知道的话，我一
xiǎo shí zhuàn èr shí měi jīn
小时赚二十美金。”

Ò Xiǎo háir dī xià le tóu jiē zhe yòu shuō Bà kě yǐ jiè wǒ shí
“哦，”小孩儿低下了头，接着又说，“爸，可以借我十

měi jīn ma　Fù•qīn fā nù le　Rú guǒ nǐ zhǐ shì yào jiè qián qù mǎi háo wú yì
美金吗？”父亲发怒了：“如果你只是要借钱去买毫无意
yì de wán jù de huà　gěi wǒ huí dào nǐ de fáng jiān shuì jiào•qù　Hǎo hǎo
义的玩具的话，给我回到你的房间睡觉去。好好
xiǎng xiǎng wèi shén me nǐ huì nà me zì sī　Wǒ měi tiān xīn kǔ gōng zuò　méi
想想为什么你会那么自私。我每天辛苦工作，没
shí jiān hé nǐ wánr xiǎo hái zi de yóu xì
时间和你玩儿小孩子的游戏。”

Xiǎo háir mò mò de huí dào zì jǐ de fáng jiān guān•shàng mén
小孩儿默默地回到自己的房间关上门。

Fù•qīn zuò xià•lái hái zài shēng qì　Hòu lái　tā píng jìng xià•lái le　Xīn
父亲坐下来还在生气。后来，他平静下来了。心
xiǎng tā kě néng duì hái zi tài xiōng le　huò xǔ hái zi zhēn de hěn xiǎng mǎi
想他可能对孩子太凶了——或许孩子真的很想买
shén me dōng xi　zài shuō tā píng shí hěn shǎo yào guo qián
什么东西，再说他平时很少要过钱。

Fù•qīn zǒu jìn hái zi de fáng jiān　Nǐ shuì le ma　Bà　hái méi•yǒu
父亲走进孩子的房间：“你睡了吗？”“爸，还没有，
wǒ hái xǐng zhe　Hái zi huí dá
我还醒着。”孩子回答。

Wǒ gāng cái kě néng duì nǐ tài xiōng le　Fù•qīn shuō　Wǒ bù yīng gāi
“我刚才可能对你太凶了，”父亲说，“我不应该
fā nà me dà de huǒr　zhè shì nǐ yào de shí měi jīn　Bà　xiè xie nín
发那么大的火儿——这是你要的十美金。”“爸，谢谢您。”
Hái zi gāo xìng de cóng zhěn tou•xià ná chū yì xiē bèi nòng zhòu de chāo piào
孩子高兴地从枕头下拿出一些被弄皱的钞票，
màn màn de shǔ zhe
慢慢地数着。

Wèi shén me nǐ yǐ•jīng yǒu qián le hái yào　Fù•qīn bù jiě de wèn
“为什么你已经有钱了还要？”父亲不解地问。

Yīn•wèi yuán lái bú gòu　dàn xiàn zài còu gòu le　Hái zi huí dá　Bà
“因为原来不够，但现在凑够了。”孩子回答：“爸，
wǒ xiàn zài yǒu　èr shí měi jīn le　wǒ kě yǐ xiàng nín mǎi yí gè xiǎo shí de shí
我现在有//二十美金了，我可以向您买一个小时的时
jiān ma　Míng tiān qǐng zǎo yì diǎnr huí jiā　wǒ xiǎng hé nín yì qǐ chī
间吗？明天请早一点儿回家——我想和您一起吃
wǎn cān
晚餐。”

16 《散步》节选（莫怀戚）

Wǒmen zài tián yě sàn bù Wǒ wǒ de mǔ·qīn wǒ de qī·zǐ hé ér zi
我们在田野散步：我，我的母亲，我的妻子和儿子。

Mǔ qīn běn bú yuàn chū·lái de Tā lǎo le shēn tǐ bù hǎo zǒu yuǎn yì
母亲本不愿出来的。她老了，身体不好，走远一
diǎnr jiù jué·dé hěn lèi Wǒ shuō zhèng yīn·wèi rú cǐ cái yīng gāi duō zǒu
点儿就觉得很累。我说，正因为如此，才应该多走
zou Mǔ·qīn xìn fú de diǎn diǎn tóu biàn qù ná wài tào Tā xiàn zài hěn tīng
走。母亲信服地点点头，便去拿外套。她现在很听
wǒ de huà jiù xiàng wǒ xiǎo shí hou hěn tīng tā de huà yí yàng
我的话，就像我小时候很听她的话一样。

Zhè nán fāng chū chūn de tián yě dà kuài xiǎo kuài de xīn lǜ suí yì de pū
这南方初春的田野，大块小块的新绿随意地铺
zhe yǒu de nóng yǒu de dàn shù·shàng de nèn yá yě mì le tián·lǐ de
着，有的浓，有的淡，树上的嫩芽也密了，田里的
dōng shuǐ yě gū gū de qǐ zhe shuǐ pào Zhè yí qiè dōu shǐ rén xiǎng zhe yí yàng
冬水也咕咕地起着水泡。这一切都使人想着一样
dōng xi shēng mìng
东西——生命。

Wǒ hé mǔ·qīn zǒu zài qián·miàn wǒ de qī·zǐ hé ér zi zǒu zài hòu·
我和母亲走在前面，我的妻子和儿子走在后
miàn Xiǎo jiā huo tū rán jiào qǐ·lái Qián·miàn shì mā ma hé ér zi hòu·
面。小家伙突然叫起来："前面是妈妈和儿子，后
miàn yě shì mā ma hé ér zi Wǒmen dōu xiào le
面也是妈妈和儿子。"我们都笑了。

Hòu lái fā shēng le fēn qí Mǔ·qīn yào zǒu dà lù dà lù píng shùn wǒ
后来发生了分歧：母亲要走大路，大路平顺；我
de ér zi yào zǒu xiǎo lù xiǎo lù yǒu yì si Bú guò yí qiè dōu qǔ jué yú
的儿子要走小路，小路有意思。不过，一切都取决于
wǒ Wǒ de mǔ·qīn lǎo le tā zǎo yǐ xí guàn tīng cóng tā qiáng zhuàng de ér
我。我的母亲老了，她早已习惯听从她强壮的儿
zi wǒ de ér zi hái xiǎo tā hái xí guàn tīng cóng tā gāo dà de fù·qīn qī·zǐ
子；我的儿子还小，他还习惯听从他高大的父亲；妻子
ne zài wài miàn tā zǒng shì tīng wǒ de Yí shà shí wǒ gǎn dào le zé rèn de
呢，在外面，她总是听我的。一霎时我感到了责任的
zhòng dà Wǒ xiǎng zhǎo yí gè liǎng quán de bàn fǎ zhǎo bù chū wǒ xiǎng
重大。我想找一个两全的办法，找不出；我想

chāisàn yì jiā rén fēnchéng liǎng lù gè dé qí suǒ zhōng bú yuàn•yì Wǒ
拆散一家人，分成两路，各得其所，终不愿意。我
jué dìng wěiqu ér zi yīn•wèi wǒ bàn tóng tā de shí rì hái cháng Wǒ shuō
决定委屈儿子，因为我伴同他的时日还长。我说：
Zǒu dà lù
“走大路。”

Dàn shì mǔ•qīn mō mo sūn' ér de xiǎo nǎo guār biàn le zhǔ yi Hái shì
但是母亲摸摸孙儿的小脑瓜，变了主意：“还是
zǒu xiǎo lù ba Tā de yǎn suí xiǎo lù wàng•qù Nà• lǐ yǒu jīn sè de cài huā
走小路吧。”她的眼随小路望去：那里有金色的菜花，
liǎng háng zhěng qí de sāng shù jìn tóu yì kǒu shuǐ bō lín lín de yú táng
两行整齐的桑树，//尽头一口水波粼粼的鱼塘。
Wǒ zǒu bú guò•qù de dì fang nǐ jiù bēi zhe wǒ Mǔ•qīn duì wǒ shuō
“我走不过去的地方，你就背着我。”母亲对我说。

17 《神秘的“无底洞”》节选（罗伯特·罗威尔）

Dì qiú•shàng shì fǒu zhēn de cún zài wú dǐ dòng Àn shuō dì qiú shì
地球上是否真的存在“无底洞”？按说地球是
yuán de yóu dì qiào dì màn hé dì hé sān céng zǔ chéng zhēn zhèng de
圆的，由地壳、地幔和地核三层组成，真正的
wú dǐ dòng shì bù yīng cún zài de wǒ men suǒ kàn dào de gè zhǒng shān
“无底洞”是不应存在的，我们所看到的各种山
dòng liè kǒu liè fèng shèn zhì huǒ shān kǒu yě dōu zhǐ shì dì qiào qiǎn bù de
洞、裂口、裂缝，甚至火山口也都只是地壳浅部的
yì zhǒng xiàn xiàng Rán ér Zhōng guó yì xiē gǔ jí què duō cì tí dào hǎi wài
一种现象。然′而中国一些古籍却多次提到海外
yǒu gè shēn'ào mò cè de wú dǐ dòng Shì shí•shàng dì qiú•shàng què shí yǒu
有个深奥莫测的无底洞。事实上地球上确实有
zhè yàng yí gè wú dǐ dòng
这样一个“无底洞”。

Tā wèi yú Xī là Yà gè sī gǔ chéng de hǎi bīn Yóu yú bīn lín dà hǎi dà
它位于希腊亚各斯古城的海滨。由于濒临大海，大
zhǎng cháo shí xiōng yǒng de hǎi shuǐ biàn huì pái shān dǎo hǎi bān de yǒng rù
涨潮时，汹涌的海水便会排山倒海般地涌入
dòng zhōng xíng chéng yì gǔ tuān tuān de jí liú Jù cè měi tiān liú rù dòng
洞中，形成一股湍湍的急流。据测，每天流入洞
nèi de hǎi shuǐ liàng dá sān wàn duō dūn Qí guài de shì rú cǐ dà liàng de hǎi
内的海水量达三万多吨。奇怪的是，如此大量的海

shuǐguàn rù dòngzhōng quècóng lái méi•yǒu bǎ dòngguàn mǎn Céngyǒu
水灌入洞中，却从来没有把洞灌满。曾有
rénhuái yí zhège wú dǐ dòng huì•bú huì jiù xiàng shí huīyán dì qū de lòu
人怀疑，这个“无底洞”，会不会就像石灰岩地区的漏
dǒu shùjǐng luòshuǐdòng yí lèi de dì xíng Rán'ér cóng èr shíshì jì sān
斗、竖井、落水洞一类的地形。然而从二十世纪三
shíniándài yǐ lái rénmen jiù zuò le duōzhǒngnǔ lì qǐ tú xúnzhǎo tā de chū
十年代以来，人们就做了多种努力企图寻找它的出
kǒu quèdōushìwǎngfèixīn jī
口，却都是枉费心机。

Wèi le jiē kāizhège mìmì yì jiǔ wǔ bā nián Měiguó Dì lǐ Xué huìpàichū
为了揭开这个秘密，一九五八年美国地理学会派出
yì zhīkǎocháduì tā men bǎ yì zhǒngjīng jiǔ bú biàn de dài sè rǎn liào róng jiě
一支考察队，他们把一种经久不变的带色染料溶解
zàihǎishuǐzhōng guān chá rǎn liào shì rú hé suízhe hǎishuǐ yì qǐ chén xià•
在海水中，观察染料是如何随着海水一起沉下
qù Jiēzhe yòuchákàn le fù jìn hǎimiàn yǐ jí dǎo•shàng de gè tiáo hé hú
去。接着又察看了附近海面以及岛上的各条河、湖，
mǎnhuái xī wàng de xún zhǎo zhè zhǒng dài yán sè de shuǐ jié guǒ lìng rén shī
满怀希望地寻找这种带颜色的水，结果令人失
wàng Nándào shìhǎishuǐliàng tài dà bǎ yǒu sè shuǐ xī shì de tài dàn yǐ zhì
望。难道是海水量太大把有色水稀释得太淡，以致
wú fǎ fā xiàn
无法发现？//

18 《世间最美的坟墓》节选（［奥］茨威格，张厚仁译）

Wǒzài É guó jiàn dào de jǐng wù zài méi•yǒu bǐ Tuō'ěr sī tài mù gèng
我在俄国见到的景物再没有比托尔斯泰墓更
hóngwěi gènggǎnrénde
宏伟、更感人的。

Wánquán ànzhàoTuō'ěr sī tài de yuànwàng tā de fénmù chéng le shì
完全按照托尔斯泰的愿望，他的坟墓成了世
jiānzuìměide gěirén yìnxiàngzuìshēn kè de fénmù Tā zhǐshìshù lín zhōng
间最美的，给人印象最深刻的坟墓。它只是树林中
de yí gè xiǎo xiǎo de cháng fāng xíng tǔ qiū shàng•miàn kāi mǎn xiān huā
的一个小小的长方形土丘，上面开满鲜花——
méi•yǒu shí zì jià méi•yǒu mù bēi méi•yǒu mù zhìmíng lián Tuō'ěr sī tài
没有十字架，没有墓碑，没有墓志铭，连托尔斯泰

zhè ge míng zì yě méi•yǒu
这个名字也没有。

Zhè wèi bǐ shéi dōu gǎn dào shòu zì jǐ de shēng míng suǒ lěi de wěi rén
这位比谁都感到受自己的声名所累的伟人，
què xiàng ǒu'ěr bèi fā xiàn de liú làng hàn bù wéi rén zhī de shì bīng bù liú
却像偶尔被发现的流浪汉，不为人知的士兵，不留
míng xìng de bèi rén mái zàng le Shéi dōu kě yǐ tà jìn tā zuì hòu de ān xī de
名姓地被人埋葬了。谁都可以踏进他最后的安息地，
wéi zài sì zhōu xī shū de mù zhà lan shì bù guān bì de bǎo hù Liè fū Tuō'ěr
围在四周稀疏的木栅栏是不关闭的——保护列夫托尔
sī tài dé yǐ ān xī de méi•yǒu rèn hé bié de dōng xi wéi yǒu rén men de jìng
斯泰得以安息的没有任何别的东西，惟有人们的敬
yì ér tōng cháng rén men què zǒng shì huái zhe hào qí qù pò huài wěi rén
意；而通常，人们却总是怀着好奇，去破坏伟人
mù dì de níng jìng
墓地的宁静。

Zhè• lǐ bī rén de pǔ sù jìn gù zhù rèn hé yì zhǒng guān shǎng de xián
这里，逼人的朴素禁锢住任何一种观赏的闲
qíng bìng qiě bù róng xǔ nǐ dà shēng shuō huà Fēng• ér fǔ lín zài zhè zuò
情，并且不容许你大声说话。风儿俯临，在这座
wú míng zhě zhī mù de shù mù zhī jiān sà sà xiǎng zhe hé nuǎn de yáng guāng
无名者之墓的树木之间飒飒响着，和暖的阳光
zài fén tóu xī xì dōng tiān bái xuě wēn róu de fù gài zhè piàn yōu'àn de tǔ
在坟头嬉戏；冬天，白雪温柔地覆盖这片幽暗的土
dì Wú lùn nǐ zài xià tiān huò dōng tiān jīng guò zhèr nǐ dōu xiǎng xiàng bú
地。无论你在夏天或冬天经过这儿，你都想像不
dào zhè ge xiǎo xiǎo de lóng qǐ de cháng fāng tǐ • lǐ ān fàng zhe yí wèi dāng
到，这个小小的、隆起的长方体里安放着一位当
dài zuì wěi dà de rén wù
代最伟大的人物。

Rán'ér qià qià shì zhè zuò bù liú xìng míng de fén mù bǐ suǒ yǒu wā kōng
然而，恰恰是这座不留姓名的坟墓，比所有挖空
xīn si yòng dà lǐ shí hé shē huá zhuāng shì jiàn zào de fén mù gèng kòu rén xīn
心思用大理石和奢华装饰建造的坟墓更扣人心
xián Zài jīn tiān zhè ge tè shū de rì zi • lǐ dào tā de ān xī dì lái de
弦。在今天这个特殊的日子里，//到他的安息地来的
chéng bǎi shàng qiān rén zhōng jiān méi•yǒu yí gè yǒu yǒng qì nǎ pà jǐn jǐn
成百上千人中间，没有一个有勇气，哪怕仅仅

cóng zhè yōu'àn de tǔ qiū•shàng zhāi xià yì duǒ huā liú zuò jì niàn
从这幽暗的土丘上摘下一朵花留作纪念。

19 《中国的牛》节选(小思)

Duì yú Zhōngguó de niú wǒ yǒu zhe yì zhǒng tè bié zūn jìng de gǎn qíng
对于中国的牛,我有着一种特别尊敬的感情。

Liú gěi wǒ yìn xiàng zuì shēn de yào suàn zài tián lǒng•shàng de yí cì xiāng yù
留给我印象最深的,要算在田垄上的一次“相遇”。

Yì qún péng you jiāo yóu wǒ lǐng tóu zài xiá zhǎi de qiān mò•shàng zǒu zěn liào yíng miàn lái le jǐ tóu gēngniú xiá dào róng•bu xià rén hé niú zhōng yǒu yì fāng yào rànglù Tā men hái méi•yǒu zǒu jìn wǒ men yǐ•jīng yù jì dòu•bu•guò chù sheng kǒng pà nán miǎn cǎi dào tián dì ní shuǐ•lǐ nòng de xié wà yòu ní yòu shī le Zhèng chíchú de shíhou dài tóu de yì tóu niú zài lí wǒmen bù yuǎn de dì fang tíng xià•lái tái qǐ tóu kàn kan shāo chí yí yí xià jiù zì dòng zǒu•xià tián qù Yí duì gēng niú quán gēn zhe tā lí kāi qiān mò cóng wǒ men shēn biān jīngguò
一群朋友郊游,我领头在狭窄的阡陌上走,怎料迎面来了几头耕牛,狭道容不下人和牛,终有一方要让路。它们还没有走近,我们已经预计斗不过畜牲,恐怕难免踩到田地泥水里,弄得鞋袜又泥又湿了。正踟蹰的时候,带头的一头牛,在离我们不远的地方停下来,抬起头看看,稍迟疑一下,就自动走下田去。一队耕牛,全跟着它离开阡陌,从我们身边经过。

Wǒ men dōu dāi le huí guo tóu•lái kàn zhe shēn hè sè de niú duì zài lù de jìn tóu xiāo shī hū rán jué•dé zì jǐ shòu le hěn dà ēn huì
我们都呆了,回过头来,看着深褐色的牛队,在路的尽头消失,忽然觉得自己受了很大恩惠。

Zhōngguó de niú yǒng yuǎn chén mò de wèi rén zuò zhe chén zhòng de gōng zuò Zài dà dì•shàng zài chén guāng huò liè rì•xià tā tuō zhe chén zhòng de lí dī tóu yí bù yòu yí bù tuō chū le shēn hòu yí liè yòu yí liè sōng tǔ hǎo ràng rén men xià zhǒng Děng dào mǎn dì jīn huáng huò nóng xián shí
中国的牛,永远沉默地为人做着沉重的工作。在大地上,在晨光或烈日下,它拖着沉重的犁,低头一步又一步,拖出了身后一列又一列松土,好让人们下种。等到满地金黄或农闲时

hou tā kě néng hái děi dān dāng bān yùn fù zhòng de gōng zuò huò zhōng rì
候，它可能还得担当搬运负重的工作；或终日
rào zhe shí mò cháo tóng yī fāng xiàng zǒu bú jì chéng de lù
绕着石磨，朝同一方向，走不计程的路。

Zài tā chén mò de láo dòng zhōng rén biàn dé dào yīng dé de shōu cheng
在它沉默的劳动中，人便得到应得的收成。

Nà shí hou yě xǔ tā kě yǐ sōng yì jiān zhòng dàn zhàn zài shù•xià chī
那时候，也许，它可以松一肩重担，站在树下，吃
jǐ kǒu nèn cǎo Ǒu' ěr yáo yao wěi ba bǎi bai ěr duo gǎn zǒu fēi fù shēn•
几口嫩草。偶尔摇摇尾巴，摆摆耳朵，赶走飞附身
shàng de cāng ying yǐ•jīng suàn shì tā zuì xián shì de shēng huó le
上的苍蝇，已经算是它最闲适的生活了。

Zhōng guó de niú méi•yǒu chéng qún bēn pǎo de xí guàn yǒng yuǎn
中国的牛，没有成群奔跑的习//惯，永远
chén chén shí shí de mò mò de gōng zuò píng xīn jìng qì Zhè jiù shì Zhōng
沉沉实实的，默默地工作，平心静气。这就是中
guó de niú
国的牛！

20　《海洋与生命》节选（童裳亮）

Shēng mìng zài hǎi yáng• lǐ dàn shēng jué bú shì ǒu•rán de hǎi yáng de wù
生命在海洋里诞生绝不是偶然的，海洋的物
lǐ hé huà xué xìng zhì shǐ tā chéng wéi yùn yù yuán shǐ shēng mìng de yáo lán
理和化学性质，使它成为孕育原始生命的摇篮。

Wǒ men zhī•dào shuǐ shì shēng wù de zhòng yào zǔ chéng bù fen xǔ duō
我们知道，水是生物的重要组成部分，许多
dòng wù zǔ zhī de hán shuǐ liàng zài bǎi fēn zhī bā shí yǐ shàng ér yì xiē hǎi
动物组织的含水量在百分之八十以上，而一些海
yáng shēng wù de hán shuǐ liàng gāo dá bǎi fēn zhī jiǔ shí wǔ Shuǐ shì xīn chén
洋生物的含水量高达百分之九十五。水是新陈
dài xiè de zhòng yào méi jiè méi•yǒu tā tǐ nèi de yí xì liè shēng lǐ hé shēng
代谢的重要媒介，没有它，体内的一系列生理和生
wù huà xué fǎn yìng jiù wú fǎ jìn xíng shēng mìng yě jiù tíng zhǐ Yīn cǐ zài
物化学反应就无法进行，生命也就停止。因此，在
duǎn shí qī nèi dòng wù quē shuǐ yào bǐ quē shǎo shí wù gèng jiā wēi xiǎn
短时期内动物缺水要比缺少食物更加危险。
Shuǐ duì jīn tiān de shēng mìng shì rú cǐ zhòng yào tā duì cuì ruò de yuán shǐ
水对今天的生命是如此重要，它对脆弱的原始

shēngmìng gèngshì jǔ zú qīng zhòng le Shēng mìng zài hǎi yáng • lǐ dàn
生命，更是举足轻重了。生命在海洋里诞
shēng jiù bú huì yǒu quē shuǐ zhī yōu
生，就不会有缺水之忧。

Shuǐ shì yì zhǒng liáng hǎo de róng jì Hǎi yáng zhōng hán yǒu xǔ duō
水是一种良好的溶剂。海洋中含有许多
shēngmìng suǒ bì xū de wú jī yán rú lǜ huà nà lǜ huà jiǎ tàn suān yán
生命所必需的无机盐，如氯化钠、氯化钾、碳酸盐、
lín suān yán hái yǒu róng jiě yǎng yuán shǐ shēng mìng kě yǐ háo bú fèi lì de
磷酸盐，还有溶解氧，原始生命可以毫不费力地
cóng zhōng xī qǔ tā suǒ xū yào de yuán sù
从中吸取它所需要的元素。

Shuǐ jù yǒu hěn gāo de rè róng liàng jiā zhī hǎi yáng hào dà rèn píng xià
水具有很高的热容量，加之海洋浩大，任凭夏
jì liè rì pù shài dōng jì hán fēng sǎo dàng tā de wēn dù biàn huà què bǐ
季烈日曝晒，冬季寒风扫荡，它的温度变化却比
jiào xiǎo Yīn cǐ jù dà de hǎi yáng jiù xiàng shì tiān rán de wēn xiāng shì
较小。因此，巨大的海洋就像是天然的“温箱”，是
yùn yù yuán shǐ shēng mìng de wēn chuáng
孕育原始生命的温床。

Yáng guāng suī rán wéi shēng mìng suǒ bì xū dàn shì yáng guāng zhōng
阳光虽然为生命所必需，但是阳光中
de zǐ wài xiàn què yǒu è shā yuán shǐ shēng mìng de wēi xiǎn Shuǐ néng yǒu
的紫外线却有扼杀原始生命的危险。水能有
xiào de xī shōu zǐ wài xiàn yīn' ér yòu wèi yuán shǐ shēng mìng tí gōng le tiān
效地吸收紫外线，因而又为原始生命提供了天
rán de píng zhàng
然的“屏障”。

Zhè yí qiè dōu shì yuán shǐ shēng mìng dé yǐ chǎn shēng hé fā zhǎn de bì
这一切都是原始生命得以产生和发展的必
yào tiáo jiàn
要条件。//

21 《坚守你的高贵》节选（游宇明）

Sān bǎi duō nián qián jiàn zhù shè jì shī Lái yī 'ēn shòu mìng shè jì le
三百多年前，建筑设计师莱伊恩受命设计了
Yīng guó Wēn zé shì zhèng fǔ dà tīng Tā yùn yòng gōng chéng lì xué de zhī
英国温泽市政府大厅。他运用工程力学的知

shi yī jù zì jǐ duō nián de shí jiàn qiǎo miào de shè jì le zhǐ yòng yì gēn zhù
识,依据自己多年的实践,巧妙地设计了只用一根柱
zi zhī chēng de dà tīng tiān huā bǎn Yì nián yǐ hòu shì zhèng fǔ quán wēi
子支撑的大厅天花板。一年以后,市政府权威
rén shì jìn xíng gōng chéng yàn shōu shí què shuō zhǐ yòng yì gēn zhù zi zhī
人士进行工程验收时,却说只用一根柱子支
chēng tiān huā bǎn tài wēi xiǎn yāo qiú Lái yī'ēn zài duō jiā jǐ gēn zhù zi
撑天花板太危险,要求莱伊恩再多加几根柱子。

Lái yī'ēn zì xìn zhǐ yào yì gēn jiān gù de zhù zi zú yǐ bǎo zhèng dà tīng ān
莱伊恩自信只要一根坚固的柱子足以保证大厅安
quán tā de gù•zhí rě nǎo le shì zhèng guān yuán xiǎn xiē bèi sòng•shàng
全,他的"固执"惹恼了市政官员,险些被送上
fǎ tíng Tā fēi cháng kǔ nǎo jiān chí zì jǐ yuán xiān de zhǔ zhāng ba shì
法庭。他非常苦恼,坚持自己原先的主张吧,市
zhèng guān yuán kěn dìng huì lìng zhǎo rén xiū gǎi shè jì bù jiān chí ba yòu yǒu
政官员肯定会另找人修改设计;不坚持吧,又有
bèi zì jǐ wéi rén de zhǔn zé Máo dùn le hěn cháng yí duàn shí jiān Lái yī'
悖自己为人的准则。矛盾了很长一段时间,莱伊
ēn zhōng yú xiǎng chū le yì tiáo miào jì tā zài dà tīng• lǐ zēng jiā le sì gēn
恩终于想出了一条妙计,他在大厅里增加了四根
zhù zi bú guò zhè xiē zhù zi bìng wèi yǔ tiān huā bǎn jiē chù zhǐ•bú guò shì
柱子,不过这些柱子并未与天花板接触,只不过是
zhuāng zhuang yàng zi
装装样子。

Sān bǎi duō nián guò•qù le zhè ge mì mì shǐ zhōng méi•yǒu bèi rén fā
三百多年过去了,这个秘密始终没有被人发
xiàn Zhí dào qián liǎng nián shì zhèng fǔ zhǔn bèi xiū shàn dà tīng de tiān huā
现。直到前两年,市政府准备修缮大厅的天花
bǎn cái fā xiàn Lái yī'ēn dāng nián de nòng xū zuò jiǎ Xiāo xi chuán chū
板,才发现莱伊恩当年的"弄虚作假"。消息传出
hòu shì jiè gè guó de jiàn zhù zhuān jiā hé yóu kè yún jí dāng dì zhèng fǔ duì
后,世界各国的建筑专家和游客云集,当地政府对
cǐ yě bù jiā yǎn shì zài xīn shì jì dào lái zhī jì tè yì jiāng dà tīng zuò wéi yí
此也不加掩饰,在新世纪到来之际,特意将大厅作为一
gè lǚ yóu jǐng diǎn duì wài kāi fàng zhǐ zài yǐn dǎo rén men chóng shàng hé xiāng
个旅游景点对外开放,旨在引导人们崇尚和相
xìn kē xué
信科学。

Zuò wéi yì míng jiàn zhù shī Lái yī 'ēn bìng bú shì zuì chū sè de Dàn zuò
作为一名建筑师，莱伊恩并不是最出色的。但作
wéi yí gè rén tā wú yí fēi cháng wěi dà zhè zhǒng wěi dà biǎo xiàn zài tā
为一个人，他无疑非常伟大，这种//伟大表现在他
shǐ zhōng kè shǒu zhe zì jǐ de yuán zé gěi gāo guì de xīn líng yí gè měi lì de
始终恪守着自己的原则，给高贵的心灵一个美丽的
zhù suǒ nǎ pà shì zāo yù dào zuì dà de zǔ lì yě yào xiǎng bàn fǎ dǐ dá
住所，哪怕是遭遇到最大的阻力，也要想办法抵达
shèng lì
胜利。

22 《可爱的小鸟》节选（王文杰）

Méi•yǒu yí piàn lǜ yè méi•yǒu yì lǚ chuī yān méi•yǒu yí lì ní tǔ
没有一片绿叶，没有一缕炊烟，没有一粒泥土，
méi•yǒu yì sī huā xiāng zhǐ yǒu shuǐ de shì jiè yún de hǎi yáng
没有一丝花香，只有水的世界，云的海洋。

Yí zhèn tái fēng xí guò yì zhī gū dān de xiǎo niǎo wú jiā kě guī luò dào
一阵台风袭过，一只孤单的小鸟无家可归，落到
bèi juǎn dào yáng• lǐ de mù bǎn•shàng chéng liú ér xià shān shān ér lái jìn
被卷到洋里的木板上，乘流而下，姗姗而来，近
le jìn le
了，近了！……

Hū rán xiǎo niǎo zhāng kāi chì bǎng zài rén men tóu dǐng pán xuán le jǐ
忽然，小鸟张开翅膀，在人们头顶盘旋了几
quānr pū lā yì shēng luò dào le chuán•shàng Xǔ shì lèi le Hái shì
圈儿，“噗啦”一声落到了船上。许是累了？还是
fā xiàn le xīn dà lù Shuǐ shǒu niǎn tā tā bù zǒu zhuā tā tā guāi guāi
发现了“新大陆”？水手撵它它不走，抓它，它乖乖
de luò zài zhǎng xīn kě' ài de xiǎo niǎo hé shàn liáng de shuǐ shǒu jié chéng le
地落在掌心。可爱的小鸟和善良的水手结成了
péng you
朋友。

Qiáo tā duō měi lì jiāo qiǎo de xiǎo zuǐ zhuó lǐ zhe lǜ sè de yǔ máo
瞧，它多美丽，娇巧的小嘴，啄理着绿色的羽毛，
yā zi yàng de biǎn jiǎo chéng xiàn chū chūn cǎo de é huáng Shuǐ shǒu men
鸭子样的扁脚，呈现出春草的鹅黄。水手们
bǎ tā dài dào cāng• lǐ gěi tā dā pù ràng tā zài chuán•shàng ān jiā luò
把它带到舱里，给它“搭铺”，让它在船上安家落

hù měitiān bǎ fēn dào de yí sù liào tǒng dàn shuǐ yún gěi tā hē bǎ cóng zǔ
户，每天，把分到的一塑料筒淡水匀给它喝，把从祖
guó dài•lái de xiān měi de yú ròu fēn gěi tā chī tiān cháng rì jiǔ xiǎo niǎo hé
国带来的鲜美的鱼肉分给它吃，天长日久，小鸟和
shuǐ shǒu de gǎn qíng rì qū dǔ hòu Qīng chén dāng dì yí shù yáng guāng
水手的感情日趋笃厚。清晨，当第一束阳光
shè jìn xián chuāng shí tā biàn chǎng kāi měi lì de gē hóu chàng a chàng
射进舷窗时，它便敞开美丽的歌喉，唱啊①唱，
yīng yīng yǒu yùn wǎn rú chūn shuǐ cóng cóng Rén lèi gěi tā yǐ shēng mìng
嘤嘤有韵，宛如春水淙淙。人类给它以生命，
tā háo bù qiān lìn de bǎ zì jǐ de yì shù qīng chūn fèng xiàn gěi le bǔ yù tā de
它毫不悭吝地把自己的艺术青春奉献给了哺育它的
rén Kě néng dōu shì zhè yàng Yì shù jiā men de qīng chūn zhǐ huì xiàn gěi
人。可能都是这样？艺术家们的青春只会献给
zūn jìng tā men de rén
尊敬他们的人。

Xiǎo niǎo gěi yuǎn háng shēng huó méng•shàng le yì céng làng màn sè
小鸟给远航生活蒙上了一层浪漫色
diào Fǎn háng shí rén men ài bú shì shǒu liàn liàn bù shě de xiǎng bǎ tā dài
调。返航时，人们爱不释手，恋恋不舍地想把它带
dào yì xiāng Kě xiǎo niǎo qiáo cuì le gěi shuǐ bù hē Wèi ròu bù chī
到异乡。可小鸟憔悴了，给水，不喝！喂肉，不吃！
Yóu liàng de yǔ máo shī qù le guāng zé Shì a wǒ men yǒu zì jǐ de zǔ
油亮的羽毛失去了光泽。是啊②，我//们有自己的祖
guó xiǎo niǎo yě yǒu tā de guī sù rén hé dòng wù dōu shì yí yàng a nǎr
国，小鸟也有它的归宿，人和动物都是一样啊③，哪儿
yě bù rú gù xiāng hǎo
也不如故乡好！

23　《我的信念》节选（[波兰]玛丽居里，剑捷译）

Shēng huó duì yú rèn hé rén dōu fēi yì shì wǒ men bì xū yǒu jiān rèn bù bá
生活对于任何人都非易事，我们必须有坚韧不拔

① 这里的“啊”读作“nga”。
② 这里的“啊”读作“ra”。
③ 这里的“啊”读作“nga”。

de jīng shén　Zuì yào jǐn de　hái shì wǒ men zì　jǐ　yào yǒu xìn xīn　Wǒ men
的精神。最要紧的，还是我们自己要有信心。我们
bì xū xiāng xìn　wǒ men duì měi　yí jiàn shì qing dōu jù yǒu tiān fù de cái néng
必须相信，我们对每一件事情都具有天赋的才能，
bìng qiě　wú lùn fù chū rèn hé dài jià　dōu yào bǎ zhè jiàn shì wán chéng
并且，无论付出任何代价，都要把这件事完成。
Dāng shì qing jié shù de shí hou　nǐ yào néng wèn xīn wú kuì de shuō　Wǒ yǐ •
当事情结束的时候，你要能问心无愧地说："我已
jīng jìn wǒ suǒ néng le
经尽我所能了。"

Yǒu yì nián de chūn tiān　wǒ yīn bìng bèi pò zài jiā • lǐ　xiū　xi　shù zhōu
有一年的春天，我因病被迫在家里休息数周。
Wǒ zhù shì zhe wǒ de nǚ' ér men suǒ yǎng de cán zhèng zài jié jiǎn　zhè shǐ wǒ
我注视着我的女儿们所养的蚕正在结茧，这使我
hěn gǎn xìng qù　Wàng zhe zhè xiē cán zhí zhuó de　qín fèn de gōng zuò　wǒ
很感兴趣。望着这些蚕执著地、勤奋地工作，我
gǎn dào wǒ hé tā men fēi cháng xiāng sì　Xiàng tā men yí yàng　wǒ zǒng shì
感到我和它们非常相似。像它们一样，我总是
nài xīn de bǎ zì　jǐ　de nǔ　lì　jí zhōng zài yí gè mù biāo • shàng　Wǒ zhī suǒ　yǐ
耐心地把自己的努力集中在一个目标上。我之所以
rú　cǐ　huò xǔ shì yīn • wèi yǒu mǒu zhǒng　lì • liàng zài biān cè zhe wǒ　zhèng
如此，或许是因为有某种力量在鞭策着我——正
rú cán bèi biān cè zhe qù jié jiǎn　yì bān
如蚕被鞭策着去结茧一般。

Jìn wǔ shí nián lái　wǒ zhì　lì　yú kē xué yán jiū　ér yán jiū　jiù shì duì zhēn
近五十年来，我致力于科学研究，而研究，就是对真
lǐ　de tàn tǎo　Wǒ yǒu xǔ duō měi hǎo kuài lè　de　jì　yì　Shào nǚ shí qī wǒ
理的探讨。我有许多美好快乐的记忆。少女时期我
zài Bā　lí　Dà xué　gū dú de guò zhe qiú xué de suì yuè　zài hòu lái xiàn shēn kē
在巴黎大学，孤独地过着求学的岁月；在后来献身科
xué de zhěng gè shí　qī　wǒ zhàng　fu　hé wǒ zhuān xīn zhì zhì　xiàng zài mèng
学的整个时期，我丈夫和我专心致志，像在梦
huàn zhōng　yì bān　zuò zài jiǎn lòu de shū fáng •　lǐ　jiān xīn de yán jiū　hòu lái
幻中一般，坐在简陋的书房里艰辛地研究，后来
wǒ men jiù zài nà •　lǐ　fā xiàn　le　léi
我们就在那里发现了镭。

Wǒ yǒng yuǎn zhuī qiú ān jìng de gōng zuò hé jiǎn dān de jiā tíng shēng huó
我永远追求安静的工作和简单的家庭生活。

Wèi le shí xiàn zhè ge lǐ xiǎng wǒ jié lì bǎo chí níng jìng de huán jìng yǐ
为了实现这个理想，我竭力保持宁静的环境，以
miǎn shòu rén shì de gān rǎo hé shèng míng de tuō lěi
免受人事的干扰和盛名的拖累。

Wǒ shēn xìn zài kē xué fāng miàn wǒ men yǒu duì shì yè ér bú shì duì cái
我深信，在科学方面我们有对事业而不//是对财
fù de xìng qù
富的兴趣。

24 《一分钟》节选（纪广洋）

Zhù míng jiào yù jiā Bān jié míng céng jīng jiē dào yí gè qīng nián rén de qiú
著名教育家班杰明曾经接到一个青年人的求
jiù diàn huà bìng yǔ nà ge xiàng wǎng chéng gōng kě wàng zhǐ diǎn de qīng
救电话，并与那个向往成功、渴望指点的青
nián rén yuē hǎo le jiàn miàn de shí jiān hé dì diǎn
年人约好了见面的时间和地点。

Dài nà ge qīng nián rú yuē' ér zhì shí Bān jié míng de fáng mén chǎng kāi
待那个青年如约而至时，班杰明的房门敞开
zhe yǎn qián de jǐng xiàng què lìng qīng nián rén pō gǎn yì wài Bān jié míng
着，眼前的景象却令青年人颇感意外——班杰明
de fáng jiān• lǐ luàn qī bā zāo láng jí yí piàn
的房间里乱七八糟、狼藉一片。

Méi děng qīng nián rén kāi kǒu Bān jié míng jiù zhāo hu dào Nǐ kàn wǒ
没等青年人开口，班杰明就招呼道："你看我
zhè fáng jiān tài bù zhěng jié le qǐng nǐ zài mén wài děng hòu yì fēn zhōng
这房间，太不整洁了，请你在门外等候一分钟，
wǒ shōu shi yí xià nǐ zài jìn •lái ba Yì biān shuō zhe Bān jié míng jiù qīng
我收拾一下，你再进来吧。"一边说着，班杰明就轻
qīng de guān •shàng le fáng mén
轻地关上了房门。

Bú dào yì fēn zhōng de shí jiān Bān jié míng jiù yòu dǎ kāi le fáng mén
不到一分钟的时间，班杰明就又打开了房门
bìng rè qíng de bǎ qīng nián rén ràng jìn kè tīng Zhè shí qīng nián rén de yǎn
并热情地把青年人让进客厅。这时，青年人的眼
qián zhǎn xiàn chū lìng yì fān jǐng xiàng fáng jiān nèi de yí qiè yǐ biàn •dé jǐng
前展现出另一番景象——房间内的一切已变得井
rán yǒu xù ér qiě yǒu liǎng bēi gāng gāng dào hǎo de hóng jiǔ zài dàn dàn de
然有序，而且有两杯刚刚倒好的红酒，在淡淡的

xiāngshuǐ qì xī • lǐ háiyàngzhe wēibō
香水气息里还漾着微波。

Kěshì méiděng qīng nián rén bǎ mǎn fù de yǒu guān rén shēng hé shì yè
可是,没等青年人把满腹的有关人生和事业
de yí nán wèn tí xiàng Bān jié míng jiǎng chū • lái Bān jié míng jiù fēi cháng kè
的疑难问题向班杰明讲出来,班杰明就非常客
qi de shuō dào Gān bēi Nǐ kě yǐ zǒu le
气地说道:"干杯。你可以走了。"

Qīng nián rén shǒu chí jiǔ bēi yí xià zi lèng zhù le jì gān gà yòu fēi cháng
青年人手持酒杯一下子愣住了,既尴尬又非常
yí hàn de shuō Kěshì wǒ wǒ hái méi xiàng nín qǐng jiào ne
遗憾地说:"可是,我……我还没向您请教呢……"

Zhè xiē nán dào hái bú gòu ma Bān jié míng yì biān wēi xiào zhe
"这些……难道还不够吗?"班杰明一边微笑着,
yì biān sǎo shì zhe zì jǐ de fáng jiān qīng yán xì yǔ de shuō Nǐ jìn • lái yòu
一边扫视着自己的房间,轻言细语地说:"你进来又
yǒu yì fēn zhōng le
有一分钟了。"

Yì fēn zhōng yì fēn zhōng Qīng nián rén ruò yǒu suǒ sī de
"一分钟……一分钟……"青年人若有所思地
shuō Wǒ dǒng le nín ràng wǒ míng bai le yì fēn zhōng de shí jiān kě yǐ zuò
说,"我懂了,您让我明白了一分钟的时间可以做
xǔ duō shì qing kě yǐ gǎi biàn xǔ duō shì qing de shēn kè dào • lǐ
许//多事情,可以改变许多事情的深刻道理。"

25 《麻雀》节选(屠格涅夫)

Wǒ dǎ liè guī lái yán zhe huā yuán de lín yīn lù zǒu zhe Gǒu pǎo zài wǒ
我打猎归来,沿着花园的林阴路走着。狗跑在我
qián • biān
前边。

Tū rán gǒu fàng màn jiǎo bù niè zú qián xíng hǎo xiàng xiù dào le qián •
突然,狗放慢脚步,蹑足潜行,好像嗅到了前
biān yǒu shén me yě wù
边有什么野物。

Wǒ shùn zhe lín yīn lù wàng • qù kàn • jiàn le yì zhī zuǐ biān hái dài huáng
我顺着林阴路望去,看见了一只嘴边还带黄
sè tóu • shàng shēng zhe róu máo de xiǎo má què Fēng měng liè de chuī dǎ
色、头上生着柔毛的小麻雀。风猛烈地吹打

zhe lín yīn lù •shàng de bái huà shù　má què cóng cháo • lǐ　diē luò xià • lái　dāi
着林阴路上的白桦树，麻雀从巢里跌落下来，呆
dāi de fú zài dì •shàng　gū lì wú yuán de zhāng kāi liǎng zhǐ yǔ máo hái wèi
呆地伏在地上，孤立无援地张开两只羽毛还未
fēng mǎn de xiǎo chì bǎng
丰满的小翅膀。

Wǒ de gǒu màn màn xiàng tā kào jìn　Hū rán　cóng fù jìn yì kē shù •
我的狗慢慢向它靠近。忽然，从附近一棵树
shàng fēi •xià yì zhī hēi xiōng pú de lǎo má què　xiàng yì kē shí zǐ shì de luò dào
上飞下一只黑胸脯的老麻雀，像一颗石子似的落到
gǒu de gēn •qián　Lǎo má què quán shēn dào shù zhe yǔ máo　jīng kǒng wàn
狗的跟前。老麻雀全身倒竖着羽毛，惊恐万
zhuàng　fā chū jué wàng　qī cǎn de jiào shēng　jiē zhe xiàng lòu chū yá chǐ
状，发出绝望、凄惨的叫声，接着向露出牙齿、
dà zhāng zhe de gǒu zuǐ pū •qù
大张着的狗嘴扑去。

Lǎo má què shì měng pū xià •lái jiù hù yòu què de　Tā yòng shēn tǐ yǎn hù
老麻雀是猛扑下来救护幼雀的。它用身体掩护
zhe zì jǐ de yòu' ér　Dàn tā zhěng gè xiǎo xiǎo de shēn tǐ yīn kǒng bù ér
着自己的幼儿……但它整个小小的身体因恐怖而
zhàn lì zhe　tā xiǎo xiǎo de shēng yīn yě biàn de cū bào sī yǎ　tā zài xī shēng
战栗着，它小小的声音也变得粗暴嘶哑，它在牺牲
zì jǐ
自己！

Zài tā kàn lái　gǒu gāi shì duō me páng dà de guài wu a　Rán ér　tā hái
在它看来，狗该是多么庞大的怪物啊[1]然而，它还
shì bù néng zhàn zài zì jǐ gāo gāo de　ān quán de shù zhī •shàng　Yì zhǒng
是不能站在自己高高的、安全的树枝上……一种
bǐ tā de lǐ zhì gèng qiáng liè de lì •liàng　shǐ tā cóng nàr pū •xià shēn •lái
比它的理智更强烈的力量，使它从那儿扑下身来。

Wǒ de gǒu zhàn zhù le　xiàng hòu tuì le tuì　kàn lái　tā yě gǎn dào le
我的狗站住了，向后退了退……看来，它也感到了
zhè zhǒng lì •liàng
这种力量。

Wǒ gǎn jǐn huàn zhù jīng huāng shī cuò de gǒu　rán hòu wǒ huái zhe chóng
我赶紧唤住惊慌失措的狗，然后我怀着崇

---

① 这里的“啊”读作“wa”。

jìng de xīn qíng zǒu kāi le
敬的心情，走开了。

Shì a qǐng bú yào jiàn xiào Wǒ chóng jìng nà zhī xiǎo xiǎo de yīng
是啊①，请不要见笑。我崇敬那只小小的、英

yǒng de niǎo'ér wǒ chóng jìng tā nà zhǒng ài de chōng dòng hé lì •liàng
勇的鸟儿，我崇敬它那种爱的冲动和力量。

Ài wǒ xiǎng bǐ sǐ hé sǐ de kǒng jù gèng qiáng dà Zhǐ yǒu yī kào
爱，我//想，比死和死的恐惧更强大。只有依靠

tā yī kào zhè zhǒng ài shēng mìng cái néng wéi chí xià•qù fā zhǎn xià•qù
它，依靠这种爱，生命才能维持下去，发展下去。

26 《课不能停》节选（刘墉）

Niǔ yuē de dōng tiān cháng yǒu dà fēng xuě pū miàn de xuě huā bú dàn lìng
纽约的冬天常有大风雪，扑面的雪花不但令

rén nán yǐ zhēng kāi yǎn jing shèn zhì hū xī dōu huì xī rù bīng lěng de xuě huā
人难以睁开眼睛，甚至呼吸都会吸入冰冷的雪花。

Yǒu shí qián yì tiān wǎn shang hái shì yí piàn qíng lǎng dì èr tiān lā kāi chuāng
有时前一天晚上还是一片晴朗，第二天拉开窗

lián què yǐ •jīng jī xuě yíng chǐ lián mén dōu tuī•bù kāi le
帘，却已经积雪盈尺，连门都推不开了。

Yù dào zhè yàng de qíng kuàng gōng sī shāng diàn cháng huì tíng zhǐ
遇到这样的情况，公司、商店常会停止

shàng bān xué xiào yě tōng guò guǎng bō xuān bù tíng kè Dàn lìng rén bù
上班，学校也通过广播，宣布停课。但令人不

jiě de shì wéi yǒu gōng lì xiǎo xué réng rán kāi fàng Zhǐ jiàn huáng sè de
解的是，惟有公立小学，仍然开放。只见黄色的

xiào chē jiān nán de zài lù biān jiē hái zi lǎo shī zé yí dà zǎo jiù kǒu zhōng pēn
校车，艰难的在路边接孩子，老师则一大早就口中喷

zhe rè qì chǎn qù chē zi qián hòu de jī xuě xiǎo xīn yì yì de kāi chē qù
着热气，铲去车子前后的积雪，小心翼翼的开车去

xué xiào
学校。

Jù tǒng jì shí nián lái Niǔ yuē de gōng lì xiǎo xué zhǐ yīn •wèi chāo jí bào
据统计，十年来纽约的公立小学只因为超级暴

① 这里的“啊”读作“ra”。

fēng xuě tíng guo qī cì kè　Zhè shì duō me lìng rén jīng yà de shì　Fàn de zháo
风雪停过七次课。这是多么令人惊讶的事。犯得着
zài dà·rén dōu wú xū shàng bān de shí hou ràng hái zi qù xué xiào ma　Xiǎo
在大人都无须上班的时候让孩子去学校吗？小
xué de lǎo shī yě tài dǎo méi le ba
学的老师也太倒霉了吧？

Yú shì　měi féng dà xuě ér xiǎo xué bù tíng kè shí　dōu yǒu jiā zhǎng dǎ
于是，每逢大雪而小学不停课时，都有家长打
diàn huà qù mà　Miào de shì　měi gè dǎ diàn huà de rén　fǎn yìng quán yí
电话去骂。妙的是，每个打电话的人，反应全一
yàng　xiān shì nù qì chōng chōng de zé wèn　rán hòu mǎn kǒu dào qiàn　zuì
样——先是怒气冲冲地责问，然后满口道歉，最
hòu xiào róng mǎn miàn de guà·shàng diàn huà　Yuán yīn shì　xué xiào gào su
后笑容满面地挂上电话。原因是，学校告诉
jiā zhǎng
家长：

Zài Niǔ yuē yǒu xǔ duō bǎi wàn fù wēng　dàn yě yǒu bù shǎo pín kùn de jiā
在纽约有许多百万富翁，但也有不少贫困的家
tíng　Hòu zhě bái·tiān kāi·bù qǐ nuǎn qì　gōng·bù qǐ wǔ cān　hái zi de yíng
庭。后者白天开不起暖气，供不起午餐，孩子的营
yǎng quán kào xué xiào·lǐ miǎn fèi de zhōng fàn　shèn zhì kě yǐ duō ná xiē huí
养全靠学校里免费的中饭，甚至可以多拿些回
jiā dàng wǎn cān　Xué xiào tíng kè yì tiān　qióng hái zi jiù shòu yì tiān dòng
家当晚餐。学校停课一天，穷孩子就受一天冻，
ái yì tiān è　suǒ yǐ lǎo shī men nìng yuàn zì jǐ kǔ yì diǎn r　yě bù néng
挨一天饿，所以老师们宁愿自己苦一点儿，也不能
tíng kè
停//课。

27　《风筝畅想曲》节选（李恒瑞）

Jià rì dào hé tān·shàng zhuàn zhuan　kàn·jiàn xǔ duō hái zi zài fàng fēng
假日到河滩上转转，看见许多孩子在放风
zheng　Yì gēn gēn cháng cháng de yǐn xiàn　yì tóur jì zài tiān·shàng　yì tóur
筝。一根根长长的引线，一头系在天上，一头
jì zài dì·shàng　hái zi tóng fēng zheng dōu zài tiān yǔ dì zhī jiān yōu dàng　lián
系在地上，孩子同风筝都在天与地之间悠荡，连
xīn yě bèi yōu dàng de huǎng huǎng hū hū le
心也被悠荡得恍恍惚惚了，

hǎo xiàng yòu huí dào le tóng nián
好像又回到了童年。

Ér shí fàng de fēng zheng dà duō shì zì jǐ de zhǎng bèi huò jiā rén biān
儿时放的风筝，大多是自己的长辈或家人编
zā de jǐ gēn xiāo de hěn báo de miè yòng xì shā xiàn zā chéng gè zhǒng niǎo
扎的，几根削得很薄的篾，用细纱线扎成各种鸟
shòu de zào xíng hú • shàng xuě bái de zhǐ piàn zài yòng cǎi bǐ gōu lè chū
兽的造型，糊上雪白的纸片，再用彩笔勾勒出
miàn kǒng yǔ chì bǎng de tú 'àn Tōng cháng zā de zuì duō de shì lǎo diāo
面孔与翅膀的图案。通常扎得最多的是“老雕”
měi rénr huā hú dié děng
“美人儿”、“花蝴蝶”等。

Wǒ men jiā qián yuàn jiù yǒu wèi shū shu shàn zā fēng zheng yuǎn jìn
我们家前院就有位叔叔，擅扎风筝，远近
wén míng Tā zā de fēng zheng bù zhǐ tǐ xíng hǎo kàn sè cǎi yàn lì fàng fēi
闻名。他扎得风筝不只体型好看，色彩艳丽，放飞
de gāo yuǎn hái zài fēng zheng • shàng bēng yí yè yòng pú wěi xiāo chéng de
得高远，还在风筝上绷一叶用蒲苇削成的
mó piàn jīng fēng yì chuī fā chū wēng wēng de shēng xiǎng fǎng fú shì
膜片，经风一吹，发出“嗡嗡”的声响，仿佛是
fēng zheng de gē chàng zài lán tiān • xià bō yáng gěi kāi kuò de tiān dì zēng
风筝的歌唱，在蓝天下播扬，给开阔的天地增
tiān le wú jìn de yùn wèi gěi chí dàng de tóng xīn dài lái jǐ fēn fēng kuáng
添了无尽的韵味，给驰荡的童心带来几分疯狂。

Wǒ men nà tiáo hú tòngr de zuǒ lín yòu shè de hái zi men fàng de fēng
我们那条胡同的左邻右舍的孩子们放的风
zheng jī hū dōu shì shū shu biān zā de Tā de fēng zheng bú mài qián shéi
筝几乎都是叔叔编扎的。他的风筝不卖钱，谁
shàng mén qù yào jiù gěi shéi tā lè yì zì jǐ tiē qián mǎi cái liào
上门去要，就给谁他乐意自己贴钱买材料。

Hòu lái zhè wèi shū shu qù le hǎi wài fàng fēng zheng yě jiàn yǔ hái zi
后来，这位叔叔去了海外，放风筝也渐与孩子
men yuǎn lí le Bú guò nián nián shū shu gěi jiā xiāng xiě xìn zǒng bú wàng
们远离了。不过年年叔叔给家乡写信，总不忘
tí qǐ ér shí de fàng fēng zheng Xiāng gǎng huí guī zhī hòu tā zài jiā xìn
提起儿时的放风筝。香港回归之后，他在家信
zhōng shuō dào tā zhè zhī bèi gù xiāng fàng fēi dào hǎi wài de fēng zheng jǐn
中说到，他这只被故乡放飞到海外的风筝，尽

guǎn piāo dàng yóu yì jīng mù fēng yǔ kě nà xiàn tóu r yì zhí zài gù xiāng
管飘荡游弋，经沐风雨，可那线头儿一直在故乡
hé qīn rén shǒu zhōng qiān zhe rú jīn piāo de tài lèi le yě gāi yào huí guī dào
和//亲人手中牵着，如今飘得太累了，也该要回归到
jiā xiāng hé qīn rén shēn biān lái le
家乡和亲人身边来了。

28 《迷途笛音》节选（康若水译）

Nà nián wǒ liù suì Lí wǒ jiā jǐn yí jiàn zhī yáo de xiǎo shān pō páng yǒu
那年我六岁。离我家仅一箭之遥的小山坡旁，有
yí gè zǎo yǐ bèi fèi qì de cǎi shí chǎng shuāng qīn cóng lái bù zhǔn wǒ qù nà
一个早已被废弃的采石场，双亲从来不准我去那
r qí shí nà r fēng jǐng shí fēn mí rén
儿，其实那儿风景十分迷人。

Yí gè xià jì de xià wǔ wǒ suí zhe yì qún xiǎo huǒ bànr tōu tōu shàng
一个夏季的下午，我随着一群小伙伴偷偷上那
nàr qù le Jiù zài wǒ men chuān yuè le yì tiáo gū jì de xiǎo lù hòu tā men
儿去了。就在我们穿越了一条孤寂的小路后，他们
què bǎ wǒ yí gè rén liú zài yuán dì rán hòu bēn xiàng gèng wēi xiǎn de dì
却把我一个人留在原地，然后奔向“更危险的地
dài le
带”了。

Děng tā men zǒu hòu wǒ jīng huāng shī cuò de fā xiàn zài yě zhǎo • bú
等他们走后，我惊慌失措地发现，再也找不
dào yào huí jiā de nà tiáo gū jì de xiǎo dào le Xiàng zhī wú tóu de cāng ying
到要回家的那条孤寂的小道了。像只无头的苍蝇，
wǒ dào chù luàn zuān yī kù • shàng guà mǎn le máng cì Tài • yáng yǐ • jīng
我到处乱钻，衣裤上挂满了芒刺。太阳已经
luò shān ér cǐ shí cǐ kè jiā • lǐ yí dìng kāi shǐ chī wǎn cān le shuāng qīn
落山，而此时此刻，家里一定开始吃晚餐了，双亲
zhèng pàn zhe wǒ huí jiā Xiǎng zhe xiǎng zhe wǒ bù yóu de bèi kào zhe yì
正盼着我回家……想着想着，我不由得背靠着一
kē shù shāng xīn de wū wū dà kū qǐ • lái
棵树，伤心地呜呜大哭起来……

Tū rán bù yuǎn chù chuán • lái le shēng shēng liǔ dí Wǒ xiàng zhǎo dào
突然，不远处传来了声声柳笛。我像找到
le jiù xīng jí máng xún shēng zǒu qù Yì tiáo xiǎo dào biān de shù zhuāng •
了救星，急忙循声走去。一条小道边的树桩

shàng zuò zhe yí wèi chuī dí rén shǒu• lǐ hái zhèng xiāo zhe shén me Zǒu jìn
上坐着一位吹笛人，手里还正削着什么。走近
xì kàn tā bú jiù shì bèi dà jiā chēng wéi xiāng ba lǎor de kǎ tíng ma
细看，他不就是被大家称为“乡巴佬儿”的卡廷吗？

Nǐ hǎo xiǎo jiā huor Kǎ tíng shuō Kàn tiān qì duō měi nǐ shì chū lái
“你好，”小家伙儿卡廷说“看天气多美，你是出来
sàn bù de ba
散步的吧？”

Wǒ qiè shēng shēng de diǎn diǎn tóu dá dào Wǒ yào huí jiā le
我怯生生地点点头，答道“我要回家了。”

Qǐng nài xīn děng • shàng jǐ fēn zhōng Kǎ tíng shuō Qiáo wǒ
“请耐心等上几分钟，”卡廷说，“瞧，我
zhèng zài xiāo yì zhī liǔ dí chà • bù duō jiù yào zuò hǎo le wán gōng hòu jiù
正在削一支柳笛，差不多就要做好了，完工后就
sòng gěi nǐ ba
送给你吧！”

Kǎ tíng biān xiāo biān bù shí bǎ shàng wèi chéng xíng de liǔ dí fàng zài zuǐ•
卡廷边削边不时把尚未成形的柳笛放在嘴
lǐ shì chuī yí xià Méi guò duō jiǔ yì zhī liǔ dí biàn dì dào wǒ shǒu zhōng
里试吹一下。没过多久，一支柳笛便递到我手中。
Wǒ liǎ zài yí zhèn zhèn qīng cuì yuè ěr de dí yīn zhōng tà •shàng le guī tú
我俩在一阵阵清脆悦耳的笛音//中，踏上了归途……

29 《和时间赛跑》节选（[台湾]林清玄）

Dú xiǎo xué de shí hou wǒ de wài zǔ mǔ qù shì le Wài zǔ mǔ shēng qián
读小学的时候，我的外祖母去世了。外祖母生前
zuì téng' ài wǒ wǒ wú fǎ pái chú zì jǐ de yōu shāng měi tiān zài xué xiào de
最疼爱我，我无法排除自己的忧伤，每天在学校的
cāo chǎng•shàng yì quān r yòu yì quān r de pǎo zhe pǎo de lèi dǎo zài dì •
操场上一圈儿又一圈儿地跑着，跑得累倒在地
shàng pū zài cǎo píng•shàng tòng kū
上，扑在草坪上痛哭。

Nà āi tòng de rì zi duàn duàn xù xù de chí xù le hěn jiǔ bà ba mā ma
那哀痛的日子，断断续续地持续了很久，爸爸妈妈
yě bù zhī•dào rú hé ān wèi wǒ Tā men zhī•dào yǔ qí piàn wǒ shuō wài zǔ mǔ
也不知道如何安慰我。他们知道与其骗我说外祖母
shuì zháo le hái bù rú duì wǒ shuō shí huà Wài zǔ mǔ yǒng yuǎn bú huì huí•
睡着了，还不如对我说实话：外祖母永远不会回

lái le
来了。

Shén me shì yǒng yuǎn bú huì huí•lái ne　Wǒ wèn zhe
“什么是永远不会回来呢？”我问着。

Suǒ yǒu shí jiān•lǐ de shì wù dōu yǒng yuǎn bú huì huí•lái　Nǐ de zuó
“所有时间里的事物，都永远不会回来。你的昨

tiān guò•qù tā jiù yǒng yuǎn biàn chéng zuó tiān nǐ bù néng zài huí dào zuó
天过去，它就永远变成昨天，你不能再回到昨

tiān　Bà ba yǐ qián yě hé nǐ yí yàng xiǎo xiàn zài yě bù néng huí dào nǐ zhè
天。爸爸以前也和你一样小，现在也不能回到你这

me xiǎo de tóng nián le yǒu yì tiān nǐ huì zhǎng dà nǐ huì xiàng wài zǔ mǔ yí
么小的童年了；有一天你会长大，你会像外祖母一

yàng lǎo yǒu yì tiān nǐ dù guò le nǐ de shí jiān jiù yǒng yuǎn bú huì huí•lái
样老；有一天你度过了你的时间，就永远不会回来

le　Bà ba shuō
了。”爸爸说。

Bà ba děng yú gěi wǒ yí gè mí yǔ zhè mí yǔ bǐ kè běn•shàng de Rì lì
爸爸等于给我一个谜语，这谜语比课本上的“日历

guà zài qiáng bì yì tiān sī•qù yí yè shǐ wǒ xīn•lǐ zháo jí hé Yí cùn
挂在墙壁，一天撕去一页，使我心里着急”和“一寸

guāng yīn yí cùn jīn cùn jīn nán mǎi cùn guāng yīn hái ràng wǒ gǎn dào kě
光阴一寸金，寸金难买寸光阴”还让我感到可

pà yě bǐ zuò wén běn•shàng de Guāng yīn sì jiàn rì yuè rú suō gèng
怕；也比作文本上的“光阴似箭，日月如梭”更

ràng wǒ jué•dé yǒu yì zhǒng shuō•bù chū de zī wèi
让我觉得有一种说不出的滋味。

Shí jiān guò de nà me fēi kuài shǐ wǒ de xiǎo xīn yǎnr•lǐ bù zhǐ shì zháo
时间过得那么飞快，使我的小心眼儿里不只是着

jí hái yǒu bēi shāng　Yǒu yì tiān wǒ fàng xué huí jiā kàn dào tài•yáng kuài
急，还有悲伤。有一天我放学回家，看到太阳快

luò shān le jiù xià jué xīn shuō　Wǒ yào bǐ tài•yáng gèng kuài de huí jiā　Wǒ
落山了，就下决心说：我要比太阳更快地回家。我

kuáng bēn huí•qù zhàn zài tíng yuàn qián chuǎn qì de shí hou kàn dào tài•
狂奔回去，站在庭院前喘气的时候，看到太

yáng hái lòu zhe bàn biān liǎn wǒ gāo xìng de tiào yuè qǐ•lái nà yì tiān wǒ
阳//还露着半边脸，我高兴地跳跃起来，那一天我

pǎo yíng le tài•yáng
跑赢了太阳。

30 《第一场雪》节选（峻青）

Zhè shì rù dōng yǐ lái Jiāo dōng Bàn dǎo•shàng dì yī cháng xuě
这是入冬以来，胶东半岛上第一场雪。

Xuě fēn fēn yáng yáng xià de hěn dà Kāi shǐ hái bàn zhe yí zhènr xiǎo
雪纷纷扬扬，下得很大。开始还伴着一阵儿小
yǔ bù jiǔ jiù zhǐ jiàn dà piàn dà piàn de xuě huā cóng tóng yún mì bù de tiān
雨，不久就只见大片大片的雪花，从彤云密布的天
kōng zhōng piāo luò xià•lái Dì miàn•shàng yí huìr jiù bái le Dōng tiān de
空中飘落下来。地面上一会儿就白了。冬天的
shān cūn dào le yè• lǐ jiù wàn lài jù jì zhǐ tīng de xuě huā sù sù de bú duàn
山村，到了夜里就万籁俱寂，只听得雪花簌簌地不断
wǎng xià luò shù mù de kū zhī bèi xuě yā duàn le ǒu'ěr gē zhī yì
往下落，树木的枯枝被雪压断了，偶尔咯吱一
shēng xiǎng
声响。

Dà xuě zhěng zhěng xià le yí yè Jīn tiān zǎo•chén tiān fàng qíng le
大雪整整下了一夜。今天早晨，天放晴了，
tài•yáng chū•lái le Tuī kāi mén yí kàn hè Hǎo dà de xuě a Shān
太阳出来了。推开门一看，嗬！好大的雪啊①！山
chuān hé liú shù mù fáng wū quán dōu zhào•shàng le yì céng hòu hòu de
川、河流、树木、房屋，全都罩上了一层厚厚的
xuě wàn lǐ jiāng shān biàn chéng le fěn zhuāng yù qì de shì jiè Luò guāng
雪，万里江山，变成了粉妆玉砌的世界。落光
le yè zi de liǔ shù•shàng guà mǎn le máo róng róng liàng jīng jīng de yín tiáor
了叶子的柳树上挂满了毛茸茸亮晶晶的银条儿；
ér nà xiē dōng xià cháng qīng de sōng shù hé bǎi shù•shàng zé guà mǎn le
而那些冬夏常青的松树和柏树上，则挂满了
péng sōng sōng chén diàn diàn de xuě qiúr Yí zhèn fēng chuī lái shù zhī qīng
蓬松松沉甸甸的雪球儿。一阵风吹来，树枝轻
qīng de yáo•huàng měi lì de yín tiáor hé xuě qiúr sù sù de luò xià•lái yù xiè
轻地摇晃，美丽的银条儿和雪球儿簌簌地落下来，玉屑
shì de xuě mòr suí fēng piāo yáng yìng zhe qīng chén de yáng guāng xiǎn chū
似的雪末儿随风飘扬，映着清晨的阳光，显出
yí dào dào wǔ guāng shí sè de cǎi hóng
一道道五光十色的彩虹。

---

① “啊”应读作 ya。

Dà jiē•shàng de jī xuě zú yǒu yì chǐ duō shēn rén cǎi shàng•qù jiǎo dǐ•
大街上的积雪足有一尺多深，人踩上去，脚底
xià fā chū gē zhī gē zhī de xiǎng shēng Yì qún qún hái zi zài xuě dì•lǐ duī xuě
下发出咯吱咯吱的响声。一群群孩子在雪地里堆雪
rén zhì xuě qiúr Nà huān lè de jiào hǎn shēng bǎ shù zhī•shàng de xuě dōu
人，掷雪球儿。那欢乐的叫喊声，把树枝上的雪都
zhèn luò xià•lái le
震落下来了。

Sú huà shuō Ruì xuě zhào fēng nián Zhè ge huà yǒu chōng fèn de kē
俗话说，“瑞雪兆丰年。”这个话有充分的科
xué gēn jù bìng bú shì yí jù mí xìn de chéng yǔ Hán dōng dà xuě kě yǐ
学根据，并不是一句迷信的成语。寒冬大雪，可以
dòng sǐ yí bù fen yuè dōng de hài chóng róng huà le de shuǐ shèn jìn tǔ céng
冻死一部分越冬的害虫；融化了的水渗进土层
shēn chù yòu néng gōng yìng zhuāng jia shēng zhǎng de xū yào
深处，又能供应//庄稼生长的需要。

31　《捐诚》节选（青白）

Wǒ zài Jiā ná dà xué xí qī jiān yù dào guo liǎng cì mù juān nà qíng jǐng zhì
我在加拿大学习期间遇到过两次募捐，那情景至
jīn shǐ wǒ nán yǐ wàng huái
今使我难以忘怀。

Yì tiān wǒ zài Wò tài huá de jiē•shàng bèi liǎng gè nán hái zi lán zhù qù
一天，我在渥太华的街上被两个男孩子拦住去
lù Tā men shí lái suì chuān de zhěng zhěng qí qí měi rén tóu•shàng dài
路。他们十来岁，穿得整整齐齐，每人头上戴
zhe gè zuò gōng jīng qiǎo sè cǎi xiān yàn de zhǐ mào shàng•miàn xiě zhe Wèi
着个做工精巧、色彩鲜艳的纸帽，上面写着“为
bāng zhù huàn xiǎo' ér má bì de huǒ bàn mù juān Qí zhōng de yí gè bù yóu
帮助患小儿麻痹的伙伴募捐。”其中的一个，不由
fēn shuō jiù zuò zài xiǎo dèng•shàng gěi wǒ cā•qǐ pí xié•lái lìng yí gè zé bīn
分说就坐在小凳上给我擦起皮鞋来，另一个则彬
bīn yǒu lǐ de fā wèn Xiǎo•jiě nín shì nǎ guó rén Xǐ huan Wò tài huá
彬有礼地发问：“小姐，您是哪国人？喜欢渥太华
ma Xiǎo•jiě zài nǐ men guó jiā yǒu méi•yǒu xiǎo háir huàn xiǎo' ér má
吗？”“小姐，在你们国家有没有小孩儿患小儿麻
bì Shéi gěi tā men yī liáo fèi Yì lián chuàn de wèn tí shǐ wǒ zhè ge yǒu
痹？谁给他们医疗费？”一连串的问题，使我这个有

shēng yǐ lái tóu yí cì zài zhòng mù kuí kuí zhī xià ràng bié•rén cā xié de yì xiāng
生以来头一次在众目睽睽之下让别人擦鞋的异乡
rén cóng jìn hū láng bèi de jiǒng tài zhōng jiě tuō chū•lái wǒ men xiàng péng
人，从近乎狼狈的窘态中解脱出来。我们像朋
you yí yàng liáo• qǐ tiānr •lái
友一样聊起天儿来……

Jǐ gè yuè zhī hòu yě shì zài jiē •shàng Yì xiē shí zì lù kǒu chù huò chē
几个月之后，也是在街上。一些十字路口处或车
zhàn zuò zhe jǐ wèi lǎo rén Tā men mǎn tóu yín fà shēn chuān gè zhǒng lǎo
站坐着几位老人。他们满头银发，身穿各种老
shì jūn zhuāng shàng•miàn bù mǎn le dà dà xiǎo xiǎo xíng xíng sè sè de huī
式军装，上面布满了大大小小形形色色的徽
zhāng jiǎng zhāng měi rén shǒu pěng yí dà shù xiān huā yǒu shuǐ xiān
章、奖章，每人手捧一大束鲜花，有水仙、石
shízhú méi•guī jí jiào•bù chū míng zi de yí sè xuě bái Cōng cōng guò
竹、玫瑰及叫不出名字的，一色雪白。匆匆过
wǎng de xíng rén fēn fēn zhǐ bù bǎ qián tóu jìn zhè xiē lǎo rén shēn páng de bái
往的行人纷纷止步，把钱投进这些老人身旁的白
sè mù xiāng nèi rán hòu xiàng tā men wēi wēi jū gōng cóng tā men shǒu
色木箱内，然后向他们微微鞠躬，从他们手
zhōng jiē guo yì duǒ huā Wǒ kàn le yí huìr yǒu rén tóu yì liǎng yuán yǒu
中接过一朵花。我看了一会儿，有人投一两元，有
rén tóu jǐ bǎi yuán hái yǒu rén tāo chū zhī piào tián hǎo hòu tóu jìn mù xiāng
人投几百元，还有人掏出支票填好后投进木箱。
Nà xiē lǎo jūn rén háo bù zhù yì rén men juān duō•shǎo qián yì zhí bù tíng de
那些老军人毫不注意人们捐多少钱，一直不//停地
xiàng rén men dī shēng dào xiè
向人们低声道谢。

32 《提醒幸福》节选(毕淑敏)

Xiǎng shòu xìng fú shì xū yào xué xí de dāng tā jí jiāng lái lín de shí kè
享受幸福是需要学习的，当它即将来临的时刻
xū yào tí xǐng Rén kě yǐ zì rán ér rán de xué huì gǎn guān de xiǎng lè què
需要提醒。人可以自然而然地学会感官的享乐，却
wú fǎ tiān shēng de zhǎng wò xìng fú de yùn lǜ Líng hún de kuài yì tóng qì
无法天生地掌握幸福的韵律。灵魂的快意同器
guān de shū shì xiàng yí duì luán shēng xiōng dì shí ér 'xiāng bàng xiāng yī
官的舒适像一对孪生兄弟，时而相傍相依，

shí ér nán yuán běi zhé
时而南辕北辙。

Xìng fú shì yì zhǒng xīn líng de zhèn chàn Tā xiàng huì qīng tīng yīn yuè de
幸福是一种心灵的震颤。它像会倾听音乐的
ěr duo yí yàng xū yào bú duàn de xùn liàn
耳朵一样，需要不断地训练。

jiǎn’ ér yán zhī xìng fú jiù shì méi•yǒu tòng kǔ de shí kè Tā chū xiàn de
简而言之，幸福就是没有痛苦的时刻。它出现的
pín lǜ bìng bú xiàng wǒ men xiǎng xiàng de nà yàng shǎo Rén men cháng
频率并不像我们想像的那样少。人们常
cháng zhǐ shì zài xìng fú de jīn mǎ chē yǐ•jīng shǐ guò•qù hěn yuǎn shí cái jiǎn
常只是在幸福的金马车已经驶过去很远时，才拣
qǐ dì•shàng de jīn zōng máo shuō yuán lái wǒ jiàn guo tā
起地上的金鬃毛说，原来我见过它。

Rén men xǐ’ ài huí wèi xìng fú de biāo běn què hū lüè tā pī zhe lù•shuǐ
人们喜爱回味幸福的标本，却忽略它披着露水
sàn fā qīng xiāng de shí kè Nà shí hou wǒ men wǎng wǎng bù lǚ cōng cōng
散发清香的时刻。那时候我们往往步履匆匆，
zhān qián gù hòu bù zhī zài máng zhe shén me
瞻前顾后不知在忙着什么。

Shì•shàng yǒu yù bào tái fēng de yǒu yù bào huáng zāi de yǒu yù bào
世上有预报台风的，有预报蝗灾的，有预报
wēn yì de yǒu yù bào dì zhèn de Méi•yǒu rén yù bào xìng fú
瘟疫的，有预报地震的。没有人预报幸福。

Qí shí xìng fú hé shì jiè wàn wù yí yàng yǒu tā de zhēng zhào
其实幸福和世界万物一样，有它的征兆。

Xìng fú cháng cháng shì méng lóng de hěn yǒu jié zhì de xiàng wǒ men pēn
幸福常常是朦胧的，很有节制地向我们喷
sǎ gān lín Nǐ bú yào zǒng xī wàng hōng hōng liè liè de xìng fú tā duō bàn
洒甘霖。你不要总希望轰轰烈烈的幸福，它多半
zhǐ shì qiāo qiāo de pū miàn ér lái Nǐ yě bú yào qǐ tú bǎ shuǐ lóng tóu nǐng de
只是悄悄地扑面而来。你也不要企图把水龙头拧得
gèng dà nà yàng tā huì hěn kuài de liú shī Nǐ xū yào jìng jìng de yǐ píng hé zhī
更大，那样它会很快地流失。你需要静静地以平和之
xīn tǐ yàn tā de zhēn dì
心，体验它的真谛。

Xìng fú jué dà duō shù shì pǔ sù de Tā bú huì xiàng xìn hào dàn shì de zài
幸福绝大多数是朴素的。它不会像信号弹似的，在

hěn gāo de tiān jì shǎn shuò hóng sè de guāng máng Tā pī zhe běn sè de
很高的天际闪烁红色的光芒。它披着本色的
wài yī qīn qiè wēn nuǎn de bāo guǒ qǐ wǒ men
外//衣,亲切温暖地包裹起我们。

33 《教师博览·百期精华》中《陶行知的“四块糖果”》节选

Yù cái xiǎo xué xiào zhǎng Táo Xíng zhī zài xiào yuán kàn dào xué sheng Wáng Yǒu yòng ní kuài zá zì jǐ bān•shàng de tóng xué Táo Xíng zhī dāng jí hè zhǐ le tā bìng lìng tā fàng xué hòu dào xiào zhǎng shì qù Wú yí Táo Xíng zhī shì yào hǎo hǎo jiào yù zhè ge wán pí de xué sheng Nà me tā shì rú hé jiào yù de ne
育才小学校长陶行知在校园看到学生王友用泥块砸自己班上的同学,陶行知当即喝止了他,并令他放学后到校长室去。无疑,陶行知是要好好教育这个顽皮的学生。那么他是如何教育的呢?

Fàng xué hòu Táo Xíng zhī lái dào xiào zhǎng shì Wáng Yǒu yǐ•jīng děng zài mén kǒu zhǔn bèi ái xùn le Kě yí jiàn miàn Táo Xíng zhī què tāo chū yí kuài táng guǒ sòng gěi Wáng Yǒu bìng shuō Zhè shì jiǎng gěi nǐ de yīn•wèi nǐ àn shí lái dào zhè• lǐ ér wǒ què chí dào le Wáng Yǒu jīng yí de jiē guo táng guǒ
放学后,陶行知来到校长室,王友已经等在门口准备挨训了。可一见面,陶行知却掏出一块糖果送给王友,并说:“这是奖给你的,因为你按时来到这里,而我却迟到了。”王友惊疑地接过糖果。

Suí hòu Táo Xíng zhī yòu tāo chū yí kuài táng guǒ fàng dào tā shǒu• lǐ shuō Zhè dì èr kuài táng guǒ yě shì jiǎng gěi nǐ de yīn•wèi dāng wǒ bú ràng nǐ zài dǎ rén shí nǐ lì jí jiù zhù shǒu le zhè shuō míng nǐ hěn zūn zhòng wǒ wǒ yīng gāi jiǎng nǐ Wáng Yǒu gèng jīng yí le tā yǎn jing zhēng de dà dà de
随后,陶行知又掏出一块糖果放到他手里,说:“这第二块糖果也是奖给你的,因为当我不让你再打人时,你立即就住手了,这说明你很尊重我,我应该奖你。”王友更惊疑了,他眼睛睁得大大的。

Táo Xíng zhī yòu tāo chū dì sān kuài táng guǒ sāi dào Wáng Yǒu shǒu• lǐ
陶行知又掏出第三块糖果塞到王友手里,

shuō Wǒ diào chá guo le nǐ yòng ní kuài zá nà xiē nán shēng shì yīn•wèi
说：“我调查过了，你用泥块砸那些男生，是因为
tā men bù shǒu yóu xì guī zé qī fu nǚ shēng nǐ zá tā men shuō míng nǐ
他们不守游戏规则，欺负女生；你砸他们，说明你
hěn zhèng zhí shàn liáng qiě yǒu pī píng bù liáng xíng wéi de yǒng qì yīng gāi
很正直善良，且有批评不良行为的勇气，应该
jiǎng lì nǐ a Wáng Yǒu gǎn dòng jí le tā liú zhe yǎn lèi hòu huǐ de hǎn
奖励你啊①！”王友感动极了，他流着眼泪后悔地喊
dào Táo Táo xiào zhǎng nǐ dǎ wǒ liǎng xià ba Wǒ zá de bú shì huài
道：“陶……陶校长你打我两下吧！我砸的不是坏
rén ér shì zì jǐ de tóng xué a
人，而是自己的同学啊②……”

Táo Xíng zhī mǎn yì de xiào le tā suí jí tāo chū dì sì kuài táng guǒ dì gěi
陶行知满意地笑了，他随即掏出第四块糖果递给
Wáng Yǒu shuō Wèi nǐ zhèng què de rèn shi cuò•wù wǒ zài jiǎng gěi nǐ yí
王友，说：“为你正确地认识错误，我再奖给你一
kuài táng guǒ zhǐ kě xī wǒ zhǐ yǒu zhè yí kuài táng guǒ le Wǒ de táng guǒ
块糖果，只可惜我只有这一块糖果了。我的糖果//
méi•yǒu le wǒ kàn wǒ men de tán huà yě gāi jié shù le ba Shuō wán jiù
没有了，我看我们的谈话也该结束了吧！”说完，就
zǒu chū le xiào zhǎng shì
走出了校长室。

34 《中考语文课外阅读试题精选》中《西部文化和西部开发》节选

Zhōng guó xī bù wǒ men tōng cháng shì zhǐ Huáng Hé yǔ Qín Lǐng xiāng lián
中国西部我们通常是指黄河与秦岭相连
yí xiàn yǐ xī bāo kuò xī běi hé xī nán de shí'èr gè shěng shì zì zhì qū Zhè
一线以西，包括西北和西南的十二个省、市、自治区。这
kuài guǎng mào de tǔ dì miàn jī wéi wǔ bǎi sì shí liù wàn píng fāng gōng lǐ
块广袤的土地面积为五百四十六万平方公里，
zhàn guó tǔ zǒng miàn jī de bǎi fēn zhī wǔ shí qī rén kǒu èr diǎn bā yì zhàn
占国土总面积的百分之五十七；人口二点八亿，占
quán guó zǒng rén kǒu de bǎi fēn zhī èr shí sān
全国总人口的百分之二十三。

---

① 这里的“啊”读作“ya”。

② 这里的“啊”读作“ya”。

Xī bù shì Huá xià wén míng de yuán tóu Huá xià zǔ xiān de jiǎo bù shì shùn
西部是华夏文明的源头。华夏祖先的脚步是顺
zhe shuǐ biān zǒu de Cháng Jiāng shàng yóu chū tǔ guo Yuán móu rén yá chǐ huà
着水边走的：长江上游出土过元谋人牙齿化
shí jù jīn yuē yì bǎi qī shí wàn nián Huáng Hé zhōng yóu chūtǔ guo Lán tián
石，距今约一百七十万年；黄河中游出土过蓝田
rén tóu gài gǔ jù jīn yuē qī shí wàn nián Zhè liǎng chù gǔ rén lèi dōu bǐ jù jīn
人头盖骨，距今约七十万年。这两处古人类都比距今
yuē wǔ shí wàn nián de Běi jīng yuán rén zī •gé gèng lǎo
约五十万年的北京猿人资格更老。

Xī bù dì qū shì Huá xià wén míng de zhòng yào fā yuán dì Qín huáng Hàn
西部地区是华夏文明的重要发源地。秦皇汉
wǔ yǐ hòu dōng xī fāng wén huà zài zhè• lǐ jiāo huì róng hé cóng'ér yǒu le sī
武以后，东西方文化在这里交汇融合，从而有了丝
chóu zhī lù de tuó líng shēng shēng fó yuàn shēn sì de mù gǔ chén zhōng
绸之路的驼铃声声，佛院深寺的暮鼓晨钟。
Dūn huáng Mò gāo kū shì shì jiè wén huà shǐ•shàng de yí gè qí jì tā zài jì
敦煌莫高窟是世界文化史上的一个奇迹，它在继
chéng Hàn Jìn yì shù chuán tǒng de jī chǔ•shàng xíng chéng le zì jǐ jiān shōu
承汉晋艺术传统的基础上，形成了自己兼收
bìng xù de huī hóng qì dù zhǎn xiàn chū jīng měi jué lún de yì shù xíng shì hé bó
并蓄的恢宏气度，展现出精美绝伦的艺术形式和博
dà jīng shēn de wén huà nèi hán Qín shǐ huáng Bīng mǎ yǒng Xī xià wáng líng
大精深的文化内涵。秦始皇兵马俑、西夏王陵、
Lóu lán gǔ guó Bù dá lā gōng Sān xīng duī Dà zú shí kè děng lì shǐ wén huà
楼兰古国、布达拉宫、三星堆、大足石刻等历史文化
yí chǎn tóng yàng wéi shì jiè suǒ zhǔ mù chéng wéi Zhōng huá wén huà zhòng
遗产，同样为世界所瞩目，成为中华文化重
yào de xiàng zhēng
要的象征。

Xī bù dì qū yòu shì shǎo shù mín zú jí qí wén huà de jí cuì dì jī hū bāo
西部地区又是少数民族及其文化的集萃地，几乎包
kuò le wǒ guó suǒ yǒu de shǎo shù mín zú Zài yì xiē piān yuǎn de shǎo shù mín
括了我国所有的少数民族。在一些偏远的少数民
zú dì qū réng bǎo liú le yì xiē jiǔ yuǎn shí dài de yì shù pǐn zhǒng chéng wéi
族地区，仍保留//了一些久远时代的艺术品种，成为
zhēn guì de huó huà shí rú Nà xī gǔ yuè xì qǔ jiǎn zhǐ cì xiù yán huà děng
珍贵的活化石，如纳西古乐、戏曲、剪纸、刺绣、岩画等

mín jiān yì shù hé zōng jiào yì shù
民间艺术和宗教艺术。

35　《野草》节选（夏衍）

Yǒu zhè yàng yí gè gù shi
有这样一个故事。

Yǒu rén wèn Shì jiè•shàng shén me dōng xi de qì lì zuì dà Huí dá fēn
有人问：世界上什么东西的气力最大？回答纷
yún de hěn yǒu de shuō xiàng yǒu de shuō shī yǒu rén kāi wán xiào shì
纭得很，有的说“象”，有的说“狮”，有人开玩笑似
de shuō Shì Jīn gāng Jīn gāng yǒu duō•shǎo qì lì dāng rán dà jiā quán bù
的说：是“金刚”，金刚有多少气力，当然大家全不
zhī•dào
知道。

Jié guǒ zhè yí qiè dá'àn wán quán bú duì shì jiè•shàng qì lì zuì dà de
结果，这一切答案完全不对，世界上气力最大的，
shì zhí wù de zhǒng zi Yí lì zhǒng zi suǒ kě yǐ xiǎn xiàn chū•lái de lì jiǎn
是植物的种子。一粒种子所可以显现出来的力，简
zhí shì chāo yuè yí qiè
直是超越一切。

Rén de tóu gài gǔ jié hé de fēi cháng zhì mì yǔ jiān gù shēn glǐ xué jiā hé
人的头盖骨，结合得非常致密与坚固，生理学家和
jiě pōu xué zhě yòng jìn le yí qiè de fāng fǎ yào bǎ tā wán zhěng de fēn chū•
解剖学者用尽了一切的方法，要把它完整地分出
lái dōu méi•yǒu zhè zhǒng lì qì Hòu lái hū rán yǒu rén fā míng le yí gè fāng
来，都没有这种力气。后来忽然有人发明了一个方
fǎ jiù shì bǎ yì xiē zhí wù de zhǒng zi fàng zài yào pōu xī de tóu gài gǔ•lǐ
法，就是把一些植物的种子放在要剖析的头盖骨里，
gěi tā yǐ wēn dù yǔ shī dù shǐ tā fā yá Yì fā yá zhè xiē zhǒng zi biàn yǐ kě
给它以温度与湿度，使它发芽。一发芽，这些种子便以可
pà de lì•liàng jiāng yí qiè jī xiè lì suǒ bù néng fēn kāi de gǔ gé wán zhěng
怕的力量，将一切机械力所不能分开的骨骼，完整
de fēn kāi le Zhí wù zhǒng zi de lì•liàng zhī dà rú cǐ rú cǐ
地分开了。植物种子的力量之大，如此如此。

Zhè yě xǔ tè shū le yì diǎnr cháng rén bù róng•yì lǐ jiě Nà me nǐ
这，也许特殊了一点儿，常人不容易理解。那么，你
kàn•jiàn guo sǔn de chéng zhǎng ma Nǐ kàn•jiàn guo bèi yā zài wǎ lì hé shí
看见过笋的成长吗？你看见过被压在瓦砾和石

kuài xià•miàn de yì kē xiǎo cǎo de shēng zhǎng ma Tā wèi zhe xiàng wǎng
块下面的一颗小草的生长吗？它为着向往
yáng guāng wèi zhe dá chéng tā de shēng zhī yì zhì bù guǎn shàng•miàn de
阳光，为着达成它的生之意志，不管上面的
shí kuài rú hé zhòng shí yǔ shí zhī jiān rú hé xiá tā bì dìng yào qū qū zhé zhé
石块如何重，石与石之间如何狭，它必定要曲曲折折
de dàn shì wán qiáng bù qū de tòu dào dì miàn shàng•lái Tā de gēn wǎng tǔ
地，但是顽强不屈地透到地面上来。它的根往土
rǎng zuān tā de yá wǎng dì miàn tǐng zhè shì yì zhǒng bù kě kàng jù de lì
壤钻，它的芽往地面挺，这是一种不可抗拒的力，
zǔ zhǐ tā de shí kuài jié guǒ yě bèi tā xiān fān yí lì zhǒng zi de lì•liàng zhī
阻止它的石块，结果也被它掀翻，一粒种子的力量之
dà rú cǐ rú cǐ
大，如//此如此。

36 《我的母亲独一无二》节选（［法］罗曼·加里）

Jì•dé wǒ shí sān suì shí hé mǔ•qīn zhù zài Fǎ guó dōng nán bù de Nài sī
记得我十三岁时，和母亲住在法国东南部的耐斯
Chéng Mǔ•qīn méi•yǒu zhàng fu yě méi•yǒu qīn qi gòu qīng kǔ de dàn tā
城。母亲没有丈夫，也没有亲戚，够清苦的，但她
jīng cháng néng ná•chū lìng rén chī jīng de dōng xi bǎi zài wǒ miàn qián Tā
经常能拿出令人吃惊的东西，摆在我面前。她
cóng lái bù chī ròu yí zài shuō zì jǐ shì sù shí zhě Rán' ér yǒu yì tiān wǒ fā
从来不吃肉，一再说自己是素食者。然而有一天，我发
xiàn mǔ•qīn zhèng zǐ xì de yòng yì xiǎo kuàir suì miàn bāo cā nà gěi wǒ jiān niú
现母亲正仔细地用一小块碎面包擦那给我煎牛
pái yòng de yóu guō Wǒ míng bai le tā chēng zì jǐ wéi sù shí zhě de zhēn
排用的油锅。我明白了她称自己为素食者的真
zhèng yuán yīn
正原因。

Wǒ shí liù suì shí mǔ•qīn chéng le Nài sī Shì Měi méng lǚ guǎn de nǚ jīng
我十六岁时，母亲成了耐斯市美蒙旅馆的女经
lǐ Zhè shí tā gèng máng lù le Yì tiān tā tān zài yǐ zi•shàng liǎn sè
理。这时，她更忙碌了。一天，她瘫在椅子上，脸色
cāng bái zuǐ chún fā huī Mǎ shàng zhǎo lái yī shēng zuò•chū zhěn duàn Tā
苍白，嘴唇发灰。马上找来医生，做出诊断：她
shè qǔ le guò duō de yí dǎo sù Zhí dào zhè shí wǒ cái zhī•dào mǔ•qīn duō nián
摄取了过多的胰岛素。直到这时我才知道母亲多年

yì zhí duì wǒ yǐn mán de jí tòng táng niào bìng
一直对我隐瞒的疾痛——糖尿病。

Tā de tóu wāi xiàng zhěn tou yì biān tòng kǔ de yòng shǒu zhuā nao xiōng
她的头歪向枕头一边，痛苦地用手抓挠胸
kǒu Chuáng jià shàng fāng zé guà zhe yì méi wǒ yī jiǔ sān èr nián yíng dé
口。床架上方，则挂着一枚我一九三二年赢得
Nài sī Shì shào nián pīng pāng qiú guàn jūn de yín zhì jiǎng zhāng
耐斯市少年乒乓球冠军的银质奖章。

À shì duì wǒ de měi hǎo qián tú de chōng jǐng zhī chēng zhe tā huó xià•qù
啊，是对我的美好前途的憧憬支撑着她活下去，
wèi le gěi tā nà huāng•táng de mèng zhì shǎo jiā yì diǎnr zhēn shí de sè cǎi wǒ
为了给她那荒唐的梦至少加一点真实的色彩，我
zhǐ néng jì xù nǔ lì yǔ shí jiān jìng zhēng zhí zhì yī jiǔ sān bā nián wǒ bèi zhēng
只能继续努力，与时间竞争，直至一九三八年我被征
rù kōng jūn Bā lí hěn kuài shī xiàn wǒ zhǎn zhuǎn diào dào Yīng guó Huáng jiā
入空军。巴黎很快失陷，我辗转调到英国皇家
Kōng jūn Gāng dào Yīng guó jiù jiē dào le mǔ•qīn de lái xìn Zhè xiē xìn shì yóu
空军。刚到英国就接到了母亲的来信。这些信是由
zài Ruì shì de yí gè péng you mì mì de zhuǎn dào lún dūn sòng dào wǒ shǒu
在瑞士的一个朋友秘密地转到伦敦，送到我手
zhōng de
中的。

Xiàn zài wǒ yào huí jiā le xiōng qián pèi dài zhe xǐng mù de lǜ hēi liǎng sè de
现在我要回家了，胸前佩带着醒目的绿黑两色的
jiě fàng shí zì shòu dài shàng•miàn guà zhe wǔ liù méi wǒ zhōng shēn nán
解放十字绶//带，上面挂着五六枚我终身难
wàng de xūn zhāng jiān•shàng hái pèi dài zhe jūn guān jiān zhāng
忘的勋章，肩上还佩带着军官肩章。

37　《繁星》节选(巴金)

Wǒ ài yuè yè dàn wǒ yě ài xīng tiān Cóng qián zài jiā xiāng qī bā yuè de
我爱月夜，但我也爱星天。从前在家乡七八月的
yè wǎn zài tíng yuàn• lǐ nà liáng de shí hou wǒ zuì ài kàn tiān•shàng mì mì má
夜晚在庭院里纳凉的时候，我最爱看天上密密麻
má de fán xīng Wàng zhe xīng tiān wǒ jiù huì wàng jì yí qiè fǎng fú huí dào
麻的繁星。望着星天，我就会忘记一切，仿佛回到
le mǔ•qīn de huái• lǐ shì de
了母亲的怀里似的。

Sān nián qián zài Nán jīng wǒ zhù de dì fang yǒu yí dào hòu mén měi wǎn
三年前在南京我住的地方有一道后门，每晚
wǒ dǎ kāi hòu mén biàn kàn•jiàn yí gè jìng jì de yè Xià•miàn shì yí piàn cài
我打开后门，便看见一个静寂的夜。下面是一片菜
yuán shàng•miàn shì xīng qún mì bù de lán tiān Xīng guāng zài wǒ men de ròu
园，上面是星群密布的蓝天。星光在我们的肉
yǎn• lǐ suī rán wēi xiǎo rán' ér tā shǐ wǒ men jué•dé guāng míng wú chù bú zài
眼里虽然微小，然而它使我们觉得光明无处不在。
Nà shí hou wǒ zhèng zài dú yì xiē tiān wén xué de shū yě rèn de yì xiē xīng
那时候我正在读一些天文学的书，也认得一些星
xing hǎo xiàng tā men jiù shì wǒ de péng you tā men cháng cháng zài hé wǒ
星，好像它们就是我的朋友，它们常常在和我
tán huà yí yàng
谈话一样。

Rú jīn zài hǎi•shàng měi wǎn hé fán xīng xiāng duì wǒ bǎ tā men rèn de
如今在海上，每晚和繁星相对，我把它们认得
hěn shú le wǒ tǎng zài cāng miàn•shàng yǎng wàng tiān kōng Shēn lán sè
很熟了。我躺在舱面上，仰望天空。深蓝色
de tiān kōng• lǐ xuán zhe wú shù bàn míng bàn mèi de xīng Chuán zài dòng
的天空里悬着无数半明半昧的星。船在动，
xīng yě zài dòng tā men shì zhè yàng dī zhēn shì yáo yáo yù zhuì ne Jiàn jiàn
星也在动，它们是这样低，真是摇摇欲坠呢！渐渐
de wǒ de yǎn jing mó hu le wǒ hǎo xiàng kàn•jiàn wú shù yíng huǒ chóng zài wǒ
地我的眼睛模糊了，我好像看见无数萤火虫在我
de zhōu wéi fēi wǔ Hǎi•shàng de yè shì róu hé de shì jìng jì de shì mèng
的周围飞舞。海上的夜是柔和的，是静寂的，是梦
huàn de Wǒ wàng zhe xǔ duō rèn shi de xīng wǒ fǎng fú kàn•jiàn tā men zài
幻的。我望着许多认识的星，我仿佛看见它们在
duì wǒ zhǎ yǎn wǒ fǎng fú tīng•jiàn tā men zài xiǎo shēng shuō huà Zhè shí
对我眨眼，我仿佛听见它们在小声说话。这时
wǒ wàng jì le yí qiè Zài xīng de huái bào zhōng wǒ wēi xiào zhe wǒ chén
我忘记了一切。在星的怀抱中我微笑着，我沉
shuì zhe Wǒ jué•dé zì jǐ shì yí gè xiǎo hái zi xiàn zài shuì zài mǔ•qīn de huái
睡着。我觉得自己是一个小孩子，现在睡在母亲的怀
• lǐ le
里了。

Yǒu yí yè nà ge zài Gē lún bō shàng chuán de Yīng guó rén zhǐ gěi wǒ kàn
有一夜，那个在哥伦波上船的英国人指给我看

tiān•shàng de jù rén Tā yòng shǒu zhǐ zhe Nà sì kē míngliàng de xīng
天上的巨人。他用手指着：//那四颗明亮的星
shì tóu xià•miàn de jǐ kē shì shēn zi zhè jǐ kē shì shǒu nà jǐ kē shì tuǐ hé
是头，下面的几颗是身子，这几颗是手，那几颗是腿和
jiǎo háiyǒu sān kē xīng suàn shì yāodài
脚，还有三颗星算是腰带。

38 《最糟糕的发明》节选（林光如）

Zài yí cì míng rén fǎng wèn zhōng bèi wèn jí shàng gè shì jì zuì zhòng
在一次名人访问中，被问及上个世纪最重
yào de fā míng shì shén me shí yǒu rén shuō shì diàn nǎo yǒu rén shuō shì qì
要的发明是什么时，有人说是电脑，有人说是汽
chē děng děng Dàn Xīn jiā pō de yí wèi zhī míng rén shì què shuō shì lěng qì
车，等等。但新加坡的一位知名人士却说是冷气
jī Tā jiě shì rú guǒ méi•yǒu lěng qì rè dài dì qū rú Dōng nán yà guó jiā
机。他解释，如果没有冷气，热带地区如东南亚国家，
jiù bù kě néng yǒu hěn gāo de shēng chǎn lì jiù bù kě néng dá dào jīn tiān de
就不可能有很高的生产力，就不可能达到今天的
shēng huó shuǐ zhǔn Tā de huí dá shí shì qiú shì yǒu lǐ yǒu jù
生活水准。他的回答实事求是，有理有据。

Kàn le shàng shù bào dào wǒ tū fā qí xiǎng Wèi shén me méi•yǒu jì
看了上述报道，我突发奇想：为什么没有记
zhě wèn Èr shí shì jì zuì zāo gāo de fā míng shì shén me Qí shí èr líng líng
者问："二十世纪最糟糕的发明是什么？"其实二零零
èr nián shí yuè zhōng xún Yīng guó de yì jiā bào zhǐ jiù píng chū le rén lèi zuì
二年十月中旬，英国的一家报纸就评出了"人类最
zāo gāo de fā míng Huò cǐ shū róng de jiù shì rén men měi tiān dà liàng
糟糕的发明"。获此"殊荣"的，就是人们每天大量
shǐ yòng de sù liào dài
使用的塑料袋。

Dàn shēng yú shàng gè shì jì sān shí nián dài de sù liào dài qí jiā zú bāo
诞生于上个世纪三十年代的塑料袋，其家族包
kuò yòng sù liào zhì chéng de kuài cān fàn hé bāo zhuāng zhǐ cān yòng bēi pán
括用塑料制成的快餐饭盒、包装纸、餐用杯盘、
yǐn liào píng suān nǎi bēi xuě gāo bēi děng děng Zhè xiē fèi qì wù xíng chéng
饮料瓶、酸奶杯、雪糕杯等等。这些废弃物形成
de lā jī shù liàng duō tǐ jī dà zhòng liàng qīng bú jiàng jiě gěi zhì lǐ
的垃圾，数量多、体积大、重量轻、不降解，给治理

gōng zuò dài lái hěn duō jì shù nán tí hé shè huì wèn tí
工作带来很多技术难题和社会问题。

Bǐ rú sàn luò zài tián jiān lù biān jí cǎo cóng zhōng de sù liào cān hé yí
比如,散落在田间、路边及草丛中的塑料餐盒,一
dàn bèi shēng chù tūn shí jiù huì wēi jí jiàn kāng shèn zhì dǎo zhì sǐ wáng Tián
旦被牲畜吞食,就会危及健康甚至导致死亡。填
mái fèi qì sù liào dài sù liào cān hé de tǔ dì bù néng shēng zhǎng zhuāng jia
埋废弃塑料袋、塑料餐盒的土地,不能生长庄稼
hé shù mù zào chéng tǔ dì bǎn jié ér fén shāo chǔ lǐ zhè xiē sù liào lā jī zé
和树木,造成土地板结,而焚烧处理这些塑料垃圾,则
huì shì fàng chū duō zhǒng huà xué yǒu dú qì tǐ qí zhōng yì zhǒng chēng wéi
会释放出多种化学有毒气体,其中一种称为
èr' è yīng de huà hé wù dú xìng jí dà
二噁英的化合物,毒性极大。

Cǐ wài zài shēng chǎn sù liào dài sù liào cān hé de guò chéng zhōng shǐ
此外,在生产塑料袋、塑料餐盒的过程中使
yòng de fú lì áng duì rén tǐ miǎn yì xì tǒng hé shēng tài huán jìng zào chéng
用的氟利昂,对人体免疫系统和生态环境造成
de pò huài yě jí wéi yán zhòng
的破坏也极为严重。

39 《我为什么当教师》节选([美]彼得·基贝·得勒)

Wǒ wèi shén me fēi yào jiāo shū bù kě Shì yīn•wèi wǒ xǐ huan dāng jiào shī
我为什么非要教书不可?是因为我喜欢当教师
de shí jiān ān pái biǎo hé shēng huó jié zòu Qī bā jiǔ sān gè yuè gěi wǒ tí
的时间安排表和生活节奏。七、八、九三个月给我提
gōng le jìn xíng huí gù yán jiū xiě zuò de liáng jī bìng jiāng sān zhě yǒu jī
供了进行回顾、研究、写作的良机,并将三者有机
róng hé ér shàn yú huí gù yán jiū hé zǒng jié zhèng shì yōu xiù jiào shī sù zhì
融合,而善于回顾、研究和总结正是优秀教师素质
zhōng bù kě quē shǎo de chéng•fèn
中不可缺少的成分。

Gàn zhè háng gěi le wǒ duō zhǒng duō yàng de gān quán qù pǐn cháng
干这行给了我多种多样的“甘泉”去品尝,
zhǎo yōu xiù de shū jí qù yán dú dào xiàng yá tǎ hé shí jì shì jiè • lǐ qù fā
找优秀的书籍去研读,到象牙塔和实际世界里去发
xiàn Jiào xué gōng zuò gěi wǒ tí gōng le jì xù xué xí de shí jiān bǎo zhèng
现。教学工作给我提供了继续学习的时间保证,

yǐ jí duō zhǒng tú jìng jī yù hé tiǎo zhàn
以及多种途径、机遇和挑战。

Rán' ér wǒ ài zhè yì háng de zhēn zhèng yuán yīn shì ài wǒ de xué
然而，我爱这一行的真正原因，是爱我的学

sheng Xué sheng men zài wǒ de yǎn qián chéng zhǎng biàn huà Dāng jiào
生。学生们在我的眼前成长、变化。当教

shī yì wèi zhe qīn lì chuàng zào guò chéng de fā shēng qià sì qīn shǒu
师意味着亲历"创造"过程的发生——恰似亲手

fù yǔ yì tuán ní tǔ yǐ shēng mìng méi•yǒu shén me bǐ mù dǔ tā kāi shǐ hū xī
赋予一团泥土以生命，没有什么比目睹它开始呼吸

gèng jī dòng rén xīn de le
更激动人心的了。

Quán lì wǒ yě yǒu le Wǒ yǒu quán lì qù qǐ fā yòu dǎo qù jī fā zhì huì
权利我也有了：我有权利去启发诱导，去激发智慧

de huǒ huā qù wèn fèi xīn sī kǎo de wè ntí qù zà nyáng huí dá de cháng shì
的火花，去问费心思考的问题，去赞扬回答的尝试，

qù tuī jiàn shū jí qù zhǐ diǎn mí jīn Hái yǒu shén me bié de quán lì néng yǔ zhī
去推荐书籍，去指点迷津。还有什么别的权利能与之

xiāng bǐ ne
相比呢？

Ér qiě jiāo shū hái gěi wǒ jīn qián hé quán lì zhī wài de dōng xi nà jiù shì
而且，教书还给我金钱和权利之外的东西，那就是

ài xīn Bù jǐn yǒu duì xué sheng de ài duì shū jí de ài duì zhī shi de ài hái
爱心。不仅有对学生的爱，对书籍的爱，对知识的爱，还

yǒu jiào shī cái néng gǎn shòu dào de duì tè bié xué sheng de ài Zhè xiē xué
有教师才能感受到的对"特别"学生的爱。这些学

sheng yǒu rú míng wán bù líng de ní kuài yóu yú jiē shòu le lǎo shī de chì' ài
生，有如冥顽不灵的泥块，由于接受了老师的炽爱

cái bó fā le shēng jī
才勃发了生机。

Suǒ yǐ wǒ ài jiāo shū hái yīn•wèi zài nà xiē bó fā shēng jī de tè bié
所以，我爱教书，还因为，在那些勃发生机的"特别"

xué sheng shēn•shàng wǒ yǒu shí fā xiàn zì jǐ hé tā men hū xī xiāng tōng
学//生身上，我有时发现自己和他们呼吸相通，

yōu lè yǔ gòng
忧乐与共。

40 《国家荣誉感》节选(冯骥才)

Yí gè dà wèn tí yì zhípán jù zài wǒ nǎo dai• lǐ
一个大问题一直盘踞在我脑袋里:

Shì jiè bēi zěn me huì yǒu rú cǐ jù dà de xī yǐn lì Chú qù zú qiú běn shēn
世界杯怎么会有如此巨大的吸引力?除去足球本身
de mèi lì zhī wài hái yǒu shén me chāo hū qí shàng ér gèng wěi dà de
的魅力之外,还有什么超乎其上而更伟大的
dōng xi
东西?

Jìn lái guān kàn shì jiè bēi hū rán cóng zhōng dé dào le dá'àn Shì yóu yú
近来观看世界杯,忽然从中得到了答案:是由于
yì zhǒng wú shàng chóng gāo de jīng shén qíng gǎn guó jiā róng yù gǎn
一种无上崇高的精神情感——国家荣誉感!

Dì qiú•shàng de rén dōu huì yǒu guó jiā de gài niàn dàn wèi bì shí shí dōu
地球上的人都会有国家的概念,但未必时时都
yǒu guó jiā de gǎn qíng Wǎng wǎng rén dào yì guó sī niàn jiā xiāng xīn huái
有国家的感情。往往人到异国,思念家乡,心怀
gù guó zhè guó jiā gài niàn jiù biàn de yǒu xuè yǒu ròu ài guó zhī qíng lái de fēi
故国,这国家概念就变得有血有肉,爱国之情来得非
cháng jù tǐ Ér xiàn dài shè huì kē jì chāng dá xìn xī kuài jié shì shì shàng
常具体。而现代社会,科技昌达,信息快捷,事事上
wǎng shì jiè zhēn shì tài xiǎo tài xiǎo guó jiā de jiè xiàn sì hū yě bú nà me qīng
网,世界真是太小太小,国家的界限似乎也不那么清
xī le Zài shuō zú qiú zhèng zài kuài sù shì jiè huà píng rì•lǐ gè guó qiú yuán
晰了。再说足球正在快速世界化,平日里各国球员
pín fán zhuǎn huì wǎng lái suí yì zhì shǐ yuè lái yuè duō de guó jiā lián sài dōu jù
频繁转会,往来随意,致使越来越多的国家联赛都具
yǒu guó jì de yīn sù Qiú yuán men bú lùn guó jí zhǐ xiào lì yú zì jǐ de jù lè
有国际的因素。球员们不论国籍,只效力于自己的俱乐
bù tā men bǐ sài shí de jī qíng zhōng wán quán méi•yǒu ài guó zhǔ yì de
部,他们比赛时的激情中完全没有爱国主义的
yīn zǐ
因子。

Rán'ér dào le shì jiè bēi dà sài tiān xià dà biàn Gè guó qiú yuán dōu huí
然而,到了世界杯大赛,天下大变。各国球员都回
guó xiào lì chuān•shàng yǔ guāng róng de guó qí tóng yàng sè cǎi de fú
国效力,穿上与光荣的国旗同样色彩的服

zhuāng　Zài měi yì chǎng bǐ sài qián　hái gāo chàng guó gē　yǐ　xuān shì duì　zì
装。在每一场比赛前，还高唱国歌以宣誓对自
jǐ　zǔ guó de zhì' ài　yǔ zhōng chéng　Yì zhǒng xuè yuán qíng gǎn kāi shǐ zài quán
己祖国的挚爱与忠诚。一种血缘情感开始在全
shēn de xuè guǎn• lǐ rán shāo qǐ•lái　ér qiě　lì　kè　rè xuè fèi téng
身的血管里燃烧起来，而且立刻热血沸腾。

Zài　lì　shǐ shí dài　guó jiā jiān jīng cháng　fā shēng duì kàng　hǎo nán' ér róng
在历史时代，国家间经常发生对抗，好男儿戎
zhuāng wèi guó　Guó jiā de róng yù wǎng wǎng xū yào　yǐ　zì　jǐ　de shēng mìng
装卫国。国家的荣誉往往需要以自己的生命
qù huàn　qǔ　Dàn zài hé píng shí dài　wéi yǒu zhè zhǒng guó jiā zhī jiān dà guī
去换//取。但在和平时代，惟有这种国家之间大规
mó duì kàng xìng de dà sài　cái kě　yǐ　huàn　qǐ　nà zhǒng yáo yuǎn ér shén shèng
模对抗性的大赛，才可以唤起那种遥远而神圣
de qíng gǎn　nà jiù shì　Wèi zǔ guó ér zhàn
的情感，那就是：为祖国而战！

41　小学《语文》第六册《莫高窟》节选

Zài hào hàn wú yín de shā mò• lǐ　yǒu yí piàn měi lì　de lǜ zhōu　lǜ zhōu•
在浩瀚无垠的沙漠里，有一片美丽的绿洲，绿洲
lǐ　cáng zhe　yì　kē shǎn guāng de zhēn zhū　Zhè kē zhēn zhū jiù shì Dūn huáng
里藏着一颗闪光的珍珠。这颗珍珠就是敦煌
Mò gāo kū　Tā zuò luò zài wǒ guó Gān sù Shěng Dūn huáng Shì Sān wēi Shān hé
莫高窟。它坐落在我国甘肃省敦煌市三危山和
Míng shā Shān de huái bào zhōng
鸣沙山的怀抱中。

Míng shā Shān dōng　lù　shì píng jūn gāo dù wéi shí　qī　mǐ de yá　bì　Zài yì
鸣沙山东麓是平均高度为十七米的崖壁。在一
qiān liù bǎi duō mǐ cháng de yá　bì•shàng　záo yǒu dà xiǎo dòng kū　qī bǎi yú
千六百多米长的崖壁上，凿有大小洞窟七百余
gè　xíng chéng　le guī mó hóng wěi de shí kū qún　Qí zhōng　sì bǎi jiǔ shí' èr gè
个，形成了规模宏伟的石窟群。其中四百九十二个
dòng kū zhōng　gòng yǒu cǎi sè sù xiàng liǎng qiān　yì bǎi yú zūn　gè zhǒng　bì
洞窟中，共有彩色塑像两千一百余尊，各种壁
huà gòng　sì　wàn wǔ qiān duō píng fāng mǐ　Mò gāo kū shì wǒ guó gǔ dài wú shù
画共四万五千多平方米。莫高窟是我国古代无数
yì shù jiàng shī liú gěi rén lèi de zhēn guì wén huà　yí chǎn
艺术匠师留给人类的珍贵文化遗产。

Mò gāo kū de cǎi sù měi yì zūn dōu shì yí jiàn jīng měi de yì shù pǐn Zuì
莫高窟的彩塑，每一尊都是一件精美的艺术品。最
dà de yǒu jiǔ céng lóu nà me gāo zuì xiǎo de hái bù rú yí gè shǒu zhǎng dà
大的有九层楼那么高，最小的还不如一个手掌大。
Zhè xiē cǎi sù gè xìng xiān míng shén tài gè yì Yǒu cí méi shàn mù de pú·
这些彩塑个性鲜明，神态各异。有慈眉善目的菩
sà yǒu wēi fēng lǐn lǐn de tiān wáng hái yǒu qiáng zhuàng yǒng měng de lì shì
萨，有威风凛凛的天王，还有强壮勇猛的力士
……

Mò gāo kū bì huà de nèi róng fēng fù duō cǎi yǒu de shì miáo huì gǔ dài láo
莫高窟壁画的内容丰富多彩，有的是描绘古代劳
dòng rén mín dǎ liè bǔ yú gēng tián shōu gē de qíng jǐng yǒu de shì miáo huì
动人民打猎、捕鱼、耕田、收割的情景，有的是描绘
rén men zòu yuè wǔ dǎo yǎn zá jì de chǎng miàn hái yǒu de shì miáo huì dà
人们奏乐、舞蹈、演杂技的场面，还有的是描绘大
zì rán de měi lì fēng guāng Qí zhōng zuì yǐn rén zhù mù de shì fēi tiān Bì huà
自然的美丽风光。其中最引人注目的是飞天。壁画
·shàng de fēi tiān yǒu de bì kuà huā lán cǎi zhāi xiān huā yǒu de fǎn tán pí·pá
上的飞天，有的臂挎花篮，采摘鲜花；有的反弹琵琶
qīng bō yín xián yǒu de dào xuán shēn zi zì tiān ér jiàng yǒu de cǎi dài piāo
轻拨银弦；有的倒悬身子，自天而降；有的彩带飘
fú màn tiān áo yóu yǒu de shū zhǎn zhe shuāng bì piān piān qǐ wǔ Kàn
拂，漫天遨游；有的舒展着双臂，翩翩起舞。看
zhe zhè xiē jīng měi dòng rén de bì huà jiù xiàng zǒu jìn le càn làn huī huáng de
着这些精美动人的壁画，就像走进了//灿烂辉煌的
yì shù diàn táng
艺术殿堂。

42 《泰山极顶》节选（杨朔）

Tài Shān jí dǐng kàn rì chū lì lái bèi miáo huì chéng shí fēn zhuàng guān
泰山极顶看日出，历来被描绘成十分壮观
de qí jǐng Yǒu rén shuō Dēng Tài Shān ér kàn·bú dào rì chū jiù xiàng yì
的奇景。有人说：登泰山而看不到日出，就像一
chū dà xì méi·yǒu xì yǎn wèir zhōng jiū yǒu diǎnr guǎ dàn
出大戏没有戏眼，味儿终究有点寡淡。

Wǒ qù pá shān nà tiān zhèng gǎn·shàng gè nán dé de hǎo tiān wàn lǐ
我去爬山那天，正赶上个难得的好天，万里

cháng kōng yún cai sīr dōu bú jiàn Sù cháng yān wù téng téng de shān tóu
长空，云彩丝儿都不见。素常，烟雾腾腾的山头，
xiǎn•dé méi•mù fēn míng Tóng bàn men dōu xīn xǐ de shuō Míng tiān zǎo•
显得眉目分明。同伴们都欣喜地说：“明天早
chén zhǔn kě yǐ kàn•jiàn rì chū le Wǒ yě shì bào zhe zhè zhǒng xiǎng tou pá
晨准可以看见日出了。”我也是抱着这种想头，爬
•shàng shān•qù
上山去。

Yí lù cóng shān jiǎo wǎng shàng pá xì kàn shān jǐng wǒ jué•dé guà zài
一路从山脚往上爬，细看山景，我觉得挂在
yǎn qián de bú shì Wǔ Yuè dú zūn de Tài Shān què xiàng yì fú guī mó jīng rén de
眼前的不是五岳独尊的泰山，却像一幅规模惊人的
qīng lǜ shān shuǐ huà cóng xià•miàn dào zhǎn kāi•lái Zài huà juàn zhōng zuì
青绿山水画，从下面倒展开来。在画卷中最
xiān lòu chū de shì shān gēnr dǐ nà zuò Míng cháo jiàn zhù Dài zōng fāng màn
先露出的是山根底那座明朝建筑岱宗坊，慢
màn de biàn xiàn chū Wáng mǔ chí Dǒu mǔ gōng Jīng shí yù Shān shì yì
慢地便现出王母池、斗母宫、经石峪。山是一
céng bǐ yì céng shēn yì dié bǐ yì dié qí céng céng dié dié bù zhī hái huì yǒu
层比一层深，一叠比一叠奇，层层叠叠，不知还会有
duō shēn duō qí Wàn shān cóng zhōng shí ér diǎn rǎn zhe jí qí gōng xì de
多深多奇。万山丛中，时而点染着极其工细的
rén wù Wáng mǔ chí páng de Lǚ zǔ diàn•lǐ yǒu bù shǎo zūn míng sù sù zhe
人物。王母池旁的吕祖殿里有不少尊明塑，塑着
Lǚ Dòng bīn děng yì xiē rén zī tài shén qíng shì nà yàng yǒu shēng qì nǐ kàn
吕洞宾等一些人，姿态神情是那样有生气，你看
le bù jīn huì tuō kǒu zàn tàn shuō Huó la
了，不禁会脱口赞叹说：“活啦。”

Huà juàn jì xù zhǎn kāi lǜ yīn sēn sēn de Bǎi dòng lòu miàn bú tài jiǔ biàn
画卷继续展开，绿阴森森的柏洞露面不太久，便
lái dào Duì sōng shān Liǎng miàn qí fēng duì zhì zhe mǎn shān fēng dōu shì qí
来到对松山。两面奇峰对峙着，满山峰都是奇
xíng guài zhuàng de lǎo sōng nián jì pà dōu yǒu shàng qiān suì le yán sè jìng
形怪状的老松，年纪怕都有上千岁了，颜色竟
nà me nóng nóng de hǎo xiàng yào liú xià•lái shì de Lái dào zhèr nǐ bù fáng
那么浓，浓得好像要流下来似的。来到这儿，你不妨
quán dàng yí cì huà•lǐ de xiě yì rén wù zuò zài lù páng de Duì sōng tíng•lǐ
权当一次画里的写意人物，坐在路旁的对松亭里，

kàn kan shān sè tīng ting liú shuǐ hé sōng tāo
看看山色，听听流//水和松涛。

43 《牡丹的拒绝》节选（张抗抗）

Qí shí nǐ zài hěn jiǔ yǐ qián bìng bù xǐ huan mǔ•dān yīn•wèi tā zǒng bèi rén
其实你在很久以前并不喜欢牡丹，因为它总被人
zuò wéi fù guì mó bài Hòu lái nǐ mù dǔ le yí cì mǔ•dān de luò huā nǐ xiāng
作为富贵膜拜。后来你目睹了一次牡丹的落花，你相
xìn suǒ yǒu de rén dōu huì wéi zhī gǎn dòng Yí zhèn qīng fēng xú lái jiāo yàn xiān
信所有的人都会为之感动：一阵清风徐来，娇艳鲜
nèn de shèng qī mǔ dān hū rán zhěng duǒ zhěng duǒ de zhuì luò pū sǎ yí dì
嫩的盛期牡丹忽然整朵整朵地坠落，铺撒一地
xuàn lì de huā bàn Nà huā bàn luò dì shí yī rán xiān yàn duó mù rú tóng yì
绚丽的花瓣。那花瓣落地时依然鲜艳夺目，如同一
zhī fèng•shàng jì tán de dà niǎo tuō luò de yǔ máo dī yín zhe zhuàng liè de bēi
只奉上祭坛的大鸟脱落的羽毛，低吟着壮烈的悲
gē lí qù
歌离去。

Mǔ•dān méi•yǒu huā xiè huā bài zhī shí yào me shuò yú zhī tóu yào me guī
牡丹没有花谢花败之时，要么烁于枝头，要么归
yú ní tǔ tā kuà yuè wěi dùn hé shuāi lǎo yóu qīng chūn ér sǐ wáng yóu měi
于泥土，它跨越萎顿和衰老，由青春而死亡，由美
lì ér xiāo dùn Tā suī měi què bú lìn xī shēng mìng jí shǐ gào bié yě yào zhǎn
丽而消遁。它虽美却不吝惜生命，即使告别也要展
shì gěi rén zuì hòu yí cì de jīng xīn dòng pò
示给人最后一次的惊心动魄。

Suǒ yǐ zài zhè yīn lěng de sì yuè• lǐ qí jì bú huì fā shēng Rèn píng yóu
所以在这阴冷的四月里，奇迹不会发生。任凭游
rén sǎo xìng hé zǔ zhòu mǔ•dān yī rán ān zhī ruò sù Tā bù gǒu qiě bù fǔ jiù
人扫兴和诅咒，牡丹依然安之若素。它不苟且、不俯就、
bù tuǒ xié bú mèi sú gān yuàn zì jǐ lěng luò zì jǐ Tā zūn xún zì jǐ de huā
不妥协、不媚俗，甘愿自己冷落自己。它遵循自己的花
qī zì jǐ de guī lǜ tā yǒu quán lì wèi zì jǐ xuǎn zé měi nián yí dù de shèng dà
期自己的规律，它有权利为自己选择每年一度的盛大
jié rì Tā wèi shén me bú jù jué hán lěng
节日。它为什么不拒绝寒冷？

Tiān nán hǎi běi de kàn huā rén yī rán luò yì bù jué de yǒng rù Luò yáng
天南海北的看花人，依然络绎不绝地涌入洛阳

Chéng Rénmen bú huì yīn mǔ•dān de jù jué ér jù jué tā de měi Rú guǒ tā
城。人们不会因牡丹的拒绝而拒绝它的美。如果它
zài bèi biǎn zhé shí cì yě xǔ tā jiù huì fán yǎn chū shí gè Luò yáng mǔ•
再被贬谪十次，也许它就会繁衍出十个洛阳牡
dān chéng
丹城。

Yú shì nǐ zài wú yán de yí hàn zhōng gǎn wù dào fù guì yǔ gāo guì zhǐ shì yí
于是你在无言的遗憾中感悟到，富贵与高贵只是一
zì zhī chā Tóng rén yí yàng huā ér yě shì yǒu líng xìng de gèng yǒu pǐn wèi
字之差。同人一样，花儿也是有灵性的，更有品位
zhī gāo dī Pǐn wèi zhè dōng xi wéi qì wéi hún wéi jīn gǔ wéi shén yùn zhǐ kě
之高低。品位这东西为气为魂为//筋骨为神韵，只可
yì huì Nǐ tàn fú mǔ•dān zhuó ěr bù qún zhī zī fāng zhī pǐn wèi shì duō me
意会。你叹服牡丹卓尔不群之姿，方知品位是多么
róng•yì bèi shì rén hū lüè huò shì mò shì de měi
容易被世人忽略或是漠视的美。

44 《家乡的桥》节选（郑莹）

Chún pǔ de jiā xiāng cūn biān yǒu yì tiáo hé qū qū wān wān hé zhōng jià
纯朴的家乡村边有一条河，曲曲弯弯，河中架
yì wān shí qiáo gōng yàng de xiǎo qiáo héng kuà liǎng'àn
一弯石桥，弓样的小桥横跨两岸。

Měi tiān bù guǎn shì jī míng xiǎo yuè rì lì zhōng tiān hái shì yuè huá xiè
每天，不管是鸡鸣晓月，日丽中天，还是月华泻
dì xiǎo qiáo dōu yìn xià chuàn chuàn zú jì sǎ luò chuàn chuàn hàn zhū Nà
地，小桥都印下串串足迹，洒落串串汗珠。那
shì xiāng qīn wèi le zhuī qiú duō léng de xī wàng duì xiàn měi hǎo de xiá xiǎng
是乡亲为了追求多棱的希望，兑现美好的遐想。
Wān wān xiǎo qiáo bù shí dàng guò qīng yín dī chàng bù shí lù chū shū xīn de
弯弯小桥，不时荡过轻吟低唱，不时露出舒心的
xiào róng
笑容。

yīn'ér wǒ zhì xiǎo de xīn líng céng jiāng xīn shēng xiàn gěi xiǎo qiáo Nǐ shì
因而，我稚小的心灵，曾将心声献给小桥：你是
yì wān yín sè de xīn yuè gěi rén jiān pǔ zhào guāng huī nǐ shì yì bǎ shǎn liàng
一弯银色的新月，给人间普照光辉；你是一把闪亮
de lián dāo gē yì zhe huān xiào de huā guǒ nǐ shì yì gēn huàng yōu yōu de biǎn
的镰刀，割刈着欢笑的花果；你是一根晃悠悠的扁

dan tiāo qǐ le cǎi sè de míng tiān Ò xiǎo qiáo zǒu jìn wǒ de mèng zhōng
担，挑起了彩色的明天！哦小桥走进我的梦中。

Wǒ zài piāo bó tā xiāng de suì yuè xīn zhōng zǒng yǒng dòng zhe gù xiāng de hé shuǐ mèng zhōng zǒng kàn dào gōng yàng de xiǎo qiáo Dāng wǒ fǎng nán jiāng tàn běi guó yǎn lián chuǎng jìn zuò zuò xióng wěi de cháng qiáo shí wǒ de mèng biàn de fēng mǎn le zēng tiān le chì chéng huáng lǜ qīng lán zǐ
我在飘泊他乡的岁月，心中总涌动着故乡的河水，梦中总看到弓样的小桥。当我访南疆探北国，眼帘闯进座座雄伟的长桥时，我的梦变得丰满了，增添了赤橙黄绿青蓝紫。

Sān shí duō nián guò•qù wǒ dài zhe mǎn tóu shuāng huā huí dào gù xiāng dì yī jǐn yào de biàn shì qù kàn wàng xiǎo qiáo
三十多年过去，我带着满头霜花回到故乡，第一紧要的便是去看望小桥。

À Xiǎo qiáo ne Tā duǒ qǐ•lái le Hé zhōng yí dào cháng hóng yù zhe zhāo xiá yì yì shǎn guāng Ò xióng hún de dà qiáo chǎng kāi xiōng huái qì chē de hū xiào mó tuō de dí yīn zì xíng chē de dīng líng hé zòu zhe jìn xíng jiāo xiǎng yuè nán lái de gāng jīn huā bù běi wǎng de gān chéng jiā qín huì chū jiāo liú huān yuè tú
啊！小桥呢？它躲起来了？河中一道长虹，浴着朝霞熠熠闪光。哦，雄浑的大桥敞开胸怀，汽车的呼啸、摩托的笛音、自行车的叮铃，合奏着进行交响乐；南来的钢筋、花布，北往的柑橙、家禽，绘出交流欢跃图……

À Tuì biàn de qiáo chuán dì le jiā xiāng jìn bù de xiāo xi tòu lù le jiā xiāng fù yù de shēng yīn Shí dài de chūn fēng měi hǎo de zhuī qiú wǒ mò dì jì qǐ ér shí chàng gěi xiǎo qiáo de gē ò míng yàn yàn de tài•yáng zhào yào le fāng xiāng tián mì de huā guǒ pěng lái le wǔ cǎi bān lán de suì yuè lā kāi le
啊！蜕变的桥，传递了家乡进步的消息，透露了家乡富裕的声音。时代的春风，美好的追求，我蓦地记起儿时唱//给小桥的歌，哦，明艳艳的太阳照耀了，芳香甜蜜的花果捧来了，五彩斑斓的岁月拉开了！

45 《落花生》节选（许地山）

Wǒ men jiā de hòu yuán yǒu bàn mǔ kòng dì mǔ•qīn shuō Ràng tā
我们家的后园有半亩空地，母亲说："让它

huāngzhe guài kě xī de nǐ men nà me ài chī huā shēng jiù kāi pì chū·lái
荒着怪可惜的,你们那么爱吃花生,就开辟出来
zhòng huā shēng ba Wǒ men jiě dì jǐ gè dōu hěn gāo xìng mǎi zhǒng fān
种花生吧。”我们姐弟几个都很高兴,买种,翻
dì bō zhǒng jiāo shuǐ méi guò jǐ gè yuè jū rán shōu huò le
地,播种,浇水,没过几个月,居然收获了。

Mǔ·qīn shuō Jīn wǎn wǒ men guò yí gè shōu huò jié qǐng nǐ men fù·qīn
母亲说“今晚我们过一个收获节,请你们父亲
yě lái cháng chang wǒ men de xīn huā shēng hǎo·bù hǎo wǒ men dōu shuō
也来尝尝我们的新花生,好不好?”我们都说
hǎo Mǔ·qīn bǎ huā shēng zuò chéng le háo jǐ yàng shí pǐn hái fēn·fù jiù zài
好。母亲把花生做成了好几样食品,还吩咐就在
hòu yuán de máo tíng·lǐ guò zhè ge jié
后园的茅亭里过这个节。

Wǎn shang tiān sè bú tài hǎo kě shì fù·qīn yě lái le shí zài hěn nán dé
晚上天色不太好,可是父亲也来了,实在很难得。

Fù·qīn shuō Nǐ men ài chī huā shēng ma
父亲说:“你们爱吃花生吗?”

Wǒ men zhēng zhe dā yìng Ài
我们争着答应:“爱!”

Shéi néng bǎ huā shēng de hǎo·chù shuō chū·lái
“谁能把花生的好处说出来?”

Jiě jie shuō Huā shēng de wèir měi
姐姐说:“花生的味美。”

Gē ge shuō Huā shēng kě yǐ zhà yóu
哥哥说:“花生可以榨油。”

Wǒ shuō Huā shēng de jià·qián pián yi shéi dōu kě yǐ mǎi·lái chī dōu
我说:“花生的价钱便宜,谁都可以买来吃,都
xǐ huan chī Zhè jiù shì tā de hǎo·chù
喜欢吃。这就是它的好处。”

Fù·qīn shuō Huā shēng de hǎo·chù hěn duō yǒu yí yàng zuì kě guì Tā
父亲说:“花生的好处很多,有一样最可贵:它
de guǒ shí mái zài dì·lǐ bú xiàng táo zi shí liu píng guǒ nà yàng bǎ xiān
的果实埋在地里,不像桃子、石榴、苹果那样,把鲜
hóng nèn lǜ de guǒ shí gāo gāo de guà zài zhī tóu·shàng shǐ rén yí jiàn jiù shēng
红嫩绿的果实高高地挂在枝头上,使人一见就生
ài mù zhī xīn Nǐ men kàn tā ǎi'ǎi de zhǎng zài dì·shàng děng dào chéng
爱慕之心。你们看它矮矮地长在地上,等到成

shú le yě bù néng lì kè fēn biàn chū•lái tā yǒu méi•yǒu guǒ shí bì xū wā chū
熟了,也不能立刻分辨出来它有没有果实,必须挖出
•lái cái zhī•dào
来才知道。"

Wǒ men dōu shuō shì mǔ•qīn yě diǎn diǎn tóu
我们都说是,母亲也点点头。

Fù•qīn jiē xià•qù shuō Suǒ yǐ nǐ men yào xiàng huā shēng tā suī rán bù
父亲接下去说:"所以你们要像花生,它虽然不
hǎo kàn kě shì hěn yǒu yòng bú shì wài biǎo hǎo kàn ér méi•yǒu shí yòng de
好看,可是很有用,不是外表好看而没有实用的
dōng xi
东西。"

Wǒ shuō Nà me rén yào zuò yǒu yòng de rén bú yào zuò zhǐ jiǎng tǐ•
我说:"那么,人要做有用的人,不要做只讲体
miàn ér duì bié•rén méi•yǒu hǎo•chù de rén le
面,而对别人没有好处的人了。//

46 《达瑞的故事》节选([德]博多·舍费尔,刘志明译)

Zài Dá ruì bā suì de shí hou yǒu yì tiān tā xiǎng qù kàn diàn yǐng Yīn•wèi
在达瑞八岁的时候,有一天他想去看电影。因为
méi•yǒu qián tā xiǎng shì xiàng bà mā yào qián hái shì zì jǐ zhèng qián Zuì
没有钱,他想是向爸妈要钱,还是自己挣钱。最
hòu tā xuǎn zé le hòu zhě Tā zì jǐ tiáo zhì le yì zhǒng qì shuǐr xiàng guò lù
后他选择了后者。他自己调制了一种汽水,向过路
de xíng rén chū shòu Kě nà shí zhèng shì hán lěng de dōng tiān méi•yǒu rén
的行人出售。可那时正是寒冷的冬天,没有人
mǎi zhǐ yǒu liǎng gè rén lì wài tā de bà ba hé mā ma
买,只有两个人例外——他的爸爸和妈妈。

Tā ǒu rán yǒu yí gè hé fēi cháng chéng gōng de shāng rén tán huà de jī•
他偶然有一个和非常成功的商人谈话的机
huì Dāng tā duì shāng rén jiǎng shù le zì jǐ de pò chǎn shǐ hòu shāng rén
会。当他对商人讲述了自己的"破产史"后,商人
gěi le tā liǎng gè zhòng yào de jiàn yì yī shì cháng shì wèi bié•rén jiě jué yí gè
给了他两个重要的建议:一是尝试为别人解决一个
nán tí èr shì bǎ jīngl ì jí zhōng zài nǐ zhī•dào de nǐ huì de hé nǐ yōng yǒu de
难题;二是把精力集中在你知道的、你会的和你拥有的
dōng xi •shàng
东西上。

Zhè liǎng gè jiàn yì hěn guān jiàn　Yīn •wèi duì yú yí gè bā suì de hái zi ér
这两个建议很关键。因为对于一个八岁的孩子而

yán　tā bú huì zuò de shì qing hěn duō　Yú shì tā chuān guo dà jiē xiǎo xiàng
言，他不会做的事情很多。于是他穿过大街小巷，

bù tíng de sī kǎo　rén men huì yǒu shén me nán tí　tā yòu rú hé lì yòng zhè ge
不停地思考：人们会有什么难题，他又如何利用这个

jī •huì
机会？

Yì tiān　chī zǎo fàn shí fù •qīn ràng Dá ruì qù qǔ bào zhǐ　Měi guó de sòng
一天，吃早饭时父亲让达瑞去取报纸。美国的送

bào yuán zǒng shì bǎ bào zhǐ cóng huā yuán lí ba de yí gè tè zhì de guǎn zi •lǐ
报员总是把报纸从花园篱笆的一个特制的管子里

sāi jìn •lái　Jiǎ rú nǐ xiǎng chuān zhe shuì yī shū shū fú fú　de chī zǎo fàn hé
塞进来。假如你想穿着睡衣舒舒服服①地吃早饭和

kàn bào zhǐ　jiù bì xū lí kāi wēn nuǎn de fáng jiān　mào zhe hán fēng　dào huā
看报纸，就必须离开温暖的房间，冒着寒风，到花

yuán qù qǔ　Suī rán lù duǎn　dàn shí fēn má fan
园去取。虽然路短，但十分麻烦。

Dāng Dá ruì wèi fù •qīn qǔ bào zhǐ de shí hou　yí gè zhǔ yì　dàn shēng le
当达瑞为父亲取报纸的时候，一个主意②诞生了。

Dàng tiān tā jiù àn xiǎng lín •jū de mén líng　duì tā men shuō　měi gè yuè zhǐ xū
当天他就按响邻居的门铃，对他们说，每个月只需

fù gěi tā yì měi yuán　tā jiù měi tiān zǎo shang bǎ bào zhǐ sāi dào tā men de
付给他一美元，他就每天早上把报纸塞到他们的

fáng mén dǐ •xià　Dà duō shù rén dōu tóng yì le　hěn kuài tā yǒu　le qī shí
房门底下。大多数人都同意了，很快他有//了七十

duō gè gù kè
多个顾客。

47　《天才的造就》节选（刘燕敏）

Zài Lǐ yuē rè nèi lú de yí gè pín mín kū •lǐ　yǒu yí gè nán hái zi　tā fēi
在里约热内卢的一个贫民窟里，有一个男孩子，他非

cháng xǐ huan zú qiú　kě shì yòu mǎi •bu qǐ　yú shì jiù tī sù liào hér　tī qì shuǐ
常喜欢足球，可是又买不起，于是就踢塑料盒，踢汽水

① 口语一般读 shūshufūfu。

② 口语一般读 zhúyi。

píng tī cóng lā jī xiāng• lǐ jiǎn lái de yē zi kér Tā zài hú tòngr• lǐ tī zài
瓶，踢从垃圾箱里拣来的椰子壳。他在胡同里踢，在
néng zhǎo dào de rèn hé yí piàn kòng dì •shàng tī
能找到的任何一片空地上踢。

Yǒu yì tiān dāng tā zài yí chù gān hé de shuǐ táng• lǐ měng tī yí gè zhū
有一天，当他在一处干涸的水塘里猛踢一个猪
páng guāng shí bèi yí wèi zú qiú jiào liàn kàn •jiàn le Tā fā xiàn zhè ge nán
膀胱时，被一位足球教练看见了。他发现这个男
háir tī de hěn xiàng shì nà me huí shì jiù zhǔ dòng tí chū yào sòng gěi tā yí gè
孩儿踢得很像是那么回事，就主动提出要送给他一个
zú qiú Xiǎo nán háir dé dào zú qiú hòu tī de gèng mài jìn r le Bù jiǔ tā jiù
足球。小男孩儿得到足球后踢得更卖劲儿了。不久，他就
néng zhǔn què de bǎ qiú tī jìn yuǎn chù suí yì bǎi fàng de yí gè shuǐ tǒng• lǐ
能准确地把球踢进远处随意摆放的一个水桶里。

Shèng dàn jié dào le hái zi de m āma shuō wǒ men méi •yǒu qián mǎi
圣诞节到了，孩子的妈妈说：“我们没有钱买
shèng dàn lǐ wù sòng gěi wǒ men de ēn rén jiù ràng wǒ men wèi tā qí
圣诞礼物送给我们的恩人，就让我们为他祈
dǎo ba
祷吧。”

Xiǎo nán háir gēn suí mā ma qí dǎo wán bì xiàng mā ma yào le yì bǎ chǎn
小男孩儿跟随妈妈祈祷完毕，向妈妈要了一把铲
zi biàn pǎo le chū •qù Tā lái dào yí zuò bié shù qián de huā yuán• lǐ kāi shǐ
子便跑了出去。他来到一座别墅前的花园里，开始
wā kēng
挖坑。

Jiù zài tā kuài yào wā hǎo kēng de shí hou cóng bié shù• lǐ zǒu chū yí gè rén
就在他快要挖好坑的时候，从别墅里走出一个人
•lái wèn xiǎo háir zài gàn shén me hái zi tái qǐ mǎn shì hàn zhū de liǎn dànr shuō
来，问小孩儿在干什么，孩子抬起满是汗珠的脸蛋儿，说：
Jiào liàn Shèng dàn jié dào le wǒ méi •yǒu lǐ wù sòng gěi nín wǒ yuàn gěi
“教练，圣诞节到了，我没有礼物送给您，我愿给
nín de shèng dàn shù wā yí gè shù kēng
您的圣诞树挖一个树坑。”

Jiào liàn bǎ xiǎo nán háir cóng shù kēng• lǐ lā shàng •lái shuō wǒ jīn tiān
教练把小男孩儿从树坑里拉上来，说，我今天
dé dào le shì jiè •shàng zuì hǎo de lǐ wù Míng tiān nǐ jiù dào wǒ de xùn liàn
得到了世界上最好的礼物。明天你就到我的训练

chǎng qù ba
场去吧。

Sān nián hòu zhè wèi shí qī suì de nán háir zài dì liù jiè zúqiú jǐn biāo sài•
三年后，这位十七岁的男孩儿在第六届足球锦标赛
shàng dú jìn èr shí yī qiú wèi Bā xī dì yī cì pěng huí le jīn bēi Yí gè yuán
上独进二十一球，为巴西第一次捧回了金杯。一个原//
lái bù wéi shì rén suǒ zhī de míng zi Bèi lì suí zhī chuán biàn shì jiè
来不为世人所知的——名字贝利，随之传遍世界。

48 《小鸟的天堂》节选（巴金）

Wǒ men de chuán jiàn jiàn de bī jìn róng shù le Wǒ yǒu jī •huì kàn qīng tā
我们的船渐渐地逼近榕树了。我有机会看清它
de zhēn miàn mù Shì yì kē dà shù yǒu shǔ •bù qīng de yā zhī zhī •shàng yòu
的真面目：是一棵大树，有数不清的丫枝，枝上又
shēng gēn yǒu xǔ duō gēn yì zhí chuí dào dì •shàng shēn jìn ní tǔ • lǐ Yí bù
生根，有许多根一直垂到地上，伸进泥土里。一部
fen shù zhī chuí dào shuǐ miàn cóng yuǎn chù kàn jiù xiàng yì kē dà shù xié tǎng
分树枝垂到水面，从远处看，就像一棵大树斜躺
zài shuǐ miàn •shàng yí yàng
在水面上一样。

Xiàn zài zhèng shì zhī fán yè mào de shí jié Zhè kē róng shù hǎo xiàng zài bǎ
现在正是枝繁叶茂的时节。这棵榕树好像在把
tā de quán bù shēng mìng lì zhǎn shì gěi wǒ men kàn Nà me duō de lǜ yè yí
它的全部生命力展示给我们看。那么多的绿叶，一
cù duī zài lìng yí cù de shàng •miàn bù liú yì diǎnr fèng xì Cuì lǜ de yán sè
簇堆在另一簇的上面，不留一点缝隙。翠绿的颜色
míng liàng de zài wǒ men de yǎn qián shǎn yào sì hū měi yí piàn shù yè •shàng
明亮地在我们的眼前闪耀，似乎每一片树叶上
dōu yǒu yí gè xīn de shēng mìng zài chàn dòng zhè měi lì de nán guó de shù
都有一个新的生命在颤动，这美丽的南国的树！

Chuán zài shù •xià bó le piàn kè àn •shàng hěn shī wǒ men méi •yǒu shàng
船在树下泊了片刻，岸上很湿，我们没有上
•qù Péng you shuō zhè • lǐ shì niǎo de tiān táng yǒu xǔ duō niǎo zài zhè kē
去。朋友说这里是“鸟的天堂”，有许多鸟在这棵
shù •shàng zuò wō nóng mín bù xǔ rén qù zhuō tā men Wǒ fǎng fú tīng •jiàn
树上做窝，农民不许人去捉它们。我仿佛听见
jǐ zhī niǎo pū chì de shēng yīn dàn shì děng dào wǒ de yǎn jing zhù yì de kàn nà •
几只鸟扑翅的声音，但是等到我的眼睛注意地看那

lǐ shí wǒ què kàn•bu jiàn yì zhī niǎo de yǐng zi Zhǐ yǒu wú shù de shù gēn lì
里时，我却看不见一只鸟的影子。只有无数的树根立
zài dì •shàng xiàng xǔ duō gēn mù zhuāng Dì shì shī de dà gài zhǎng cháo
在地上，像许多根木桩。地是湿的，大概涨潮
shí hé shuǐ cháng cháng chōng•shàng àn •qù Niǎo de tiān táng •lǐ méi•yǒu
时河水常常冲上岸去。“鸟的天堂”里没有
yì zhī niǎo wǒ zhè yàng xiǎng dào Chuán kāi le yí gè péng you bō zhe
一只鸟，我这样想到。船开了，一个朋友拨着
chuán huǎn huǎn de liú dào hé zhōng jiān qù
船，缓缓地流到河中间去。

Dì èr tiān wǒ men huá zhe chuán dào yí gè péng you de jiā xiāng qù jiù
第二天，我们划着船到一个朋友的家乡去，就
shì nà ge yǒu shān yǒu tǎ de dì fang Cóng xué xiào chū fā wǒ men yòu jīng
是那个有山有塔的地方。从学校出发，我们又经
guò nà niǎo de tiān táng
过那鸟的天堂。

Zhè yí cì shì zài zǎo•chén yáng guāng zhào zài shuǐ miàn•shàng yě zhào
这一次是在早晨，阳光照在水面上，也照
zài shù shāo•shàng Yí qiè dōu xiǎn•dé fēi cháng guāng míng
在树梢上。一切都//显得非常光明。

49 《读书人是幸福人》节选（谢冕）

Wǒ cháng xiǎng dú shū rén shì shì jiān xìng fú rén yīn•wèi tā chú le yōng
我常想读书人是世间幸福人，因为他除了拥
yǒu xiàn shí de shì jiè zhī wài hái yōng yǒu lìng yí gè gèng wéi hào hàn yě gèng
有现实的世界之外，还拥有另一个更为浩瀚也更
wéi fēng fù de shì jiè Xiàn shí de shì jiè shì rén rén dōu yǒu de ér hòu yí gè shì
为丰富的世界。现实的世界是人人都有的，而后一个世
jiè què wéi dú shū rén suǒ dú yǒu Yóu cǐ wǒ xiǎng nà xiē shī qù huò bù néng
界却为读书人所独有。由此我想，那些失去或不能
yuè dú de rén shì duō me de bú xìng tā men de sàng shī shì bù kě bǔ cháng de
阅读的人是多么的不幸，他们的丧失是不可补偿的。
Shì jiān yǒu zhū duō de bù píng děng cái fù de bù píng děng quán lì de bù píng
世间有诸多的不平等，财富的不平等，权力的不平
děng ér yuè dú néng lì de yōng yǒu huò sàng shī què tǐ xiàn wéi jīng shén de bù
等，而阅读能力的拥有或丧失却体现为精神的不
píng děng
平等。

Yí gè rén de yì shēng zhǐ néng jīng lì zì jǐ yōng yǒu de nà yí fèn xīn yuè
一个人的一生，只能经历自己拥有的那一份欣悦，
nà yí fèn kǔ nàn yě xǔ zài jiā•shàng tā qīn zì wén zhī de nà yì xiē guān yú zì
那一份苦难，也许再加上他亲自闻知的那一些关于自
shēn yǐ wài de jīng lì hé jīng yàn Rán' ér rén men tōng guò yuè dú què néng
身以外的经历和经验。然而，人们通过阅读，却能
jìn rù bù tóng shí kōng de zhū duō tā rén de shì jiè Zhè yàng jù yǒu yuè dú
进入不同时空的诸多他人的世界。这样，具有阅读
néng lì de rén wú xíng jiān huò dé le chāo yuè yǒu xiàn shēng mìng de wú xiàn
能力的人，无形间获得了超越有限生命的无限
kě néng xìng Yuè dú bù jǐn shǐ tā duō shí le cǎo mù chóng yú zhī míng ér qiě
可能性。阅读不仅使他多识了草木虫鱼之名，而且
kě yǐ shàng sù yuǎn gǔ xià jí wèi lái bǎo lǎn cún zài de yǔ fēi cún zài de qí fēng
可以上溯远古下及未来，饱览存在的与非存在的奇风
yì sú
异俗。

Gèng wéi zhòng yào de shì dú shū jiā huì yú rén men de bù jǐn shì zhī shi de
更为重要的是，读书加惠于人们的不仅是知识的
zēng guǎng ér qiě hái zài yú jīng shén de gǎn huà yǔ táo yě Rén men cóng dú
增广，而且还在于精神的感化与陶冶。人们从读
shū xué zuò rén cóng nà xiē wǎng zhé xiān xián yǐ jí dāng dài cái jùn de zhù shù
书学做人，从那些往哲先贤以及当代才俊的著述
zhōng xué dé tā men de rén gé Rén men cóng Lún yǔ zhōng xué dé zhì huì
中学得他们的人格。人们从《论语》中学得智慧
de sī kǎo cóng Shǐ jì zhōng xué dé yán sù de lì shǐ jīng shén cóng Zhèng
的思考，从《史记》中学得严肃的历史精神，从《正
qì gē zhōng xué dé rén gé de gāng liè cóng Mǎ kè sī xué dé rén shì de jī
气歌》中学得人格的刚烈，从马克思学得人世//的激
qíng cóng Lǔ Xùn xué dé pī pàn jīng shén cóng tuō' ěr sī tài xué dé dào dé de
情，从鲁迅学得批判精神，从托尔斯泰学得道德的
zhí zhuó
执著。

50　《父亲的爱》节选（[美]艾尔玛·邦贝克）

Bà bù dǒng•dé zěn yàng biǎo dá ài shǐ wǒ men yì jiā rén róng qià xiāng chǔ
爸不懂得怎样表达爱，使我们一家人融洽相处
de shì wǒ mā Tā zhǐ shì měi tiān shàng bān xià bān ér mā zé bǎ wǒ men zuò
的是我妈。他只是每天上班下班，而妈则把我们做

guo de cuò shì kāi liè qīng dān rán hòu yóu tā lái zé mà wǒ men
过的错事开列清单，然后由他来责骂我们。

Yǒu yí cì wǒ tōu le yí kuài táng guǒ tā yào wǒ bǎ tā sòng huí•qù gào su
有一次我偷了一块糖果，他要我把它送回去，告诉
mài táng de shuō shì wǒ tōu•lái de shuō wǒ yuàn•yì tì tā chāi xiāng xiè huò
卖糖的说是我偷来的，说我愿意替他拆箱卸货
zuò wéi péi cháng Dàn mā ma què míng bai wǒ zhǐ shì gè hái zi
作为赔偿。但妈妈却明白我只是个孩子。

Wǒ zài yùn dòng chǎng dǎ qiū qiān diē duàn le tuǐ zài qián wǎng yī yuàn tú
我在运动场打秋千跌断了腿，在前往医院途
zhōng yì zhí bào zhe wǒ de shì wǒ mā Bà bǎ qì chē tíng zài jí zhěn shì mén
中一直抱着我的，是我妈。爸把汽车停在急诊室门
kǒu tā men jiào tā shǐ kāi shuō nà kòng wèi shì liú gěi jǐn jí chē liàng tíng fàng
口，他们叫他驶开，说那空位是留给紧急车辆停放
de Bà tīng le biàn jiào rǎng dào Nǐ yǐ wéi zhè shì shén me chē Lǚ
的。爸听了便叫嚷道：“你以为这是什么车？旅
yóu chē
游车？”

Zài wǒ shēng rì huì•shàng bà zǒng shì xiǎn•dé yǒu xiē bú dà xiāng chèn
在我生日会上，爸总是显得有些不大相称。
Tā zhǐ shì máng yú chuī qì qiú bù zhì cān zhuō zuò zá wù Bǎ chā zhe là zhú
他只是忙于吹气球，布置餐桌，做杂务。把插着蜡烛
de dàn gāo tuī guò•lái ràng wǒ chuī de shì wǒ mā
的蛋糕推过来让我吹的，是我妈。

Wǒ fān yuè zhào xiàng cè shí rén men zǒng shì wèn Nǐ bà ba shì shén me
我翻阅照相册时，人们总是问：“你爸爸是什么
yàng zi de Tiān xiǎo•dé Tā lǎo shì máng zhe tì bié•rén pāi zhào Mā hé
样子的？”天晓得！他老是忙着替别人拍照。妈和
wǒ xiào róng kě jū de yì qǐ pāi de zhào piàn duō de bù kě shèng shǔ
我笑容可掬地一起拍的照片，多得不可胜数。

Wǒ jì•dé mā yǒu yí cì jiào tā jiāo wǒ qí zì xíng chē wǒ jiào tā bié fàng
我记得妈有一次叫他教我骑自行车。我叫他别放
shǒu dàn tā què shuō shì yīng gāi fàng shǒu de shí hou le Wǒ shuāi dǎo zhī
手，但他却说是应该放手的时候了。我摔倒之
hòu mā pǎo guò•lái fú wǒ bà què huī shǒu yào tā zǒu kāi Wǒ dāng shí shēng
后，妈跑过来扶我，爸却挥手要她走开。我当时生
qì jí le jué xīn yào gěi tā diǎnr yán sè kàn Yú shì wǒ mǎ shàng pá•shàng zì
气极了，决心要给他点儿颜色看。于是我马上爬上自

xíngchē ér qiě zì jǐ qí gěi tā kàn Tā zhǐ shì wēixiào
行车，而且自己骑给他看。他只是微笑。

Wǒ niàn dà xué shí suǒ yǒu de jiā xìn dōu shì mā xiě de Tā chú le jì zhī
我念大学时，所有的家信都是妈写的。他//除了寄支
piàowài hái jì guo yì fēng duǎn jiǎn gěi wǒ shuō yīn•wèi wǒ bú zài cǎo píng•
票外，还寄过一封短柬给我，说因为我不在草坪
shàng tī zú qiú le suǒ yǐ tā de cǎo píng chǎng de hěn měi
上踢足球了，所以他的草坪长得很美。

第五章 命题说话测试项指要

“命题说话”是普通话水平测试中的最后一项，满分40分。其目的是测查应试者在无文字凭借的情况下说普通话的水平，重点测查语音标准程度、词汇语法规范程度和自然流畅程度。命题说话是一项综合能力的测试，它既包括对语音、词汇、语法的规范程度的考查，也包括对语气语调，即应试者以音达意、以声传情的一般技能的测查，事实上还包括了对应试人思维应变能力的测试。从试卷分值分布和测试目的上看，是分值最重、难度最大的一项。对于应试者来说，命题说话测试项的成败，是能否通过普通话水平测试的关键。

第一节 普通话机测第四项评分细则及要求

一、普通话机测第四项评分细则

普通话水平测试的四个测试项中，前三项都有文本依托，第四项“命题说话”只提供话题，说话内容由应试者自行组织。在人工测试环境中，测试员可以通过提示或引导，干预应试者的离题、背稿、说话时间不足等现象，在机测环境下，应试者得不到相应的提示、引导和干预，不规范应试现象增多或程度加重，针对上述新情况，机测命题说话的评分标准除保留《普通话水平测试大纲》规定的“语音标准程度”“词汇语法规范程度”“自然流畅程度”“缺时扣分”四项外，新增了“朗读文本”“无效语料”“离题”三个扣分项。各省依据《普通话水平测试大纲》制定出本省的具体评分细则，大同小异。

现将河南省普通话机测第四项评分细则介绍如下：

（一）目的

测查应试人员在无文字凭借的情况下说普通话的水平，重点测查语音标准程度、词汇语法规范程度和自然流畅程度。

（二）要求

应试人从试卷给定的两个话题中选择一个，围绕话题用日常口语方式，说满3分钟。

（三）评分标准

1. 语音标准程度，共15分，分六档：

一档：语音标准，无语音错误，扣0分；不成系统语音错误3个以内（含3个）扣1~2分。

二档：有方音但不明显，语音错误6个以内（含6个）扣3分；7~10个（含10个）扣4分。

三档：方音比较明显，语音错误6个以内（含6个）扣5分；7~10个（含10个）扣6分。

四档：方音比较明显，语音错误10~15个，视程度扣7~8分。

五档:方音明显,语音错误 15 个以内,视程度扣 9~11 分。

六档:方音浓重,语音错误 15 个以上,视程度扣 12~15 分。

2. 词汇语法规范程度,共 5 分,分四档:

一档:词汇、语法规范,扣 0 分。

二档:词汇、语法偶有不规范 1~2 次,扣 1~2 分。

三档:词汇、语法规范屡有不规范 3~5 次,扣 3~4 分。

四档:语无伦次,扣 5 分。

3. 自然流畅程度,共 3 分,分三档:

一档:语言自然流畅,扣 0 分。

二档:语言不太流畅,有 1~3 次停顿,每次不超过 3 秒,扣 1 分。

三档:语言不连贯,多次停顿,口语化较差,带朗读,视程度扣 2~3 分。

4. 朗读文本(背稿、内容雷同),共 5 分。

(1)无朗读文本现象,扣 0 分。

(2)有背稿嫌疑,扣 1 分。

(3)有背诵部分范文现象,扣 2 分。

(4)大部分使用范文内容,扣 3 分。

(5)全部使用范文内容,但能口语化,扣 4 分。

(6)全部使用范文内容,表达不流畅,扣 5 分。

5. 无效语料,共 3 分。

(1)没有无效语料,扣 0 分。

(2)在命题说话过程中,不断重复相同语句,大量使用“啊”“嗯”等语气词代替正常说话内容,视程度扣 1~2 分。

(3)在命题说话过程中,用读数、读短文、读题等大部分无效的语料填充说话时间,扣 3 分。

6. 离题,共 3 分。

(1)无离题现象,扣 0 分。

(2)跑题 10 秒以内,扣 1 分。

(3)跑题 10~30 秒以内,扣 2 分。

(4)跑题 30 秒以上,扣 3 分。

完全离题导致说话内容全篇无效,扣 40 分,即命题说话项成绩为 0 分。

7. 缺时,共 6 分。

(1)累计缺时 1″~20″,扣 1 分。

(2)累计缺时 20″~40″,扣 2 分。

(3)累计缺时 40″~1′,扣 3 分。

(4)累计缺时 1′~1′30″扣 4 分。

(5)累计缺时 1′30″~2′,扣 5 分。

(6)累计缺时 2′~2′30″,扣 6 分。

无说话或说话不到 30″,扣 40′,即命题说话项成绩为 0 分。

二、普通话机测第四项基本要求

(一)语音标准,吐字清晰

普通话和方言的最大区别就是语音。普通话水平测试的中心和重点也是语音。普通话水平测试用话题仅是对话题范围的规定,不是口头命题作文,不要求立意新颖,中心突出,语句优美,构思巧妙,只要求语音标准,吐字清晰,用词得当,语法规范,语流自然通畅。因此,语音是否标准,是说话项测试的重点。在第四项总分 40 分里,语音面貌占了 15 分。所谓语音面貌,指应试者使用普通话的语音标准程度。语音面貌的好坏至关重要。第四项人工打分时,测试员严格根据应试者的语音面貌,根据语音失误的情况,定性定量,确定等级,打出相应的分数。所以说话时,一定要尽量发准每一个字的字音,彻底纠正方言,不留方音尾巴。又因为第四项打分,是人工通过网上听应试者的录音来打分,所以要求应试者在说话时不但语音标准,还要吐字清晰,发音到位,发音方法准确,并且要注意语流音变。

但在命题说话中,由于应试者把主要的精力用于组织语言,往往没有精力顾及语音的标准程度,就有可能大大暴露语音方面的问题,尤其是方言重的应试者,这方面的问题会更加突出,因此,应试者在说话时要特别注意以下语音问题:

1.避免声调失误

声调就是每个字的字调。句子是由一个个字词组成的,如果能够明确自己方言区的字词声调和普通话声调上的对应关系,再加上有针对性的练习,就会克服方言语调。另外,对一些平时容易出错的词也应该特别留心,在考试前练习说话时及时纠正。比如:“因为”的“为”“比较”的“较”“质量”的“质”“角色”的“角”等等。

2.避免系统性语音错误的出现

所谓系统性语音错误是指声母或韵母系统多次出现问题,如平翘舌音系统、前后鼻音系统,都是一些方言区的应试者常出错的问题。如果有这些问题,测试时一定要格外小心。比如:n、l 不分的人,在说话时可以有意识地避开使用那些容易出错的词汇,选用其他常用又能准确发音的词汇代替,如“脑袋”可以说成“头”,“哪里”可以说成“什么地方”等等。

(二)用词恰当,语法规范

在命题说话中,要求应试者使用规范的现代汉语语汇和语法。但随着社会的发展,生活新领域的开拓,除了方言土语,不规范的网络用语,加上外来用语以及街谈巷议中的生造词汇和生造句式,不断侵蚀着汉语的词汇和语法规范,挑战着我们的语言习惯。虽然普通话考试不是口才和语音、语法知识的测试,但是在普通话测试中,我们使用的口语,一定不能逾越现有的普通话基本的语汇语法规则,在组织句子和选用句式时,不能使用方言土语和杜撰的句子和句式。以下问题需要特别注意:

1.避免方言词汇的出现

普通话是以北方方言为基础方言,北方方言并不是都能进入普通话语汇的。但是在测试过程中,应试者很容易随口说出方言土语或是不规范的词汇。其中的原因很多。有的是不知道方言土语和普通话语汇的区别;有的知道其中的区别,但是由于平时说惯了方言土语,再加上受测时心情过分紧张,从而导致仓促之间信号转换发生问题,在说话中使用方言土语。总之一定要避免方言土语，使用普通话规范语汇。

2.多用口语词，少用书面语

说话属于口语，它在词语和句式选择上与书面语有很多不同。一些词语虽然意思比较接近，但是由于经常使用的场合不同，因而在语体色彩或风格上会产生一些差别，从而形成口语和书面语的区别。比如“诞辰”和“生日”就是如此。再如“诸如”常用在公文里，口头上说，可改为“比方说……”在说话时应多用口语语汇，少用或不用书面语语汇，尤其要避免使用晦涩难懂的文言语汇。像“孔子如是说”，完全可以说成“孔子曾这样说过”。

3.避免语法错误

在命题说话时，尽管语法的不规范问题没有语音、语汇多，但也应该避免不规范的现象。主要注意以下语法不规范问题：一是语序问题。如“我不知道说什么该”。二是成分残缺。如“他的歌唱得非常感动”。三是词序颠倒。如“我们讨论并且听了校长的报告”。四是搭配不当。如“他的学生生活非常优厚”。五是重复多余。如“今天有可能一定下雨”。六是造成歧义。如“把这个本子给我和小红吧”。

（三）语言简洁，表达流畅

说话应力求简洁，避免重复信息和多余信息。像夹在句子中间的“就是”“这个”“那个”“然后”“嗯”等口头禅，是一种典型的毫无意义的冗余部分，它使语句断断续续，听起来很不流畅，因此一定要避免这些口头禅。有的应试者甚至有整句话重复的现象，非常影响表达效果。重复啰嗦的原因主要是大脑思维出现障碍以后，不自觉地重复某些字眼，利用重复来填补一时接不上话的空档，或者是对话题不明确，思维的定向性不够，一句话总要推倒重来。在说话中，这种情况偶尔出现一两次还可以，多了就变成了口头禅或“水分词”，直接影响到说话的流畅度，所以，说话时一定要做到语言简洁明了。

在口语表达中，语句流畅与否，对表达效果影响很大。流畅的语句，好像行云流水，听起来非常容易理解，而且很有吸引力和感染力。反之，听上去断断续续，不容易领会，听者容易疲劳或烦躁，直接影响测试成绩。

要使语句流畅，应该多用短句，少用长句。在口语中，人们接收信息不像看书可以一目十行，句子长一点也可以一眼扫到。听话时语音信号是按线性次序一个挨一个鱼贯而进入耳朵的。如果句子长了，或者结构复杂了，那么当句子末尾进入脑海时，句子的开头或许已经印象不深了。在听话的人脑子中，句子便不完整。所以，在选择句式方面，也应该考虑到口语的特点。口语的句子比较短小，比较简略，应当多使用短句、散句、省略句、非主谓句、独词句等，少用长句、整句、成分复杂的句子和多重复句。在必要的时侯，应当把整句化为散句，把长句化为短句。

（四）话语自然，语速适当

命题说话要求像平时说话一样放松、自然。我们平时说话大多有一定的情景，说话人带着一定的目的、一定的感情，因而内容不需要组织，表达起来也会很生动。而命题说话的范围是规定好的，说话人对抽到的内容不一定感兴趣，甚至可能会无话可说。在挖空心思组织语言的同时，还要注意语音的标准，语言的简洁，表达的规范，这些要求，在实际应试中是有一定难度的。说话要做到自然，就要按照日常口语的语音、语调来说话，不要带着朗读或背诵的腔调。需要强调指出的是,进行说话准备,不要把说话材料写成书面材料去背诵,而说话时有“背稿”痕迹,会被扣去相应的分数。

语速适当,是话语自然的重要表现。正常语速大约 240 个音节/分钟均应视为正常。语速和语言流畅程度是成正比的,一般说来,语速越快,语言越流畅。但在命题说话的测试中,语速过快就容易导致发音时口腔打不开、元音的动程不够和归音到位,甚至因为语速快,大脑反应不过来而频频出现方言土语。语速过慢有两种情况:一是由于紧张等多种原因,有的人说着说着,思维和语流会突然中断,造成张口结舌、无话可说的窘境。也有人说说停停或边说边纠正发音错误,这些都会影响到说话的流畅自然。二是有人为了不在语音上出错,说话时一个字、一个字地往外挤,导致语流凝滞,话语不够连贯,听起来非常生硬。

有的受测人对说话项的要求不明确,或是准备不充分,说完后离规定的时间还有距离,不得不临时组织语言,造成说话不流畅自然。因而,过快和过慢的语速都应该努力避免。

在测试中,有这么几个问题,需要补充说明。一个是语汇量少的问题。有的应试者在测试中“投机取巧”,说所谓的“车轱辘话”,像“我家小狗通通生小狗了,取名毛毛。过了几个月,毛毛又生小狗了……”3 分钟下来,“我”家的小狗诞生了五代。这种情况,要在无效语料一项中扣分。

第二节　命题说话的准备技巧

口头表达的效果,除了语音自然、用词恰当、语句流畅之外,构思得法亦是重要的一点。因为既然是表达,就必然有审题、选材、结构方面的问题。审题不当、跑题偏题、无的放矢是不可能说好的。剪裁不当,当详不详就会表达不清,当简不简又会显得啰嗦。结构不完整不行,结构混乱也不符合要求。

一、确定体裁,审题分类

文章的体裁可以分为记叙、议论、说明等几类。总起来说,可以把话题分为记叙和议论两大类。由于题目的类型不同,它们的要求也不相同。例如记叙,它要求中心突出、交代清楚,信息丰富。记人的,要有外貌的描述,也要有精神的描述。如“我尊敬的人”“我的朋友”“童年的记忆”等。写事的,时间、地点、事件的发生、发展和结局要交代。如“难忘的旅行”“我的愿望”“我喜欢的节日”“我的假日生活”等。议论的说话要求观点明确,发挥充分,结构完整,不能有头无尾或者虎头蛇尾。如“谈谈卫生与健康”“谈谈科技发展与社会生活”“谈谈个人修养”“谈谈对环境保护的认识”等。分类只是大致的划分,并不是绝对的。体裁因话题而异,也因说话人的生活经历、特长和兴趣而异。体裁一经确定,选择材料、构思结构就有了依托。例如有的话题既可以作为记叙,又可以用作议论。“谈谈服饰”“购物的感受”就是两可的话题。还有一些话题,可以从人的角度,也可以从事物的角度去说。例如“我和体育”可以从自己对体育的看法说,也可以从体育对自己的影响说,有一定的灵活性。构思时可以从两类话题的特点出发,快速组织说话大纲。

二、化多为少，灵活转借

鉴于此项的考察目的，应试人要清楚用普通话说话“准确规范流畅”很重要，至于说的内容，只要与话题有关，不算跑题。因此准备说话提纲时，可以对内容相近话题进行适当合并，正式说话时根据需要进行调整，灵活转借，以此提高效率。如话题中“我的愿望”“我喜爱的职业”“我的学习生活”“学习普通话的体会”，其内容部分可以相同。而“我尊敬的人”“童年的记忆”“我的朋友”“我的成长之路”，说话时也可以互相借用。再如“难忘的旅行”“我的业余生活”“我的假日生活”“我向往的地方”，可作为一组准备。“我知道的风俗、我喜爱的节日”，其实按一个话题构思即可。总之，只要认真分析，总可以找出不同话题中的相同内容，按照这样的方法准备，既节约了时间，也提高了表达时的准确率。

三、结构得法，叙事为主

命题说话是检测应试人在规定时间内说普通话的能力，因此并不要求构思巧妙、结构完整。但结构与话题有关，不同的话题有不同的结构。大体说来，都可按总—分——总的结构构思。

议论性的谈话多少有点像即席演讲。它应该有一个小小的开场白，讲清自己所讲的话题，然后进入主体。主体部分应该摆出自己的观点。结论部分应该用简洁的语言总结并把自己的观点强调一下，以使听众留下深刻的印象。例如一位学生说到话题“谈谈对环境保护的认识”，她选择了水，说话时在解题部分抓住人们对自然的奥秘谈起，谈到变化无穷的自然。接着话锋一转，就谈到自然界中最平常，然而又变化很大，对生命影响极大的水，这就引入了正题。主体部分详述水的各种姿态：上天入地，雨雪云露，水与人类生命的密切关联，目前水资源污染的现状及带来的危害。结论部分谈到保护水资源重要性，甚至谈到自己受到水的启示，想到要在自己的性格中学习水能方能圆的灵活性；还要学习水的宽容性，包容性。这是结构较为成功的例子。但是在实际测试中，要达到这样理想的效果，无疑对受测人提出了更高的要求。因此，面对议论性的话题，开篇要点题，然后表明自己的看法和观点，在后面的主题部分，则可以引用生活中相关的一两件事例予以说明，既丰富了说话的内容，也更便于组织材料，进行口语化的表达。

记叙性的讲话开始也要解题，自然地引入了主题后，围绕话题说出两三件事，要详细地交代人物、事件的来龙去脉，叙述要娓娓道来，条理要清楚。结语部分可以用总结方式，也可用感情交流的方法。

总之，文无定法，应当根据具体内容和自己说话的习惯，安排适当的结构，无论是议论性的话题还是叙事性的话题都要列举事例，以叙事为主，这样既便于记忆，又便于表达。

四、审词定音，练习表达

说话的内容、体裁、结构确定以后，就要注意审词定音。所谓审词，是指选择和确定规范的词语，避免出现文言词、方言词、同音词，以免在理解上带来障碍。比如说“期中考试”和“期终考试”在口语中就很容易混淆，可以把“期终”改为“期末”。除了要注意用语的规范之外，还要注意词语传情达意的准确，避免出现言不及义的现象。所谓“定音”是指把自己话语中出现频率较高而且容易出现读音错误的字音审定一下。如果在平时说话时平翘舌音总不分,在准备好说话材料之后,要把准备的说话材料中所使用的平翘舌音字词整理一下,逐个确定其正确读音,然后反复练习,加强记忆。对其中的顽固性错误,如果在短期内很难改过来,或者担心在测试中由于紧张等原因而出错,则可以果断替换该词语,比如"称颂"可以说成"颂扬"。总之,趋易避难,扬长避短,是定音的原则。应试者可以根据这个原则,结合自身实际情况,灵活地采用适合自己的方法。

练习说话的方法很多。应试人可以根据自己的条件和水平,从练胆量、练字音、练音量、练思维等方面,采取适合自己的方法进行练习。

普通话基础比较好、表达能力较强的人,可以采用自我练习的方式,现想现说,不必准备说话提纲。有方音,或表达能力较差,或心理素质不好的应试者,在准备好说话材料或列好说话提纲的情况下,自己试着说几遍,直到自己满意为止。也可以用手机把自己说的话录下来,然后放录音,自己从语音、语汇、语法等各方面去挑挑毛病,发现缺点,及时纠正。还可以采用人前练习的方法,练习的时候,请别人随时纠正自己的错误。这样做,比自我训练效果更好一些,对于克服临场紧张情绪也有一定作用。无论是人前练习还是自己练习,都要注意从语音、语汇、语法各方面严格要求自己,发现毛病,及时改正,并通过适当强度的反复训练加以巩固。对于"顽固性"的方音错误尤其要注意改正,避免遗留甚至"强化"错误。刚开始练习的时候,可以拿说话稿,先把握字音和熟悉内容,但是不要去一字不漏、一字不改地背稿;再努力练习"说"的特点,以免在受测时出现类似背稿现象;最后脱掉稿子或提纲,现想现说,做到语音准确,词汇语法规范,表达自然流畅,说足 3 分钟。

第三节　命题说话测试题归类合并与思路点拨

一、归类合并

为了使应试者在测试时说话有所依托,《普通通话水平测试大纲》提供了 30 个话题(见强化训练八)。在计算机辅助普通话水平测试中,又把这 30 个话题两两搭配,构成了 50 组谈话题目。这么多题目,怎么准备得过来?其实,仔细分析就会发现,之后合并相同的话题,就化多为少了。笔者按自己的意愿每套选出一个谈话题目,就缩减成了下列 20 个谈话题目(括号里是 30 个普通话水平测试用话题编号),仅供应试者参考。

1.(1)我的愿望(或理想)

2.(2)我的学习生活

3.(3)我尊敬的人

4.(4)我喜爱的动物(或植物)

5.(5)童年的记忆

6.(7)难忘的旅行

7.(8)我的朋友

8.(11)我的业余生活

9.(12)我喜欢的季节(或天气)
10.(13)学习普通话的体会
11.(15)我的假日生活
12.(16)我的成长之路
13.(18)我知道的风俗
14.(20)我的家乡
15.(21)谈谈美食
16.(22)我喜欢的节日
17.(23)我所在的集体(学校、机关、公司等)
18.(27)我喜爱的书刊
19.(29)我向往的地方
20.(30)购物(消费)的感受

二、思路点拨

普通话测试的30个话题从不同角度不同侧面规定了说话的大致范围。话题提供了说话的方向,绝不是口头作文的题目。正式测试时为了避免临场慌乱而不知所云,首先理清每一个话题的说话思路非常重要。我们就以上述归类合并后的20个话题为例进行解题和思路点拨,旨在给应试者一个方法和借鉴。

1.我的愿望(或理想)

愿望或理想是个人内心觉得有意义、有价值的对未来的期盼或憧憬,可以是已实现的,也可以是尚未实现的。

首先可以从小的时候有过什么愿望(或理想)说起,接着说说随着年龄的增长,学习、生活环境的变化,愿望(或理想)有着怎样的变化,然后再说说现在有什么愿望(或理想)。这其中可以说说大的、远期的愿望(或理想),也可以说说近期的、小的愿望或期盼。还可以集中说某一愿望(或理想),为什么有这样的愿望(或理想),为它做出了怎样的努力,经历了怎样的坎坷和挫折,现在的状况或最终的结果如何。

2.我的学习生活

学习生活,从狭义来说是指一个人在学校学习的经历和过程。从广义来说一个人的成长经历就是终身学习的过程。比如:在生活或工作过程中,自己是怎样在生活实践中学习锻炼、怎样继续深化专业知识和技能学习、怎样向他人学习经验等等。

首先可以说说自己从小学到现在,在学校学习的经历,也可以说某一阶段、某一方面(如某类专业知识或专业技能)的学习经历。这些都可以从学习的环境、学习的内容、学习的方式、学习的得与失等方面去说。也可以说说学习生活中某些难忘的经历,具体说一两件有趣的或记忆深刻的事情。

3.我尊敬的人

尊敬的人可以是伟人、英雄、名人,也可以是自己身边普通的人,如师长、同学、同事、好友。不管要说的尊敬的人是谁,必须要对他(们)有较多的了解,这样才能保证“话”源充足,说起来自然流畅。

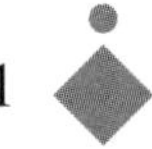

说话的重点是要说他（们）值得尊敬的原因。我尊敬的人为什么值得我尊敬，一般可以从他（们）的道德修养、学识才艺、为人处事、社会贡献和社会影响等方面去说，不必面面俱到，可以重点举一两件具体的事例来说。

我尊敬的人，也可以从他（们）与我的关系方面去说值得我尊敬的原因，如他（们）曾经在我的生活、学习或成长过程中或在我遇到困难挫折的时候，给予了我无私的关爱和帮助。

4.我喜爱的动物（或植物）

每个人都有自己喜爱的动物（或植物），既然喜爱肯定有喜爱的理由，这正是本话题的要点所在。可以说某一类你喜爱的动物（或植物），也可以说某一个具体的你喜爱的动物（或植物）。选择一两个自己了解比较多的动物（或植物）来说，这样说起来才会得心应“口”。

喜爱的理由可以是多方面的。如果是动物，可以从它的外貌外形、生活习性、功能作用或你饲养它的经历等方面来说。比如，我喜爱的动物是小花猫，说话思路如下：紧扣“小”字，细致入微地介绍它的外形特征、生活习性以及和我的关系，突出“喜爱”之情。

（1）我喜爱的小动物是小花猫。

（2）描绘小猫的外形、颜色（皮毛、眼睛、耳朵、爪子）。

（3）讲述猫的食、住、行（晒太阳、睡懒觉的神态，捕捉老鼠的过程等）。

（4）猫给我带来了许多乐趣（如抓毛线团、追皮球、跳高等）。

如果是植物，则可以从它的外形、习性、颜色、香味、果实、对环境的作用或种植的方法等方面来说。

无论是动物还是植物，都还可以用托物言志的方法进一步说说它的象征意义，这也是或正是你喜爱它的主要原因。

5.童年的记忆

每个人都有童年，提起童年，能勾起许多难忘的回忆，如小时候的学习生活、游戏活动、玩耍伙伴以及生活状况、欢乐痛苦、所见所闻等。这些最珍贵、最难忘、最快乐、最有趣的，抑或是辛酸的故事都可以是本话题的内容。

可以说与小伙伴一起嬉戏的开心有趣，也可以说在爷爷、奶奶、爸爸、妈妈呵护下快乐成长的美好回忆，还可以说在学校与老师、同学一起学习、进步的充实快乐，当然，也可以说童年时期的艰难辛酸。

童年时代的生活无论是温馨还是辛酸，对自己的成长都有着很大的影响，它们在今天可能都成了宝贵的精神财富，所以，也可以重点说某一两件事给自己的教训或启迪。

6.难忘的旅行

一个人所经历的旅行可能不止一次，但要说出难忘，就要说说“难忘”在哪里。比如：

（1）“第一次”往往是令人难忘的，因而可以说说自己旅行经历中的“第一次”。第一次出门旅行，第一次独自旅行，第一次和同学（朋友或恋人）旅行，第一次坐火车、轮船、飞机，第一次看到大山、大海，等等。

（2）介绍旅行的准备、开始，经历、结束等过程，突出其中有趣或有意义的令自己难忘的情节。

（3）说说某次旅行中比较特别的见闻，有趣的或是令人感动的故事。当然，也可以说说旅行中一些不愉快的经历，这也是难忘的原因。

7.我的朋友

朋友是指与自己关系亲近、密切的人，也可以是与自己关系一般的同学、同事、熟人，还可以是现在时兴的网友、驴(旅)友等。

首先要介绍朋友的基本情况，然后重点说说自己与他(她)是如何成为朋友的。可以从性格特点、兴趣爱好等方面去说，也可以说说因为某件事或某次特殊的经历，自己和他(她)成为朋友。然后说说朋友事业、家庭等方面的情况，你们之间的交往、感情，你们之间所发生的一些有趣的、有意义的事情。

8.我的业余生活

业余生活在我们每个人的工作生活中占有一定的空间。业余生活一般都与自己的兴趣爱好有直接的关系，业余生活的内容，以及它给你带来的乐趣、收获等都是本话题说话的素材。

可能你的业余生活非常丰富，如体育运动、旅游垂钓、上网娱乐、看书写作、养鱼种花等等，选择一些自己熟悉的内容来说。

说一种业余爱好，要介绍它的内容、特点、活动方式，以及它带给你的乐趣和收获。可以说说自己在不同阶段业余生活的不断变化，如学生阶段，参加工作以后，成家育子以后自己的业余生活发生了哪些变化。

9.我喜欢的季节(或天气)

本话题重点要说出所喜欢的季节(或天气)的特点以及喜欢的原因。

说喜欢的季节可以从自己所处的地域说起，说说那里的四季或你喜欢的季节有什么特点。然后再从以下几方面说说喜欢的原因，可以是性情的原因，如有人喜欢春暖花开，有人喜欢冬雪飘飘，有人喜欢秋高气爽。也可以是身体，生活、工作或其他特殊情况造成的原因。

还可以说说自己在不同时期(不同年龄段)所喜欢的季节的不同，并要说说其变化的原因。

10.学习普通话的体会

本话题要介绍自己在学习普通话过程中的感受、心得体会，在这个过程中遇到过哪些困难，如何解决的，自己有了怎样的进步。

(1)先从学习普通话之前对普通话的感性认识说起，比如，原来以为自己是北方人，自己的方言与普通话很接近，说普通话很容易。学习了普通话之后，才发现自己原来对普通话的认识很肤浅。

(2)再从学习普通话的方法上来说，可以谈谈自己是怎样练习声、韵、调和音变的发音的，怎样向他人学习，跟广播、电视学习，怎样克服困难，在实际交往中逐渐熟练运用普通话的。

(3)也可以结合自己的学习、生活或工作经历，举例说说在社会交际中说普通话与不说普通话所带来的不同效果。

11.我的假日生活

双休日、节假日、寒暑假，这些节假日里的活动都可以是本话题的内容。

可以把双休日和较长的节假日、寒暑假分开来说。先说说双休日一般是怎样安排的，再说说较长的假日是如何度过的。

无论哪一种假日生活，都可以说说这样几个方面的内容：看书学习、体育锻炼、旅游观光、娱乐休闲、走亲访友、处理家务。说话内容可以多涉及几个方面，也可以重点说说某一个方面。

12.我的成长之路

成长之路就是一个人从小到大逐渐成熟、进步的经历与过程。这一过程中经历的事情以及自己从中获得的教益、启迪，是本话题的主要内容。

可以从小到大一路说来，依次介绍各个年龄段的大致情况，说说每个阶段的不同特点及自己的收获、进步。也可以重点说说自己成长过程中某些较为特殊的经历，比如，曾遇到的困难，说自己是如何战胜困难，走出困境的。

还可以说说在自己人生某个紧要关头曾得到某好心人的帮扶、某老师的教诲指点。可以说说自己曾不慎走过的弯路，曾留下的终生遗憾和深刻的教训等等。

总之，可以说自己一帆风顺的成长经历，可以说成功的艰辛和喜悦，也可以说曾经的挫折和不堪、失败的教训和遗憾。

13.我知道的风俗

风俗就是风尚、礼节、习惯、习俗，每个地方都有自己的风俗，所以每个人都会了解一些自己曾经生活过的地方的风俗，因而说自己熟悉的家乡风俗，信手拈来，自由灵活了解多的就说详细点，了解少的就说简略些。当然也可以说自己了解的其他地方、其他民族，甚至外国的风俗。

(1)介绍自己家乡的风俗，如年节风俗、婚丧寿诞风俗、日常生活风俗等，可以说说这些风俗活动中的细节和有趣的地方。比如春节，它是全国人都非常重视的汉民族的重大节日。

(2)可以按照时间，逐个介绍重要的节日活动，如正月十五闹元宵、二月初二赛龙舟、四月清明节、五月端午节、八月十五吃月饼等等。但需要注意应选取较为熟悉的风俗，讲清它的全过程。

(3)说说某些比较特别的、有趣的民族风俗或某地域风俗，介绍其风俗活动中特别的、有趣的细节。

(4)也可以对不同地域的某些相关风俗作对比性介绍。

(5)说说某些风俗的历史文化内涵，如它的起源，与什么历史事件、历史人物有关，有何纪念意义、象征意义。

14.我的家乡(或熟悉的地方)

凡是你对家乡(或熟悉的地方)了解的，都可以是本话题的内容。

首先介绍家乡(或熟悉的地方)的地理位置、自然风貌、资源物产、风土人情、人文历史等。然后说说家乡(或熟悉的地方)若干年来发生了哪些变化。可以从交通的发达、环境的建设、人们的生活水平的提高等方面作对比来说。

最后，说说自己与家乡的关系，对它的感情，在那里生长、生活、学习或工作的经历等等。

15.谈谈美食

美食不一定专指那些高档的美味大餐，也包括那些可口的、健康的、你喜欢吃的普通菜肴和食品。这样去理解美食，它与自己就更接近了，可说的内容就多了。

先从对“美食”这一概念的理解说起，然后举例说说你所了解的特色菜肴、特色食品、风味小吃等，也可以说说自己制作美食的过程、经验。可以重点说某一种美食，介绍它的制作过程、营养价值，说说它的保健作用。最后可以说说美食中所蕴含的历史文化内涵，如它的起源、演变和象征意义等。

16.我喜欢的节日

节日，规定了话题的选材范围。生活中有很多很热闹、有意义的节日。春节、国庆、清明、重阳、“五·四”、“三·八”，都可以是自己喜欢的节日。要说的重点当然是喜欢的原因。热闹、开心、团聚、休闲等是公众化的原因，也可以说说自己个性化的原因。

(1)说说你喜欢这个节日的原因，这个节日你是怎样度过的，有哪些有意义、有趣的活动。

(2)对喜欢的节日的历史文化内涵作一些介绍，说说它的来源、演变，有怎样的社会意义和象征意义。

(3)说说随着年龄的增长、环境的改变，你所喜欢的节日有着怎样的变化。

需要提醒大家的是：时常有考生在应试时把这个话题误看成“我喜欢的节目”，这是要按离题扣分的。

17.我所在的集体(学校、机关、公司等)

我所在的集体(学校、机关、公司)，所有与这个集体有关的内容都可以说。这个集体的范围可大可小，大到一个单位整体，小到一个部门、小组、寝室。

先从介绍自己所在的集体(学校、机关、公司)的名称、位置、性质、规模、职责、经营或服务范围等说起，然后说说自己在这个集体中的位置，说说这个集体里的成员，说说你们是怎样和谐相处、团结协作的。也可以说说集体成员中发生的有趣和有意义的故事。最后，说说这个集体对自己的影响，自己在这个集体里发挥的作用。

例如说“我所在的学校”，可以选取所在学校的教风、学风、教改特点、教学实绩，领导与教师、同事与同事、教师与学生等方面入手，化大为小，化整为零，通过具体实例展现这个集体的风气(学校教风严谨、学生团结互助、领导清正廉洁、教师为人师表等)。

18.我喜爱的书刊

说喜爱的书刊，重点要说的是喜爱的理由。可以从书刊的内容方面说，比如内容的丰富、情节的精彩、人物的生动、思想的深邃、语言的优美等。其实插图的艺术、装帧的精美等也可以成为为喜爱的理由。如果喜爱的是杂志，还可以结合其栏目板块的设置来说。也可以说说别的理由，如自己的人生经历与作者或书中的人物命运有某些相似，或是在某特定情境中发现、阅读了它，或是它的来历非同寻常，这些也都可以成为你喜爱它的理由。

(1)选择具体的书刊，简单介绍它的基本情况或内容，说说自己为什么喜爱它，它对自己产生过什么影响。

中外名著浩如烟海，应试者可以打开记忆之门，去搜寻“最爱读”的小说，比如《老人与海》，先介绍作者海明威，简述桑迪亚哥出海捕鱼，与鲨鱼、鲸鱼搏斗的故事梗概。再分析人物形象，桑迪亚哥是一位具有硬汉性格的人物形象，他敢于同困难做斗争，不畏艰险，意志顽强，他的身上有海明威自己的影子。最后说喜欢读它的原因，是在自己遇到困难的时候，读读《老人与海》，总会从中获得一股无形的力量，去面对困难，克服困难。

(2)你喜爱的书刊也许有人对它有不同的看法，甚至完全否定它，你可以为你喜爱的书刊作一些辩护。

提醒大家注意的是，有的考生说这个话题时，开始只是简单说一下“我喜爱的书刊是XX，其中有这样一篇故事令我至今难忘”，后面就全部是讲述那个故事了，这在测评时是要按离题扣分的。

19.我向往的地方

向往的地方可以是风景名胜，也可以是普通的地方，关键是要说出“向往”的原因。

(1)向往的地方是风景名胜，可直接描述它美丽的自然风光、人文景观，自然风光要说出它的特点，人文景观可说说它的历史文化内涵。

(2)向往的是一个普通的地方，可能就有你自己独特的原因，比如，那里可能有你思念的亲人，可能珍藏着你美好的童年记忆，也可能是你人生的梦想所在。因而这个向往的地方可以是城市、村庄，也可以是高等学府，还可以是你施展才华、实现抱负的工作岗位。可以具体说说向往中经历了哪些辛酸的期待，付出了怎样艰苦的努力，以及“向往”成功以后的喜悦。

20.购物(消费)的感受

购物(消费)的经历人人都有，但感受可能各不相同。可以是买到了货真价实、价廉物美的商品，受到了热情周到的服务时的舒心、顺心、开心；也可能是一不小心买到了假冒伪劣商品，受到了欺骗、讹诈时的郁闷、无奈和愤怒。

结合某次具体的购物(消费)的经历，说说这一过程和感受。也可以结合自己的经历和体会，说说购物(消费)时防欺诈、识别假冒伪劣的方法经验以及注意事项等。

强化训练八　命题说话实战训练

下列是30个普通话水平测试用话题，按要求完成下面三题。

1.我的愿望(或理想)

2.我的学习生活

3.我尊敬的人

4.我喜爱的动物(或植物)

5.童年的记忆

6.我喜爱的职业

7.难忘的旅行

8.我的朋友

9.我喜爱的文学(或其他)艺术形式

10.谈谈卫生与健康

11.我的业余生活

12.我喜欢的季节(或)天气

13.学习普通话的体会

14.谈谈服饰
15.我的假日生活
16.我的成长之路
17.谈谈科技发展与社会生活
18.我知道的风俗
19.我和体育
20.我的家乡(或熟悉的地方)
21.谈谈美食
22.我喜欢的节日
23.我所在的集体(学校、机关、公司等)
24.谈谈社会公德(或职业道德)
25.谈谈个人修养
26.我喜爱的明星(或其他知名人士)
27.我喜爱的书刊
28.谈谈对环境保护的认识
29.我向往的地方
30.购物(消费)的感受

一、普通话水平测试用话题仅是对话题范围的规定,并不规定话题的具体内容,请把 30 个话题按照体裁(或题材)归类合并,化多为少。

二、"命题说话"是测查应试人在无文字凭的情况下说普通话的水平,为了应试时能做到语音标准、词汇语法规范和自然流畅,请为自己归类合并后的话题列出说话提纲。

三、围绕上述自己归类合并后的话题,按照自己所列提纲,练习说话。

要求:

1. 语音标准、词汇语法规范、自然流畅、语速适中。
2. 围绕话题连续说满 3 分钟。
3. 说身边的事,说自己的话,切勿背他人之稿。

第六章 普通话上机测试指导

近年来,计算机辅助普通话水平测试在许多地方得到推广和运用。国家普通话水平智能测试系统是参加普通话机测的考试应用软件。在考试过程中,考生可以按照测试程序的指示,逐步完成考试内容及相关操作,其测试内容仍为四项,评分标准不变。

第一节 计算机辅助普通话水平测试流程和步骤

一、测试流程

(一)报名

报名时须携带身份证和一张一寸近期正面免冠电子照片(黑白、彩色均可)。报名时按测试站的要求填写报名信息表,填写后要认真核对检查,报名一经确认,就不能更改。因个人内容填写不正确而造成的后果由填写者自己负责。

(二)领取准考证

应试考生根据测试站要求时间领取准考证,拿到准考证后,应重点核对以下内容:姓名(务必与身份证一致),身份证号码,考场编号,测试日期,考试时间等主要信息,若有差错,应马上与测试站联系及时申请更正。

(三)培训

初次参加普通话水平测试的人,应该参加普通话水平测试考前培训,了解以下内容:普通话水平测试的特点及要求;普通话声韵调的知识及音准训练;普通话语流音变训练;朗读技巧训练;命题说话能力训练;计算机辅助普通话水平测试中的注意事项说明等。

(四)候测

应试考生应在规定测试时间之前30分钟到候测室报道。测试时间前15分钟,考务人员通知考生准备测试,考生交验准考证和身份证(或学生证),无误后,进入备测室。

(五)备测

考生进入备测室后,随机领取带有考试机位号的试卷。考生在备测室准备试题内容,不得在备测室内交头接耳、大声喧哗,不得在试卷上做出任何标记,不得随身携带任何文字资料和电子产品,关闭通讯工具。同时,一定要记清楚自己的考试机位号。得到考务人员上机测试的通知后,进入测试室进行测试。

(六)测试

考生进入测试室后即可按照考试机页面提示开始测试。测试过程中除必要的操作外,考生不得随意设置和操作计算机。测试过程中出现死机等异常现象,考生应报告管理人员进行处理,不要擅自处理。系统提示测试结束后,考生应摘下耳机放在指定位置,轻声离开测试室。

二、测试步骤

国家普通话水平智能测试系统是参加普通话测试的考生的考试应用软件,在考试过程中,考生可以按照测试程序的提示,逐步完成考试内容及相关操作。

完整的测试步骤为:考生登录→核对考生信息→试音→考试→提交试卷

第一步:佩戴耳机

考生入座后,考试机屏幕上会提示佩戴耳机(图1)。

考生戴上耳机,将麦克风调整到离嘴2~3厘米的距离,注意麦克风在左侧(图2)。

戴好耳机后,即可点击“下一步”按钮。

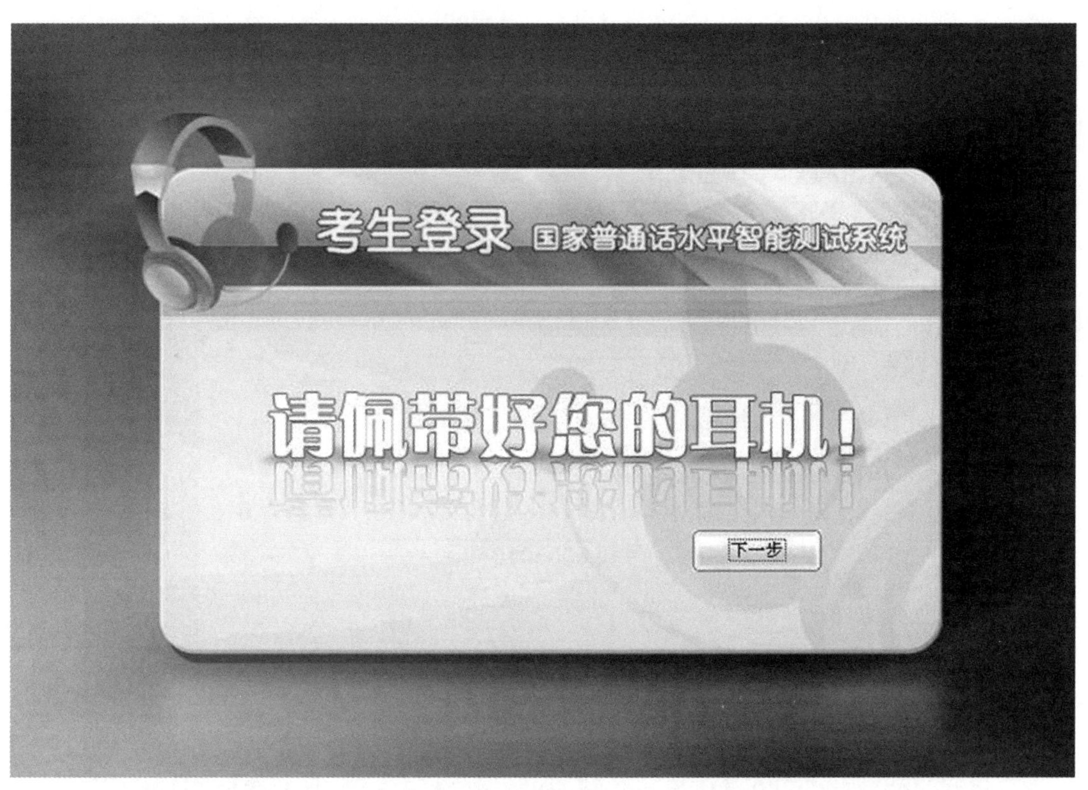

图1

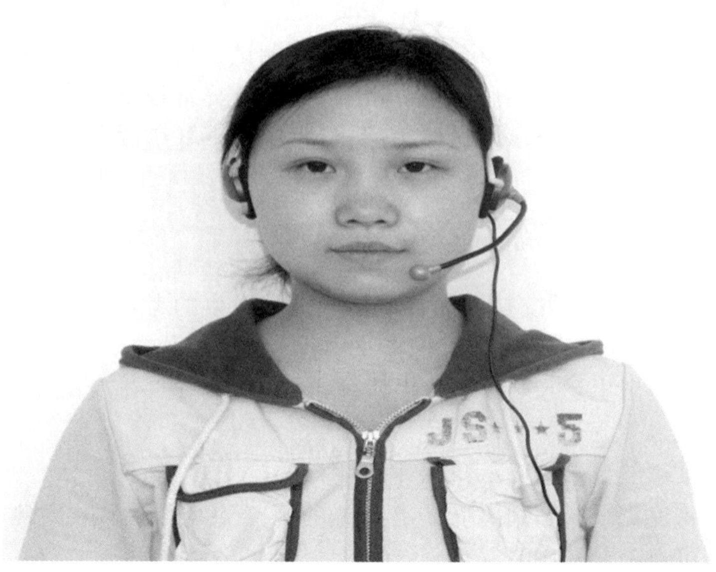

图 2

第二步:登录

屏幕出现登录页面后(图 3),考生填入自己的准考证号;
准考证号的前几位系统会自动显示,考生只需填写最后四位;
填写完成后,点击“进入”按钮登录。

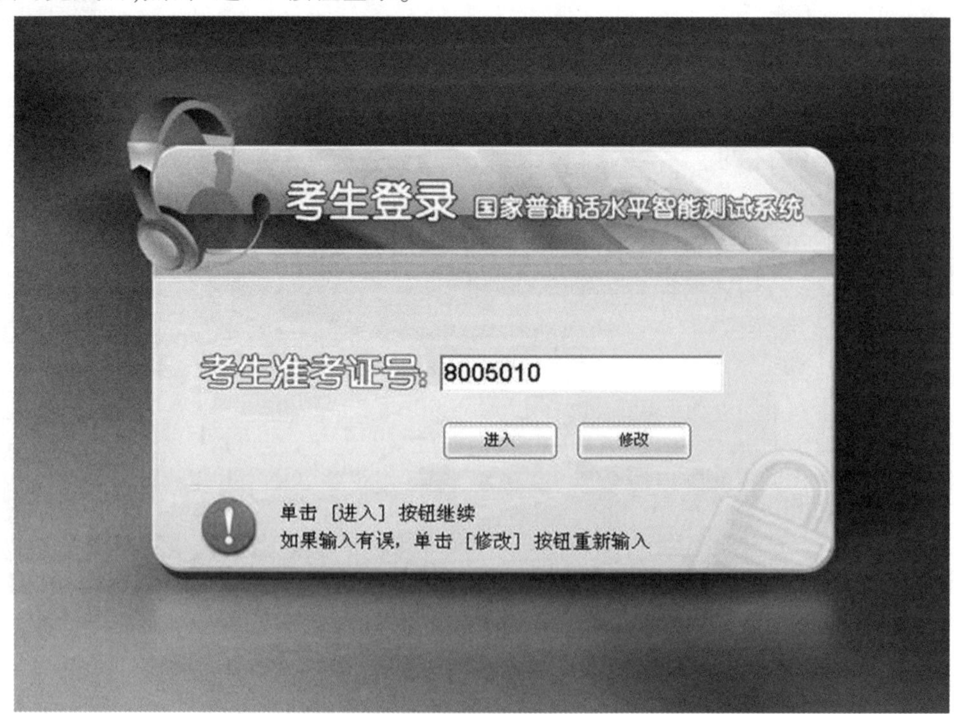

图 3

第三步:核对个人信息

考生登录成功后(图4),考试机屏幕上会显示考生个人信息;

考生认真核对所显示信息是否与自己相符,核对无误后,单击“确认”按钮继续;

核对发现准考证错误,可以点击“返回”重新登录;

核对发现姓名错误,请继续下一步操作(图5),在考试结束后再联系监考老师更改

确认个人信息后,请按照提示,耐心等待考试指令。

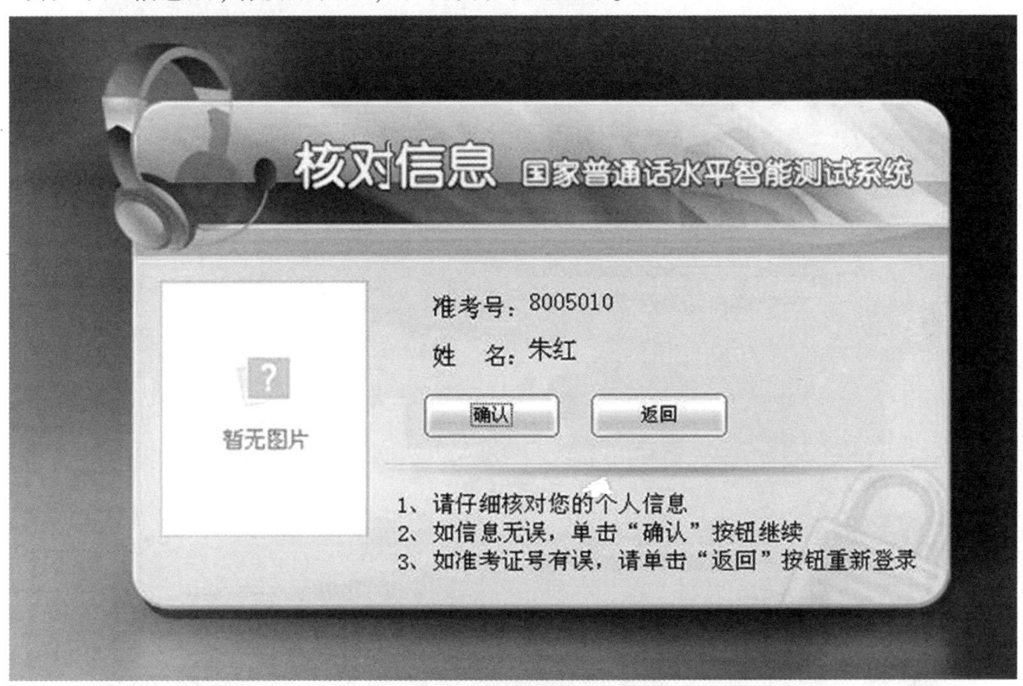

图4

图5

第四步:试音

进入试音页面(图6)后,考生会听到系统的提示语,提示语结束后,请以适中的音量和语速朗读屏幕上的文字进行试音;

若试音失败,请提高朗读音量重新进行试音(图7)。

若试音成功,请耐心等待考试指令。

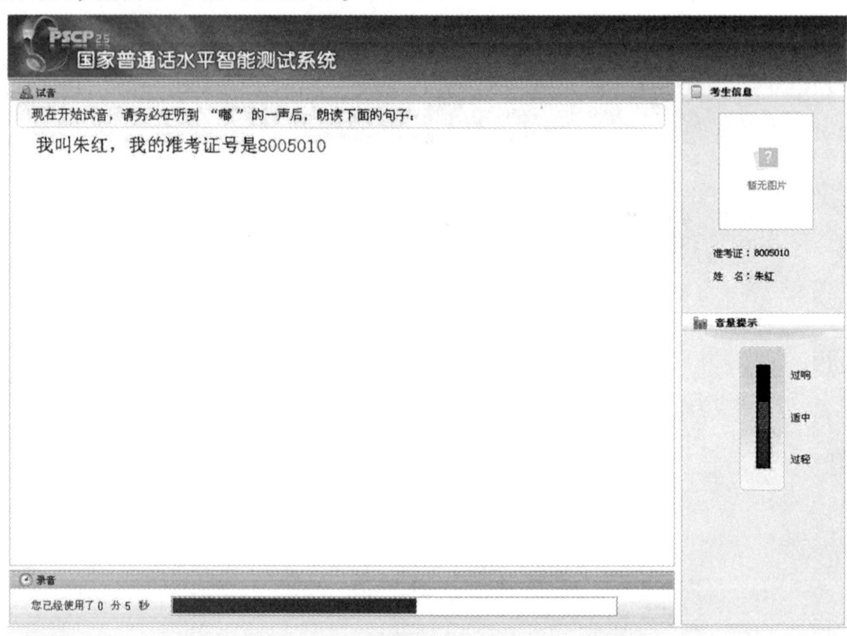

图6

图7

第五步:测试

提示:

1.普通话水平测试共有4项题目,系统会依次显示各项内容,考生只需根据屏幕显示的试题内容进行录音。

2.每项试题前都有一段语音提示,请在提示语结束并听到“嘟”的一声后,再开始录音。

3.录音过程中,应做到吐字清晰,语速适中,音量同试音时保持一致。

4.录音过程中,请注意主屏下方的时间提示,确保在规定的时间内完成每项考试。规定时间结束,系统会自动进入下一项试题。

5.如某项试题时间有余,请及时单击屏幕右下角的“下一题”按钮,可进入下一项试题。

6.考试过程中,考生不要说试卷以外的任何内容,以免影响考试成绩。

7.如有疑问,请举手示意,工作人员会及时前来解答。

第一题　读单音节字词(如图8示)

1.请在提示语结束并听到“嘟”的一声后,再开始录音。

2.如该项试题时间有余,单击屏幕右下角的“下一题”按钮,可进入下一项试题。

3.请务必横向朗读,蓝黑字体是为了分行醒目,不要跳行读题。

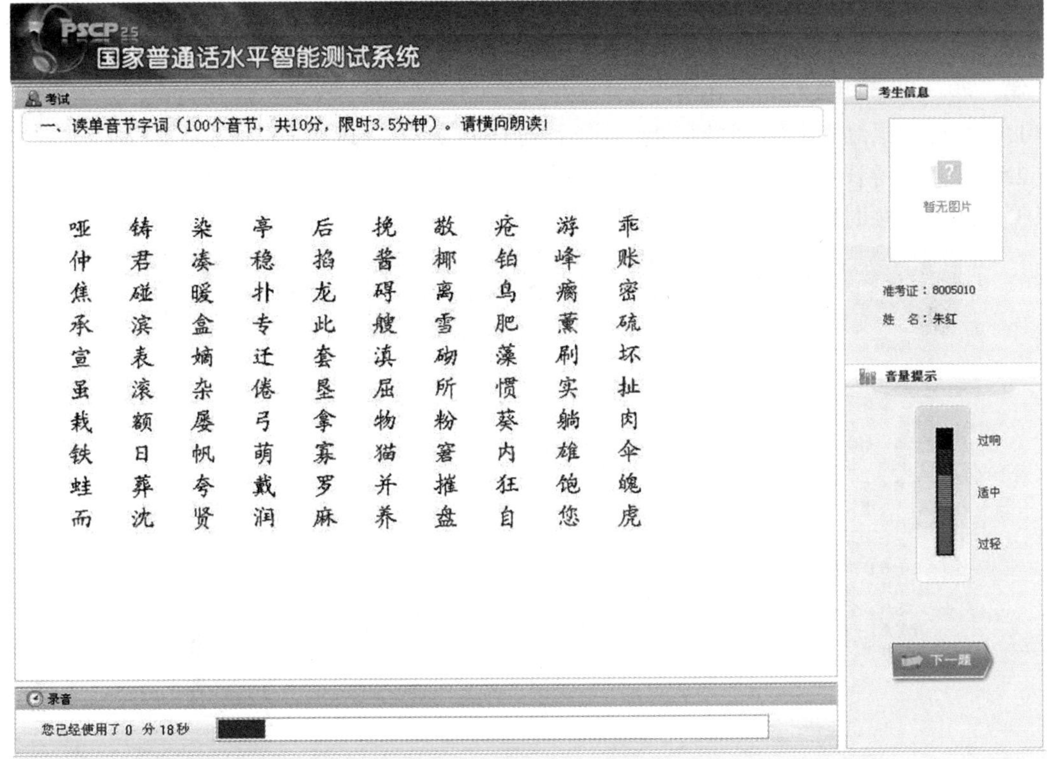

图8

第二题　读多音节词语(如图9示)

1.请在提示语结束并听到“嘟”的一声后,再开始录音。

2.如该项试题时间有余,单击屏幕右下角的“下一题”按钮,可进入下一项试题。

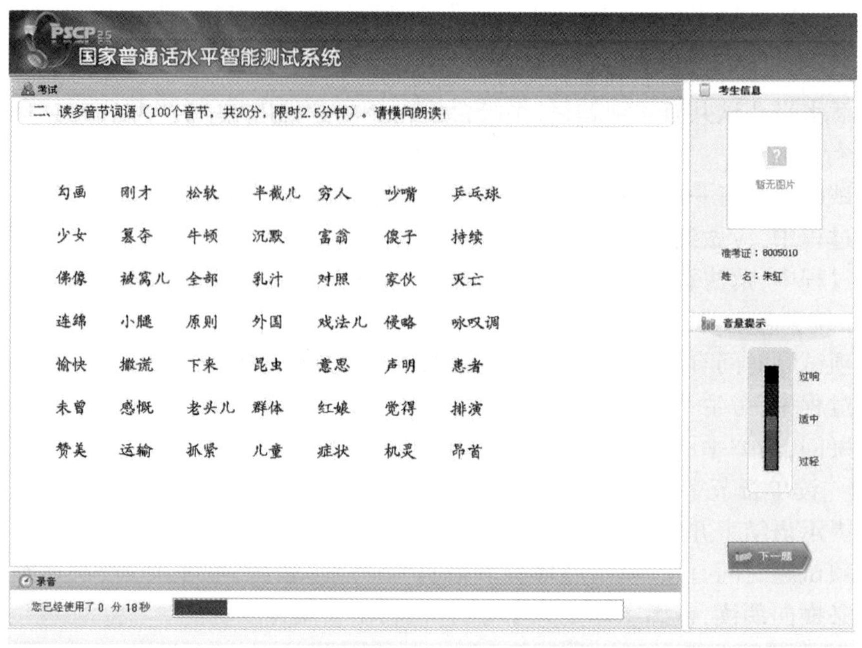

图 9

第三题　朗读短文(如图 10 示)

1.请在提示语结束并听到“嘟”的一声后,再开始录音。

2.朗读时保持音量稳定,大小与试音音量一致,音量过低会导致评测失败。

3.如该项试题时间有余,单击屏幕右下角的“下一题”按钮,可进入下一项试题。

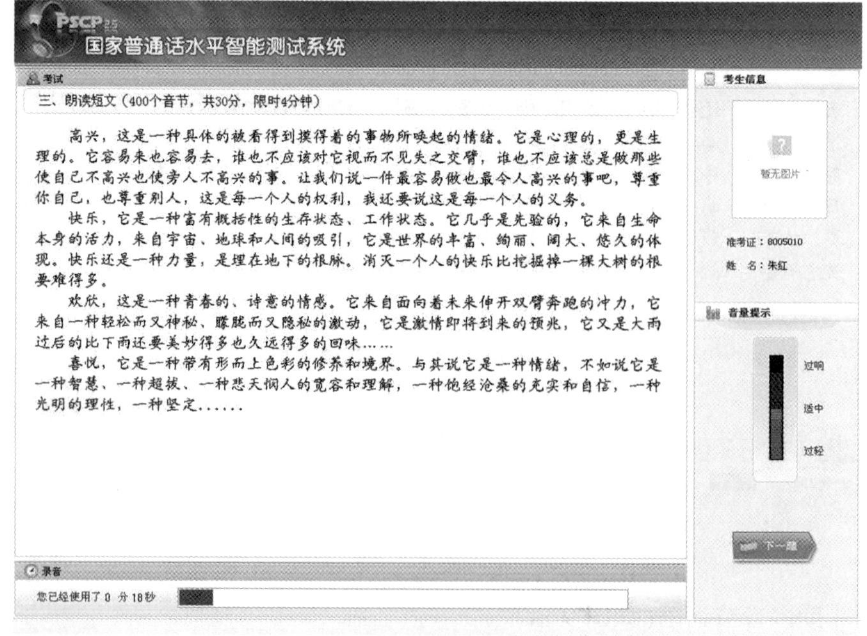

图 10

第四题　命题说话(如图 11 示)

1.请在提示语结束并听到“嘟”的一声后,再开始录音。

2.录音开始时,请读出所选话题名称。如:我说的话题是“我的学习生活”。

3.说话内容需符合所选话题,离题或不具评判价值语料均会导致丢分。

4.本题必须说满 3 分钟(请按主屏下方的时间提示条把握时间)。

5.说满三分钟后,系统会自动提交试卷,便可结束考试。

图 11

第六步:结束考试(如图 12 示)

1.提交试卷后,系统会自动弹出如下提示框,表示您已成功结束本次考试。

2.请摘下耳机放在桌上,安静等候,得到通知后统一离开考场。

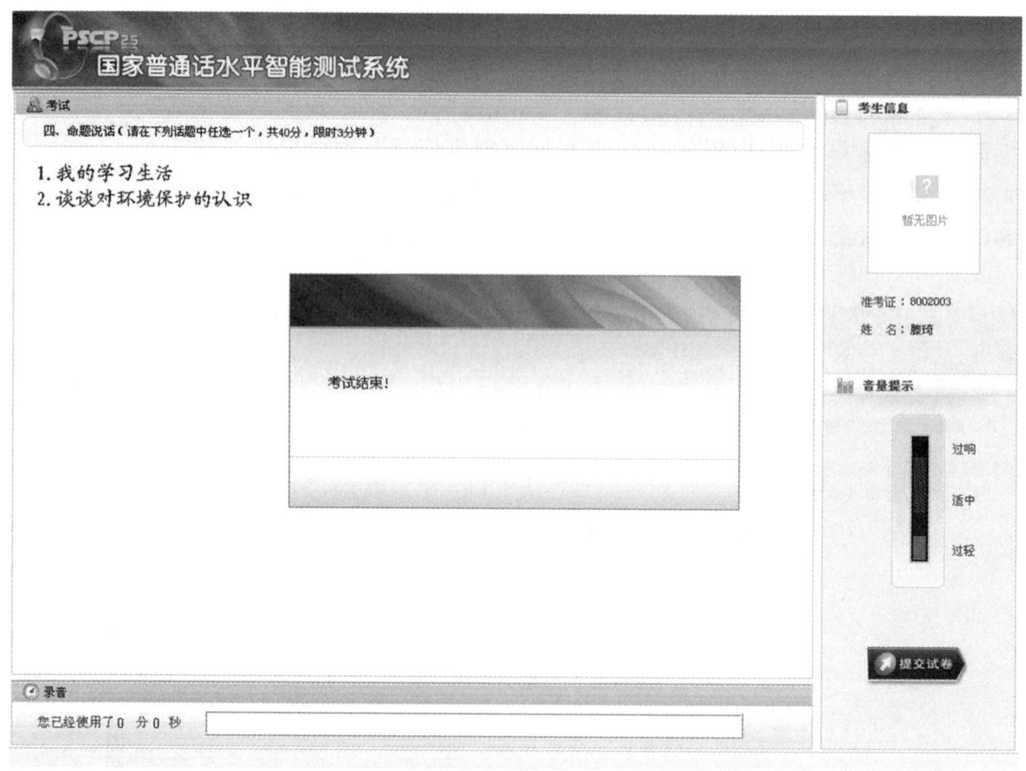

图 12

第二节　计算机辅助普通话水平测试应试规则和要领

一、应试规则

(一)候考规则

1. 应试人必须在准考证规定的时间内报到。迟到 30 分钟以上者,将取消其应试资格。

2. 应试人需交验准考证和身份证。考务人员按报到顺序对应试人分组编号,每位应试人编号即为测试室号码。

3.应试人应仔细阅读《国家普通话水平智能测试应试指南》和《国家普通话水平智能测试应试注意事项》。

4.就考时,应试人按编号列队离开候测室进入备测室。

5.候测室应保持安静,应试人未经许可不得擅自离开。

(二)备测规则

1.应试人在考务人员指导下,按测试室编号入座。

2.应试人配合考务人员核对准考证和身份证。

3.应试人准备测试,时间为 10 分钟左右。

4.应试人不得在试卷上作任何记号。

5.应试人不得与他人交谈,不得翻阅个人携带的任何资料。

6.应试人不得向考务人员作任何有关考试内容(试卷印刷问题除外)的提问。

7.严禁作弊。

8.准备完毕,应试人将备测试卷留在原处,在考务人员引导下进入测试室。

(三)测试规则

1.应试人在考务人员引导下按编号进入测试室。

2.应试人配合考务人员核对准考证和身份证。

3.应试人根据《应试指南》,严格按照计算机测试系统的提示和程序进行操作和测试。

4.应试人不得携带任何资料,不得与外界通联。

5.测试中如出现问题,应及时告知考务人员。

二、应试要领

(一)备考要领

1.应试人在正式上机测试前,要了解和熟悉机测的应试规则和基本流程。

2.充分利用备考时拿到试卷的 10 分钟时间,从以下几点着手,提高备考效率:

第一,快速浏览和默读第一题和第二题的字词,对比较生僻的字和自己拿不准的字可略作思考但不要过多纠结。第二题(多音节字词)中的必读轻声词和儿化词应注意辨析,做到心中有数。两项的准备用时尽量控制在 3 分钟之内。

第二,要浏览并默读试卷上的朗读作品,对自己感觉不太好读的句子,要多默读几遍达到顺畅,这项的准备用时也控制在 3 分钟左右。

第三,利用剩余的四分钟时间,结合所选的命题说话,迅速整理出一个思路或提纲,然后将话题大致完整地默说一遍。对没有把握的内容可重点再思考一下。

(二)机测要领

1.耳麦操作

(1)测试正式开始前,考生需正确佩戴好耳机,话筒在左侧。

(2)调整话筒距嘴 2~3 厘米的位置,避免话筒与面部接触,并根据提示音进行试音。

(3)测试过程中,手不要触摸话筒;测试结束离开座位时,注意摘下耳麦。

2.音量把握

(1)测试时应该采用中等音量(两三个人之间正常交谈的音量),不宜过大或过小。

(2)从试音到整个考试过程音量应保持基本一致。容易出现的问题是,考命题说话项时声音太小,如同说悄悄话;当然,也不要太大声,导致话筒无法正常录音。特别注意说话的后半期不要降低音量,以免录音失败。

(3)电脑界面的右下角有一个音量提示条。它会随着考生音量大小的调节而不停的发生跳动。考生在测试过程中,应将音量控制在音量条 1/3/以上、1/2 以下的区间内(由下往上);否则,声音过大或过小,均会引起评测失败。评测一旦失败,考试即以 0 分处理。

3.语速把握

(1)测试系统给每项题目的时间安排都比较宽裕,考生应根据测试内容的要求,保持恰当的语速,做到吐字清晰完整,从容不迫。

(2)常见的问题是读得太快,字与字粘在一起,许多字词的发音不清晰造成发音缺陷。按评分规则,发音出现错误、缺陷都要扣分,对成绩影响很大。当然,也不要读得太慢,过于拖沓。

4.避免漏读

(1)测试时,前三项如果有"漏读"现象是要扣分的。读字、读词两项尤其容易漏字、漏行。测试时,应看清字、词,从容朗读,避免漏读。即使有拿不准或不认识的字,也应揣摩着试读一下,不要"跳读"。

(2)要注意的是,看着电脑屏幕朗读与看着书面材料朗读的感觉会有些差异,换行时有可能发生漏行的现象。因此读字、读词两项在换行时可稍放慢速度,看清后再读,避免漏行。为提示考生防止漏行,测试系统已将第一项各行字的颜色设置成蓝黑相间,以便区分、把握。考生也可以用鼠标指针来指明所读行序。朗读短文时也要防止添字、漏字、改字及漏行。

5.重复读现象的处理

(1)进行第一、二项测试时,如果有个别字词读错,可以重复读一遍,计算机测试系统会自动进行识别,不会因为一个字的重读而影响整体评分。但一个字词只能重读一次。

(2)考试时要沉着冷静,尽量不出现错读、重读现象。特别是第三项朗读短文,不能出现重读的情况,否则计算机测试系统会按照普通话水平测试大纲的评分标准予以扣分。

6.命题说话的把握

(1)第四项说话部分由人工评分,考生应注意对 30 个话题都事先准备。

(2)测试时以"我说话的题目是……"或者"我选择的题目是……"开头,然后立即围绕话题讲述,不要等待,不要用鼠标单击选择的题目。

(3)测试时,考生应注意屏幕下方的时间提示条,必须说满 3 分钟。说话不足 3 分钟就要被扣分;每缺 30 秒以上,加扣 3 分;说话时间少于或等于 30 秒,说话项成绩记为 0 分。

(4)如果测试时有背稿、离题、简单重复、胡言乱语等现象,都会按评分标准予以扣分。

(5)说话满 3 分钟后,即可停止答题,单击"确定"按钮结束测试。

7.时间的把握

(1)录音过程中,请注意屏幕下方的时间提示,确保在规定的时间内完成每项考试内容。

(2)每一题开始前都有一段提示音,请在提示音结束并听到"嘟"的一声后,再开始测试。

(3)前三项的测试时间较充裕,通常每项内容读完都会有时间剩余,这时,应单击右下方的"下一题"按钮继续测试,以免录入太多的空白杂音影响测试成绩。但是测试第四项时一定要说满 3 分钟。

8.心理调节

(1)克服缺少"对象感"状态。测试过程中,部分考生面对计算机会有缺乏交流对象的不适感。要学会自我调整心态,可以想象自己是面对朋友、同伴在说话交流,帮助克服这种不适感。

(2)克服环境影响。参加计算机辅助普通话水平测试时,考生被安排在独立且封闭的语音测试室内,不会受到外界干扰。这时候,要调整状态专注于自己的考试,不要去想外界的事情,避免心理和情绪受到影响,从而影响测试成绩。

第三节　计算机辅助普通话水平测试常见问题答疑

1.问:现行的机测与传统的人工测试相比,考试结果是否会有较大的差别?

答:不会。计算机的评分标准是建立在大量的人工测试数据分析的基础之上的,机测与人测结果基本一致,不会有明显的差别。

2.问:我有多少时间准备?

答:机测与人测一样,会安排十分钟左右的时间让考生在准备室作测前准备。

3.问:我用什么样的音量?

答:正常说话的音量。一般是两三个人交谈时的音量。声音过大或过小都会影响考试。试音与考试过程音量应一致。

4.问:为什么会试音失败?

答:造成试音失败的最主要原因是应试人音量过小或过大,所以要参看屏幕右下方的音量显示条,保持适度的音量。(接近三分之二处)

5.问:测试过程中可以暂停吗?

答:不可以。测试一旦开始录音就不会停止,直到测试结束。

6.问:发现读错能重读吗?

答:第一题和第二题如果发现有个别字读错后重读一边,计算机会自动识别,但是不能每个字、词都重读。特别注意不要隔字或隔词改读,即使改对,也按读音错误扣分。第三项朗读作品发现读错切记不能重读,否则按回读扣分。

7.问:读单音节字词时,如果是多音字,我该怎么读?

答:读出它的几个规范读音中的任何一个,都算正确。

8.读单音节字和多音节词语时,如果有不认识的字或词语,为了避免读错,我干脆跳过去不读行吗?

答:最好不要这样做。这两项都是以字为单位扣分的,尽量按照事先的判断去读。特别是词语,如果因为一个字不认识而放弃整个词,就会白丢掉另一个或几个音节的分。

9.问:怎样把握时间?

答:每道题目的下方都有时间滚动条,你能清晰地了解每道题目的用时。前三项题目时间很充裕,可以立即点击“下一题”。因为你的剩余时间里,其他考生发出的声音,有可能被当作你的语音录入电脑,成为电脑判断你该题发音的依据,这样肯定会影响你的测试成绩。请切记,第四题说话题目一定要说够三分钟。

10.问:我为了缓解紧张的情绪,无意中把手放在嘴边,或者玩弄麦克风、数据线,摆弄手中的其他物品,会不会影响录音效果?

答:肯定会。麦克风的位置直接影响录入计算机中语音数据的音质和音量,移动麦克风或麦克风附近有其他震动杂音,会导致录制的语音音量忽大忽小、音质忽好忽坏,严重影响测试成绩。

11.问:说话题目能背稿子吗?

答:第四题说话题目是后期人工方式来打分的。测试员老师凭借你的全部录音,能听出你是否在背稿子。说话题目应注意不背稿、不重复、不缺时、不离题、不出现无效语料。

12.命题说话可以中途更换说话题目吗?

答:不可以。在测试过程中,应试人如果随意更改说话题目将被视为离题,根据评分标准是要扣分的。

13.问:我在进行说话题目时,不小心看错了题目,如"节目"看成"节日"。这样会影响成绩吗?

答:肯定会。这属于自行更换题目,该项成绩为零分。

14.问:考前需要参加培训吗?

答:鉴于普通话计算机测试的特殊性,使应试人产生了很多新的问题,如测试心理变化、应试技巧、上机操作存在大量失误等现象,最终导致考试失败。所以,考前参加培训非常有必要。

强化训练九　普通话水平测试模拟训练

模拟试卷 I

一、读单音节字词(100 个音节,共 10 分,限时 3.5 分钟)

茶	惹	窒	拜	肋	否	略	返	群	焚
绑	蒸	屉	颊	灭	镖	丢	电	濒	酿
铃	毒	瓜	拔	拽	刽	短	穗	尊	幢
弓	女	穷	虐	捐	雌	俊	凶	窘	沙
择	日	牌	黑	苟	涵	根	旁	乘	忆
掐	掖	瞟	有	甜	贫	良	颈	凸	垮
亘	踹	傀	湍	闻	疮	红	旅	权	啊
恻	买	嘈	抠	栈	啃	仿	圣	辖	苗
演	泯	湘	澡	努	划	锁	暖	双	松
余	悬	紫	傲	悔	二	训	粤	饶	青

错误扣分(每个 0.1 分)	缺陷扣分(每个 0.05 分)	超时扣分(0.5~1 分)	得分

二、读双音节词语 50 个(100 个音节,共 20 分,限时 2.5 分钟)

迥然	恢复	纽扣儿	柔软	漂亮	琼脂	快乐
协商	捏造	裙子	率领	撒谎	难为	博学
腰鼓	勋章	挂号	粗糙	僵持	牙膏	捐赠
夸大	必须	掐算	梅花	选择	努力	具体
才思	废除	东边	挺拔	侵略	顺手	主角儿
垄断	品种	门牌儿	隐约	舞蹈	团粉	敏感
柴火	昆虫	俗语	规模	成绩	疯狂	丢失

错误扣分(每个 0.2 分)	缺陷扣分(每个 0.1 分)	超时扣分(0.5~1 分)	得分

三、朗读短文(400 个音节,共 30 分,限时 4 分钟)

我常常遗憾我家门前的那块丑石:它黑黝黝地卧在那里,牛似的模样;谁也不知道是什么时候留在这里的,谁也不去理会它。只是麦收时节,门前摊了麦子,奶奶总是说:这块丑石,多占地面呀,抽空把它搬走吧。

它不像汉白玉那样的细腻,可以刻字雕花,也不像大青石那样的光滑,可以供来浣纱捶布。它静静地卧在那里,院边的槐荫没有庇覆它,花儿也不再在它身边生长。荒草便繁衍出来,枝蔓上下,慢慢地,它竟锈上了绿苔、黑斑。我们这些做孩子的,也讨厌起它来,曾合伙要搬走它,但力气又不足;虽时时咒骂它,嫌弃它,也无可奈何,只好任它留在那里了。

终有一日,村子里来了一个天文学家。他在我家门前路过,突然发现了这块石头,眼光立即就拉直了。他再没有离开,就住了下来;以后又来了好些人,都说这是一块陨石,从天上落下来已经有二三百年了,是一件了不起的东西。不久便来了车,小心翼翼地将它运走了。

这使我们都很惊奇! 这又怪又丑的石头,原来是天上的啊! 它补过天,在天上发过热、闪过光,我们的先祖或许仰望过它,它给了他们光明、向往、憧憬;而它落下来了,在污土里,荒草里,一躺就//是几百年了!

错、添、丢、改字扣分(每个 0.1)	回读扣分(0.5/0.1)	声韵母系统性缺陷(1/0.5)	语调偏误(2/1.5/1/0.5)	停顿断句不当(2/1.5/1/0.5)	超时(扣 1 分)	得分

四、命题说话（请在下列话题中任选一个，共 40 分，限时 3 分钟）

1.学习普通话的体会

2.谈谈服饰

语音面貌扣分（2/4/6/8/11/14）	词汇语法扣分（0/1/3~4）	自然流畅扣分（0/0.5~1/2~3）	说话时间不足（6/5/4/3/2/1）	得分

模拟试卷二

一、读单音节字词（100 个音节，共 10 分，限时 3.5 分钟）

矮	翁	色	词	秒	咱	世	齿	拽	敲
絮	久	恒	垮	柑	辣	艇	饶	贴	都
移	岸	草	滋	若	谁	叉	枕	讯	囚
军	逛	开	给	抡	酿	贴	肉	潘	莽
浮	靶	庞	粉	段	唐	旅	牛	质	抠
伪	枷	劝	乡	唇	少	贼	存	桑	姚
我	渊	野	司	佐	褥	爽	穿	助	卸
寝	计	掰	您	坑	俩	褪	掂	扉	惹
观	迸	决	掩	舜	喝	外	穷	样	戎
濒	闯	踝	涌	划	凭	钟	人	虐	丸

错误扣分（每个 0.1 分）	缺陷扣分（每个 0.05 分）	超时扣分（0.5–1 分）	得分

二、读双音节词语 50 个（100 个音节，共 20 分，限时 2.5 分钟）

安静	选手	迅速	爱人	跟随	熬夜	谅解
温暖	打听	一会儿	包袱	所有	村镇	和约
发抖	号码	绸子	伤痕	离开	金鱼儿	卡车
地球	舞蹈	翻腾	军装	干燥	勇猛	内心
全程	个头儿	使唤	宾客	年轻	籍贯	数落
面积	考虑	外乡	仓促	摆摊儿	尊崇	盼望

描写　被迫　弱小　英雄　虐待　压强　出类拔萃

错误扣分(每个0.2分)	缺陷扣分(每个0.1分)	超时扣分(0.5~1分)	得分

三、朗读短文(400个音节,共30分,限时4分钟)

我常想读书人是世间幸福人,因为他除了拥有现实的世界之外,还拥有另一个更为浩瀚也更为丰富的世界。现实的世界是人人都有的,而后一个世界却为读书人所独有。由此我想,那些失去或不能阅读的人是多么的不幸,他们的丧失是不可补偿的。世间有诸多的不平等,财富的不平等,权力的不平等,而阅读能力的拥有或丧失却体现为精神的不平等。

一个人的一生,只能经历自己拥有的那一份欣悦,那一份苦难,也许再加上他亲自闻知的那一些关于自身以外的经历和经验。然而,人们通过阅读,却能进入不同时空的诸多他人的世界。这样,具有阅读能力的人,无形间获得了超越有限生命的无限可能性。阅读不仅使他多识了草木虫鱼之名,而且可以上溯远古下及未来,饱览存在的与非存在的奇风异俗。

更为重要的是,读书加惠于人们的不仅是知识的增广,而且还在于精神的感化与陶冶。人们从读书学做人,从那些往哲先贤以及当代才俊的著述中学得他们的人格。人们从《论语》中学得智慧的思考,从《史记》中学得严肃的历史精神,从《正气歌》中学得人格的刚烈,从马克思学得人世//的激情,从鲁迅学得批判精神,从托尔斯泰学得道德的执着。

错、添、丢、改字扣分(每个0.1)	回读扣分(0.5/0.1)	声韵母系统性缺陷(1/0.5)	语调偏误(2/1.5/1/0.5)	停顿断句不当(2/1.5/1/0.5)	超时(扣1分)	得分

四、命题说话(请在下列话题中任选一个,共40分,限时3分钟)

1.我喜爱的明星

2.购物(消费)的感受

语音面貌扣分(2/4/6/8/11/14)	词汇语法扣分(0/1/3~4)	自然流畅扣分(0/0.5~1/2~3)	说话时间不足(6/5/4/3/2/1)	得分

参考文献

[1]国家语言文字工作委员会普通话培训测试中心.普通话水平测试实施纲要[M].北京:商务印书馆,2004.

[2]李莉.幼儿教师口语训练[M].郑州:郑州大学出版社,2016.

[3]国家教委师范司.教师口语(本专科)[M].北京:北京师范大学出版社,2000.

[4]黄才华.普通话口语训练[M].北京:人民教育出版社,2009.

[5]http://www.360doc.com/content/16/0722/05/1867206_577444052.shtml.

[6]http://www.langsong.cn/jingdian.htm.

[7]http://wenku.baidu.com/link? url.